大学治理：
一位大学教授的教育随笔

付八军　著

中国广播影视出版社

图书在版编目（CIP）数据

大学治理：一位大学教授的教育随笔 / 付八军著
. -- 北京：中国广播影视出版社，2023.8
　ISBN 978-7-5043-8942-8

　Ⅰ.①大… Ⅱ.①付… Ⅲ.①高等学校－学校管理－
文集 Ⅳ.① G647-53

中国版本图书馆 CIP 数据核字 (2022) 第 230267 号

大学治理：一位大学教授的教育随笔
付八军　著

责任编辑：任逸超
封面设计：马　佳
责任校对：张　哲

出版发行：中国广播影视出版社
电　　话：010-86093580　　010-86093583
社　　址：北京市西城区真武庙二条 9 号
邮政编码：100045
网　　址：www.crtp.com.cn
电子信箱：crtp8@sina.com

经　　销：全国各地新华书店
印　　刷：三河市龙大印装有限公司

开　　本：710 毫米 ×1000 毫米　1/16
字　　数：318（千）字
印　　张：19.75
印　　次：2023 年 8 月第 1 版　　2023 年 8 月第 1 次印刷

书　　号：ISBN 978-7-5043-8942-8
定　　价：78.00 元

前言

2014年，我从浙江农林大学来到绍兴文理学院，从行政管理岗位转为专任教师岗位，平淡且安静地生活与工作，就这样，一晃七年多的时间过去了。应该说，这七年是我人生中非常宝贵的时间，用"黄金七年"来形容一点也不为过。38岁至45岁的这段时期，是一个人精力与能力平衡性最佳的时期，接下来的岁月还能有几个这样的"黄金七年"呢？因此，在梳理"黄金七年"的教育随笔、个人哲思等著述之际，我首先想到的不是这些著述有哪些特点与优点，而是这段岁月留下了多少值得回味的故事与成果。

当我将这些想法拿出来与一位同事交流时，他毫不犹豫地说："您在绍兴文理学院的这几年，取得了这么多科研成果，抵得上我校三位教授的业绩之和。"看来，他人评判我要回味的故事与成果时，基本是从显性的科研业绩开始的。确实，我时常感叹，连这种状态下的我都能取得如此业绩，那些可以全力投入工作的学者不是可以做出更大的贡献吗？如果我能从非学术事务中走出来，不是可以创造更多的成果吗？这几年来，我的时间大体平均分成了三份：一份交给休养，包括吃饭、睡觉等；一份交给工作，包括教学科研、学术服务等；一份交给家务，包括孩子抚养、家庭杂务等。尤其自2018年以来，我在家务上的投入要比工作投入多得多。梳理这七年多的随性记录，既是为了尘封更是为了远眺，希望接下来可以将时间天平倾向于工作。要知道，随着年龄的增大，虽然阅历与定力更进一步，但是体能与效率远不如前，如果没有更多的时间做保证，那么学术工作必定越来越落伍。

其实，在绍兴这几年工作中最值得我回味的事情，不是个人的科研业绩，而是同事的两个评价：一是一年一度的校优秀教师评选。自2016年开始至今，每年都被同事推选为校优秀教师。这是民主投票投出来的，体现了同事对我的信任与肯定。要知道，我以前做了六年的行政工作，包括三年主持工作的副处与三年正处，从来没有校级优秀的评价。虽然这可以被认为作为边缘机构的智囊部门领导难以获得广大教职员工的认可，但我以前也像现在一样积极、勤奋与随和地工作，为何换了一个轨道就有两种截然不同的评价呢？二是 2020 年顺利晋级二级教授。2020 年，学校符合二级教授晋升基本条件的教授有十余位。由于学校已经连续三年没有晋升二级教授了，从而晋升名额会增加至三到四个。尽管如此，竞争依然激烈。在校学术委员会评审结束后，有人向我道喜："你排名第二，校长排名第一，能够报送上去，应该没有问题。"为此，我特意查看了十余位申报者以及准备报送给政府部门的候选名单，除了我是一位平民教授外，其他的基本上是处长、院长等。事实上，无论是优秀教师的评选，还是二级教授的推荐，学术水平自然是核心指标，但人格品性绝对不能缺席。这表明，我立志做"有趣的教授、有爱的老师、有义的同事"，在绍兴文理学院大体达标。可以说，这是我在这段时间里最为欣慰的事情。

如果还有一些学术记录的本身内容值得我回味，那就是我现在整理的这些教育随笔与个人哲思。以前我在行政管理岗位上研究高等教育，这个角色立场带有管控的价值取向；这几年，我在专任教师岗位上研究高等教育，我似乎更清楚教师喜欢什么样的领导、需要什么样的制度。身份角色的转换，让我对大学从管理到治理的定位有了更多的体会。在浙江农林大学从事了三年的行政管理工作，我留下了一本著作《大学理性——一位大学中层干部的教育随笔》（湘潭大学出版社 2013 年出版）；在绍兴文理学院七年多的专任教师岗位，我是否也可以留下一本一位大学平民教授的教育随笔？真没想到，整理这几年的点滴记录，真的有了这本足足 20 多万字的著述，回味之余有了更多的惊喜。无论多么不完美，该著述表明了成长足迹，展露了学术思想，可以交出来接受批评与指引。

是为序！

2021 年 12 月 3 日

目 录
CONTENTS

第六部分　自我呈现　　　257

附录　个人哲思 129 句　　　291

后记　教师成长的四个方向　　　307

第一部分　学术争鸣

地方大学发展三步曲：自信·自省·自强[①]

参加这个会议，纯属意外。因为我现在没有在大学做行政，既不是校级领导也不是处级干部，而且来自一所地方大学中的二流高校，在中国真可谓是小平台中的小人物。但是，我居然收到这个研究会的邀请，而且请我做一个报告。因此，深感意外。但是，我认为本研究会邀请我参加，必定经历过深入考察与谨慎思考。那是因为，作为一位高等教育专业出身的研究者，我不仅在三所不同的地方大学工作过，而且有过三年主持工作的中层副职、三年中层正职、五年一线专任教师的不同身份体验，尤其要感谢井冈山大学原校长张泰城教授把我带在身边，见证一所地方大学的转型与发展历程。概言之，在我身上，就深深地打上了地方大学的烙印。正因为此，我也想结合我个人的成长经历，谈谈地方大学的发展之道。所谓地方大学，是与中央部属大学、国立大学等称呼相对应的高校类型，其下拨办学经费主要来源于省级或者市级区域政府。地方大学要在未来实现与国内教育部直属高校并驾齐驱，必须踏出以下三步曲：

一、自信：地方大学发展的必要前提

我们一提到地方大学，总觉得低人一等。事实上，地方大学不是低层次大学的代名词，只是表明其财政拨款主要不是来源中央而是地方政府。无论过去的211、985 工程大学，还是今天的"双一流"建设高校，地方大学在理论上都可以与这里的国立大学或者说部属大学平等竞争。例如，作为地方大学的郑州大学，就曾经入选 211 工程，当前进入"双一流"建设高校，成为地方大学的排头兵。尤其地处经济发达地区的地方大学，地方政府可以为其提供雄厚的办学经费，一

---

① 2019 年 11 月 16 日在郑州大学参加中国高等教育学会地方大学教育研究第二届理事会换届大会暨"面向 2035：地方大学发展的愿景与行动"学术论坛上的讲话。

点也不亚于中央政府的财政支持，完全有底气办成国内一流的高水平大学。例如深圳大学，在外界被视为一所"用钱砸出来的大学"，同时也确实属于一所实力不容小觑、前途不可估量的地方大学。可见，地方大学并不必然要比中央所属大学、国立大学或者说部属大学弱，这就有如私立大学并不必然要比公立大学弱一个道理。例如，在我国，民办大学要比公办大学落后许多，然而美国最好的一批大学主要属于私立大学。

地方大学不必自卑的另一个重要因素在于：这里同样拥有许多优秀的大学教师。我曾经总结指出，"办大学，就是抓师资。作为一所大学的领导，你能吸纳并稳定一批优秀教师，你就能办好这所大学"[①]，"有什么类型的大学教师，才有什么类型的大学；有什么水平的大学教师，才有什么层次的大学"[②]。也就是说，在理论上，不是大学决定教师，而是教师决定大学。那么，怎样能够体现地方大学同样拥有大量优秀教师呢？我们不要从现有业绩来看，仅从大学教师入职之际学术水平来看，就可以体现出来。在我身边，有许多优秀的研究生放弃985工程高校，放弃教育部直属高校，来到地方大学工作。要知道，不是他们去不了教育部直属高校，而是他们在两者选择中，最后嫁给了地方大学。也许几年之后，这些来到地方大学工作的博士们，要比当初选择去教育部直属高校工作的同窗好友，体现较弱的学术业绩，产生较弱的学术声誉，但并不一定表明存在较弱的学术能力。以我为例，博士毕业来到高校工作之后，我的身上一直贴着地方大学的标签。但是，绝不是当初我去不了教育部直属高校工作，而是各种非学术因素导致我一直留在地方大学。像我这样的大学教师，在地方大学尤其经济发达地区的地方大学，多得不得了。

二、自省：地方大学发展的关键环节

有什么样的大学教师，就有什么样的大学。既然地方大学拥有如此多的优秀教师，为何今天地方大学的表现普遍不如教育部直属高校呢？或许我们认为，学

---

① 详见拙著《大学教师的培养与成长》，中国社会科学出版社2010年版，第268页。
② 详见拙文《论大学转型与教师转型》，载《教育研究》2017年第4期。

术水平较高的优秀教师在教育部直属高校所占比重远远高于地方大学，从而大学水平也就更高一个层次。这符合事实，但不是完全对应。那么，我们以两位教师为例来说明这两类大学对教师的学术发展之影响。同一个学科且同时毕业的博士A与博士B，二人学术水平相当，其他非学术性因素大体一致，能够确保大体相等的学术投入。但是，A进入985工程大学，B进入非211工程的地方大学，八年后二人都评上教授。此时，A可以成为全国本学科领域响当当的大牛，而B只能属于普普通通的一名大学教师。在学术业绩上，由于学术氛围不同、学术资源不同，二人的外显业绩也会有较大差距。但是，在信息化如此发达的今天，我们绝不能认为A比B的学术能力要强许多，这对人文社科尤其如此。我曾经总结指出，"建议评价文科学者，项目获奖与各种人才工程全部清零，重点关注主笔撰写的论文著作与报告讲稿"[1]，"评价一位（人文社科）学者，不要迷信他在权威期刊上发了多少文章、在国家级出版社出了多少专著，以及拿了多少重大课题、获了多少政府大奖，而要看他有什么观点，以及如何深入浅出地表达这些观点。"[2]但是，现实情况正好相反，完全依靠外在评价。那么，导致A的学术影响乃至学术业绩远远超过B的原因，归结为什么呢？平台！就是平台！也就是说，地方大学由于学术平台较低，从而教师发展指数显示度相对较低。若干年以前，我曾经提出一个公式：学术声誉或者说学术影响 = 学术平台 × 学术能力。[3]这就表明，学术平台是制约地方大学发展的关键因素。

有人会说，大学与大学之间的差距，不就是学术平台的差距吗？大学的改革与发展，不就是提升平台吗？是的。但是，在中国，大学被人为地分成了若干等级，所谓的高校分类不过是分层的代名词而已。例如，美国的文理学院就是小而精、师生比率低、教学质量高的大学称谓，而我国的文理学院往往是地方大学的第二层次甚至第三层次院校，其目标正是迈向研究型的综合大学。那么，地方大学的学术平台较低，关键原因又是什么呢？资源！就是资源！中央各部所属院校不仅能够获得更多的办学经费，而且拥有更多的政策资源，例如以各种评委为代表的

---

①　引自拙著《中外文学评析——20部经典与畅销》，浙江工商大学出版社2017年，第238页。

②　引自拙著《大学理性——一位大学中层干部的教育随笔》，湘潭大学出版社2013年，第337页。

③　详见拙著《大学与人生——献给那些在大学中追梦的人》，湘潭大学出版社2013年，第253页。

学术话语权、承载各种学术业绩的重要期刊等。资源总是有限的，当中央各部所属高校取得较多的办学资源之后，剩下的有限资源要分给体量庞大的地方大学就更为紧张。在这些资源中，核心资源还是办学经费，其他经费最终都可以转化为办学经费。例如，我曾经比较了某所地方大学与国内一流研究型大学的经费结构，正如表 1 所示，当地方大学每年收入仅 5 亿元左右之际，国内一流研究型大学每年收入则超过 120 多亿，教职员人均办学经费则为 7 倍以上的差距。以 2016 年为例，该地方大学教职员人均为 20.64 万元，而对方则为人均 146.53 万元，在校学生差距比例更大。[①] 只有钱不一定能够办出好大学，但没有钱一定办不出好大学。这不只是对今天适用，从世界高等教育嬗变的规律来看，同样如此。西南联大总是给我们带来美好的设想，事实上那时的教育质量根本保证不了，那个时期诞生这么多优秀的人才，不是教育质量有多高，而是人才匮乏的时代涌现出来的一批先行者。因此，地方大学反省的重要结论就是：既要抓人才培养质量与科学研究成效，也要抓办学经费与财富指数。

表 1：2016 年度两校经费收入比较 [②]

高校类别	年度收入	教职员人均	在校生生均	恩格尔系数
某部属院校	123.4223 亿元	146.53 万元	22.44 万元	22.82%
某地方大学	4.833424 亿元	20.64 万元	2.01 万元	69.53%

对标教育部直属的一流研究型大学，地方大学不仅要反省"我为什么落后"，而且也要思考"我的优势在哪"。我今天在此论及的优势，是指地方大学能做到全国第一的优势。在保证基本条件与要求的基础上，每所大学应有自己的特色与亮点，成为一时难以替代的办学优势。例如，青岛科技大学努力打造成为中国橡胶专业的黄埔军校。从我现在所在的绍兴文理学院来说，就有许多学院及其学科专业可以

---

① 详见付八军、汪辉《地方本科院校如何实现应用转向——基于两校经费收支结构的比较》，载《教育发展研究》2018 年，第 21 期。

② 详见付八军、汪辉《地方本科院校如何实现应用转向——基于两校经费收支结构的比较》，载《教育发展研究》2018 年，第 21 期。

成为全国第一。例如，坐落于王羲之故地的兰亭书法学院、依托国内最大纺织产业基地的纺织服装学院、孕育一代又一代名士的越文化研究，甚至凭借北大之父蔡元培的诞生地，高等教育研究都可以成为国内一流。我刚才所说的，只是天然优势，还有许多可以创造出来的后天优势。例如，通过长期不懈的努力，宁波大学的力学成为国内一流学科，也使得宁波大学迈入"双一流建设高校"。除了学科专业特色，我们还可以在管理甚至校园许多方面打造出自己的风格或者个性。

三、自强：地方大学发展的必由之路

自信，就是要明白地方大学主要是从财政拨款来源而言，不是二流院校、落后院校的代表词，同样可以成为全国乃至世界一流大学。自省，就是要明白导致地方大学与中央各部所属院校存在天然鸿沟的关键因素，同时寻找自己的办学特色、亮点与优势。在自信与自省之后，地方大学发展的唯一路径便是自强。所谓自强，就是地方大学不能等待政府来拯救与发展自己，只能通过自己寻找资源与资金以实现平台的不断提升。为什么地方大学只能靠自己呢？我们今天所探讨的，主要是公办地方普通本科院校。政府是地方大学的衣食父母，一切都掌握在政府手中。可是，政府的资源总是有限的，从政府那里竞争资源，地方大学无法胜过教育部直属高校，在本来就处于办学资源弱势的条件下，必将越来越难以赶超，此其一；其二，政府的资源还是有条件的，若遵循政府既定的办学模式走下去，地方大学永远跟随在一流研究型大学后面亦步亦趋，永无出头之日；其三，政府主导型的高等教育管理体制在可以预见的将来不会改变，从而不要幻想政府有朝一日赋予高校充分的办学自主权，地方高校争取更大的办学自主权，也要建立在拥有雄厚的办学资源尤其资金基础之上，而不是相反。我们可以设想一下，如果某所地方大学富得像哈佛大学、斯坦福大学那样，该大学还用得着如此求着政府吗？但是，地方大学富起来，只能依靠自己，不能依赖政府。

那么，如此自强自立的大学是一所什么样的大学呢？这样的大学，就是创业型大学。我坚信，创业型大学这个名称可能会改变，但这种发展方向不会改变。自 2011 年 9 月来，我一直在研究创业型大学，越研究越觉得这个主题重要。当前学界对创业型大学存在许多误解，以为创业型大学就是商业化大学、营利性大学。

其实，创业型大学用一句概括，就是自力更生的大学。创业型大学凭借什么实现自强自立？当然是利用其独特的服务与产品。那就是凭借人才培养质量与科研成果效应来赢得包括政府在内的社会各界的肯定、赞誉与资助，而不是仅仅依靠政府的文凭保护或者其他政策优惠。显然，创业型大学才是完全以真本事吃饭的大学，绝对不能从商业化、市场化角度贬抑之。地方大学如何才能转型为创业型大学呢？当前，由于地方大学缺乏足够的办学自主权，例如无法自主招生、自定学费，甚至在资金使用方面都存在许多约束，因此，地方大学还无法像英国华威大学、美国斯坦福大学、澳大利亚莫纳什大学等那样，从转型之初就直接迈入创业型大学轨道。我国地方大学向创业型大学转型，第一个发展阶段应该朝名副其实的应用型大学出发，在这个过程中瞄准两个目标：其一，培养社会各界欢迎且具有发展后劲的应用型人才，绝不仅仅满足于提供一张获得政府保护的文凭，力争哪怕没有政府文凭也有人愿意前来学习；其二，瞄准社会需要的可以转化为现实生产力的应用性研究成果，通过应用性成果的成功转移转化，自然带动原创性基础理论的诞生，例如，许多科学家还在研究计算机原理的时候，那些搞计算机技术的人就已经做出许多创造发明，从而推动科学家从这些技术发明出发研究基本原理。在这两个目标实现的那一天，地方大学就由应用型大学转型为潜在的创业型大学。当政府办学经费削减、大学自主权有所增强之际，这样的大学将成为市场上最有竞争力的大学，顺其自然走向名副其实的创业型大学，再而进一步集聚办学资源与提升学术平台，超越传统研究型大学而成为未来中国大学的榜样。要知道，虽然中国大学受到政府的管控太多，但许多大学一旦离开了政府的保护，连生存下去的机会都会失去。我们需要的创业型大学，就是在离开政府保护的条件下，亦能凭借良好的学术声誉，赢得社会各界的支持，走上自力更生的发展道路。这样的创业型大学，自然不可能是唯利是图的大学，不可能是依靠特权的大学，只能是以质量取胜的大学。正如我若干年前指出的那样："在中国建设高水平大学，需要遵循两条办学逻辑：一是面向中国式的高水平大学而奋斗，二是面向市场化的未来大学而努力。"[①]地方大学，只能走第二条路线。从前面分析可知，地方大

---

① 引自拙著《理想的大学——教育学术信札》，浙江工商大学出版社2014年，第205页。

学的第二路线，只能执行这样的发展轨道：（传统）地方大学——应用型大学——创业型大学——（现代）地方大学。

展望：我不想把华威大学、麻省理工学院、斯坦福大学等一大批成功创业型大学转型过程中的种种阵痛拿出来在此解读，因为今天这个场合不适合我旁征博引，我就想从当前地方大学转型的痛点来提及创业型大学中国实践的可能性。建设创业型大学，首先要创建应用型大学。当前，有哪位地方大学领导敢于放弃传统的学术业绩考评标准，放弃数字化的学术 GDP 盲目崇拜，转而引导与推动教师静下心来做好教学育人工作，做好真正的科学研究工作，让学生真正从教师那里受益而不是一纸文凭,让科研成果真正服务社会而不是业绩符号？[①] 在政府喊出"破四唯""破五唯"的今天，高校领导连这一点都难做到，其他就更不敢奢望了。反之,若要实现地方大学的成功转型，也就意味着首先且关键要有这样的大学领导，有一种"功成必定有我"的担当与"功成不必在我"的胸怀，确定如此的办学定位与规划蓝图，尤其要制订可行有效的实施策略，像华威大学执行校长巴特沃斯那样坚持下去，确保几代人朝着同一个方向努力。只要有一所地方大学成功了，政府必定对高校充满信心，充分下放办学自主权，充分释放高校办学活力，整个大学都将获得新生。试问在座的每一位大学领导,谁会是中国的巴特沃斯？或者说，谁会是今天的蔡元培？

---

① 正如浙大原校长杜卫所言："三流学校数论文篇数，二流学校数论文的影响因子，一流学校不对论文发表提要求，而顶尖大学非常强调教学。"至于中国大学围着业绩转，美国杜克大学商学院教授李志文一语中的："公立大学是外行官员管内行学术行家，就是咱们所说的'红管专、外行管内行'。这些外行官员都要找一些'客观标准'来做管理依据，就自然数字挂帅了。"

我们需要什么样的高等教育学 [①]

这个会议的主题，主要探讨高等教育学科建设。事实上，高等教育专业委员会近来历次年会，均以此作为会议主题。但是，今年与往年不一样。在我的感受中，今年是我国高等教育学科自 1983 年确立以来，遭受到的最大的一次寒流。要知道，自 20 世纪 80 年代以来，这么大规模的教育学以及高等教育学在综合院校遭到裁撤、合并或者减招，似乎难得一见。那么，为什么在"双一流"建设的背景下，高等教育学科遭受到的冲击如此强烈呢？我觉得，采用伍红林在一篇文章 [②] 中提出的四个字"内忧外患"，能够较好地概括高等教育学科所处的困境。进一步说，高等教育学以前面临的"内忧"没有消除，而在一流学科争逐中带来了新的"外患"。于是，我们今天抱团合作，相互取暖，共同思考高等教育学科的出路与明天。我相信，在座的各位或许观点不一样，甚至出现有如"学科论"与"领域论"的学术争议，但是，大家都希望高等教育研究走向科学，高等教育学科更加繁荣。在这种"家"文化的学术氛围下，我想从如何让高等教育学科走出"内忧外患"窘境谈谈自己的看法。

一、高等教育学科身份的争议源于经典学科标准的坚守

高等教育学的"内忧"，缘于在教育学科体系中，高等教育研究的学科属性偏弱。在许多学者看来，高等教育学不是一门独立的学科，而是一个自由的研究领域。因此，尽管 1983 年高等教育学被国务院学位委员会批准成为二级学科，取得了合法地位，但该学科的合理性依然受到学界甚至高等教育学术共同体内部成员质疑。

[①] 本文系在 2016 年中国高等教育学会高等教育学专业委员会年会上的讲话稿，因时间关系讲话内容有压缩，原标题为"高等教育学的'内忧外患'怎样破"。后来该报告整理成《"高等教育学"再学科化三重奏》一文，发表在《现代大学教育》2019 年，第 1 期。

[②] 详见伍红林《论高等教育学与教育学的"因缘"》，载《高等教育研究》2015 年，第 8 期。

龚放先生曾在一文 ① 中总结指出，自 1993 年全国高等教育学研究会成立至今的 30 余年，中国教育理论界至少有过三次关于高等教育学科性质的争议。争议的焦点问题，实际上主要围绕高等教育"属于一个领域，抑或一个学科"等老生常谈的话题。

从国际来看，阿尔特巴赫（Philip G. Altbach）属于"领域论"的代表人物，潘懋元先生属于"学科论"的代表人物。美国的阿尔特巴赫是比较高等教育专业研究的开创者，他认为高等教育只能是一个跨学科研究领域，永远不可能成为一门独立学科，因为它没有一个学科基础，没有自己的方法论，也没有被广泛认可的理论。② 总体而言，在北美乃至日本等不少国家与地位，研究者关注的是高等教育问题，而非高等教育学科。③ 潘懋元先生是我国高等教育学科的重要创始人，他认为高等教育具有独特的研究对象以及区别于普通教育的规律，可以构成一门独立的学科，只不过是一门正在成长中的学科。④

从国内来看，在学术共同体内部，不管源于非理性的学科情感，还是根于理性的学科信念，较多的学者坚持"学科论"。只不过，在维护与坚守高等教育学科地位的立场上，他们推动学科走向成熟的观点与路径不尽一致。例如，卢晓中教授等倾向于纯粹的学科建设思路，提出"在学科建设中，高等教育研究方法借鉴移植另一学科方法不可避免，但要体现出自身的独特性。高等教育学科的表达方式需要拥有原创于本学科且具有学理性、专业性的迫切的新术语"⑤；汤晓蒙、刘晖等采取开放的学科建设思路，提出高等教育学科建设必须"破除狭隘的学科壁垒思维，以广阔的胸怀和开放的视野积极推进与其他学科的交叉与融合，这将

---

① 详见龚放《把握学科特性　选准研究方法——高等教育学科建设必须解决的两个问题》，载《中国高教研究》2016 年，第 9 期。

② 转引赵炬明《学科、课程、学位：美国关于高等教育专业研究生培养的争议及其启示》，载《高等教育研究》2002 年，第 4 期。

③ 胡建华：《高等教育学科建设与发展的中国道路——研习潘懋元先生的高等教育思想》，载《山东高等教育》2015 年，第 6 期。

④ 详见潘懋元《关于高等教育学科建设的若干问题》，载《高等教育研究》1993 年，第 2 期。

⑤ 卢晓中：《高等教育学的学科性质及相关问题》，载《中国高教研究》2016 年，第 11 期。

是高等教育学真正成为一门学科的必由之路"①。与坚持高等教育学属于独立学科的观点相反，学术共同体内部亦有学者坚持认为高等教育只是一个研究领域。例如，龚放教授坚持"领域论"，认为高等教育研究不存在一个逻辑严谨、天衣无缝的学科整体框架，他还借用英国学者托尼·比彻的形象比喻，认为高等教育就像河一样无常流淌，而不可能像树一样依次生长，并将之归为应用软科学。②

其实，"学科论"与"领域论"没有优劣高低之别，也无关乎高等教育研究热情与学科情怀，他们只是研究问题的起点有所区别而已。"学科论"关注成熟的理论体系，并非一定要回到象牙塔中去，为了学术而学术，而是通过系统化的理论成果，培养高级专门人才，服务高等教育实践。正如"学科论"的代表人物潘懋元先生所言，提倡高等教育研究回到象牙塔，成为有闲阶层的"闲适好奇"，在当代既不可取，也不可能，"这种提倡，是开历史的倒车。"③"领域论"关注现实问题的解决，并非放弃学科地位的打造，为了实践的需要无视理论的探索，而是通过有针对性、实效性的应用性研究，提升高等教育理论的社会贡献率，从而顺理成章地推动高等教育学科地位的显现与提升。正如国内"领域论"的代表人物龚放教授所指出的："发展、提高我国高等教育研究的基本路径可以归纳为：深入实践，研究问题，解决问题（影响决策、指导行动），进而增进知识、丰富理论。"④在高等教育研究的核心问题"大学治理"上，龚教授还提出："现代大学已经呈现专业化，校长应该以'治校为志业'，而不是副业、兼职，坚决叫停'双肩挑'。"⑤可见，"学科论"与"领域论"均重视高等教育研究的现实关怀与理论品性，均追求高等教育学科的家园精神与专业地位，只是由于无法提供一个符合经典学科标准的高等教育理论体系，他们在选择高等教育研究起点上便出现了分歧。有些学者锲而不舍，迎难而上；有些学者知难而退，绕道而行。要让这些

---

① 汤晓蒙、刘晖：《从"多学科"研究走向"跨学科"研究——高等教育学科的方法论转向》，载《教育研究》2014 年，第 12 期。

② 龚放：《把握学科特性　选准研究方法——高等教育学科建设必须解决的两个问题》，载《中国高教研究》2016 年，第 9 期。

③ 潘懋元：《关于高等教育学科建设的反思》，载《中国教育科学》2014 年，第 4 期。

④ 龚放：《追问研究本意　纾解"学科情结"》，载《北京大学教育评论》2011 年，第 4 期。

⑤ 龚放：《以治校为志业：大学治理的新常态》，载《高等教育研究》2015 年，第 10 期。

有着同样研究志趣却有着不同研究起点的学者站到一条道上，共同为"高等教育学"再学科化摇旗呐喊，避免高等教育学遭受随意裁撤和合并之苦，需要我们走出经典学科的框架，构建新型的学科标准。

二、现代学科标准的确立与一级学科地位的呼吁

超越"学科论"与"领域论"之争，关键在于学科标准的确定。于是，关于学科标准的探索就成为"高等教育学"再学科化的努力方向。在各种探索中，有一种观点颇有启发，即张应强教授提出的"学科划分的标准经历了从经典学科到现代学科的演变，高等教育学属于一门现代学科"[①]。所谓现代学科，即在遵循社会需要逻辑而不是学科知识演化逻辑的条件下获得蓬勃发展的学科。在现代学科标准下，作为缺乏成熟的理论体系与独特的研究方法的高等教育学，同样是一门独立的学科，学术共同体具有足够的学科自信。事实上，相对于经典学科而言，现代学科的标准没有那么严格了，可以归为学科的门槛没有那么高了，学科变得"宽容"了。

从经典学科到现代学科，确实可以摆脱长期以来的"学科论"与"领域论"之争，为高等教育学科的地位提升与长足发展创造广阔的空间。但是，学科性质的归属以及学科地位的确认，在我国是自上而下进行的，高等教育学科独立地位的提升必须通过学科制度方能实现。为此，张应强教授、李均教授等学者提出"高等教育学再学科化"的道路之一，便是让高等教育学从教育学的二级学科框架中独立出来，成为一级学科。在这些学者看来，高等教育学并不发源于教育学尤其是教学法和课程论研究，两者有不同的研究对象与知识体系，属于两个并列平行的学科，具备成为一级学科的所有条件。

就像"学科论"与"领域论"的争议一样，自倡导将高等教育学建成一级学科的观点提出以来，高等教育学术共同体内部就有不同意见。高等教育学科的开创者潘懋元先生认为，将高等教育学视为与教育学平行的一级学科有一定的道理，

---

① 详见张应强《超越"学科论"和"研究领域论"之争——对我国高等教育学学科建设方向的思考》，载《北京大学教育评论》2011年，第4期。

但是目前如此处理尚不成熟。作为"学科论"的忠实坚持者，卢晓中教授赞成潘先生的观点，认为将高等教育学建设成为一级学科还不成熟。还有一些学者认为，作为二级学科的高等教育学，应该坚守教育学学科立场，没有教育学的学科边界，就不会有高等教育学的独立学科地位。确实，贸然提出将高等教育学作为一级学科来建设，难以获得学界乃至政府认可。尤其是从现代学科标准的确立，到在学科制度上让高等教育学成为一级学科，其间缺乏必然的或者合理的逻辑关系，让人觉得这是两件关系不那么密切的事物。我们无法从论述中看到这样的一条线索：遵循现代学科标准，高等教育学就自然成了一级学科。同时，张应强教授提出"高等教育学再学科化"的另一条道路，即"将不同学科高等教育研究成果进行理论整合，实现其高等教育学科化建构"[①]，似乎又回到了"学科论"。只不过，这里不再采取多种学科研究的拼盘，而是不同学科研究的融合，亦即"从'多学科'研究走向'跨学科'研究"[②]。就如有学者所作的形象比喻，"多学科好比是混合物，跨学科就像是化合物。"[③]而且，这种跨学科的高等教育学科化建构，恐怕没有任何一位学者能够完成。但是，张应强教授提出的现代学科概念，以及由此推导出来的一级学科建设思路，启发了我们进一步探索政府层面自上而下确定的学科制度。高等教育学走出"内忧外患"的发展困境，必须从这里实现突破。

三、现有学科制度下高等教育学成为一级学科的制约因素

学科标准不等于学科制度。学科标准是开展学科划分的依据，而学科制度的内涵更为丰富，包括"学科划分与设置制度、课程标准、学科研究规范、学科评价标准、学科奖惩制度等"[④]。毫无疑问，学科划分与设置，是学科制度建设的第一步。我国现有的学科划分与设置制度，计划经济色彩较为明显，具有极强的规范与管理功能；美国等西方国家学科划分主要是一种管理上的统计功能，是对高

---

① 张应强：《高等教育学的学科范式冲突与超越之路——兼谈高等教育学的再学科化问题》，载《教育研究》2014，第12期。

② 详见汤晓蒙、刘晖：《从"多学科"研究走向"跨学科"研究——高等教育学科的方法论转向》，载《教育研究》2014年，第12期。

③ 刘仲林著：《跨学科学导论》，浙江教育出版社，1990年，第132页。

④ 庞青山、薛天祥：《大学学科制度的建设与创新》，载《中国高教研究》2004年，第5期。

校专门人才培养结果的一种统计归纳。[①] 在我国现有学科制度的条件下，要让作为现代学科的高等教育学成为一级学科，那不只是潘懋元先生所说的理论体系"尚不成熟"，而是不符合现有学科制度的逻辑体系。只有进一步完善我国的学科制度，才可能让蓬勃发展的高等教育学成为一级学科。

我国目前沿用的学科目录是2011年颁布的《学位授予和人才培养学科目录》，该目录仅注明学科门类与一级学科，不再明确二级学科，体现了现代社会科学技术不断分化且以综合为主导的特征。但是，该学科制度仍以经典学科标准作为学科划分与设置依据，注重严密的知识体系以及学术分类，具有鲜明的学科取向。例如，13个学科门类的一级学科，基本上属于学界认可的经典学科，另有一些新型学科则属于社会急需且技术特色明显的应用学科。作为现代学科的高等教育学，当前既缺乏成熟的理论体系，又难以体现不可或缺的应用贡献，自然很难在现有的学科制度下谋得一级学科的地位。

从教育学学科门类来看，下设3个一级学科，分别是教育学、心理学和体育学。在这种学科划分与设置条件下，无论从哪个方面来说，高等教育学都不可能与它们并列为一级学科。顾名思义，教育学是高等教育学的上位概念，把两者作为平行学科排在一起，在逻辑上说不过去。在将教育学理解或者更改为基础教育学的条件下，若将高等教育学提升为一级学科，虽然不再有层级的冲突，却受到教育学科内部其他学科的冲击。例如，从层次来看，基础教育学、高等教育学可以成为一级学科，那么，学前教育学亦可以成为一级学科；从空间来看，既然学校教育学的下位学科都可以成为一级学科，那么，社会教育学以及现在日益受到重视的家庭教育学，更应该成为一级学科。事实上，在教育学科家族内部，不仅许多尚未获得学科建制的教育研究领域亟须学科身份的明确，而且不少二级学科同样感受到学科危机并力求学科地位的提升。例如，有文章指出，比较教育学者对比较教育的信心发生了根本性的动摇，学科自信变得不堪一击，学科优越感渐趋丧失，学科的可持续发展也正在瓦解。[②] 可见，不突破现有学科划分与设置的价值取向，

---

① 王伟廉：《高等学校学科、专业划分与授权问题探讨》，载《高等教育研究》2000年，第3期。

② 马健生、陈玥：《论中国比较教育的重生——基于学科制度结构的视角》，载《比较教育研究》2015年，第9期。

高等教育学就不可能成为一级学科。

四、通过完善学科制度实现高等教育学从二级学科成为一级学科

学科分类是一个世界难题，我们找不到一个没有争议的学科目录。但是，包括学科分类在内的学科制度，只能属于一种手段而不是目的，当学科制度明显阻碍了学科发展与社会进步，那么，学科制度就应该进行相应的完善。我国学科制度完善的价值指向，应该从学科取向转向行业取向，这也是学科制度变革的必然趋势。同时，只有实现这种转向，高等教育学才能从二级学科发展为一级学科。

其一，我国学科制度的历史变迁使这种转向成为可能。从1983年颁布的《高等学校和科研机构授予博士和硕士学位的学科专业目录（试行草案）》，到1990年与1997年先后颁布的《授予博士、硕士学位和培养研究生的学科、专业目录》，再到2011年颁布的《学位授予和人才培养学科目录》，我国已经实施过四份学科专业目录，其间还有多次修订与调整。从学科变革的总体趋势来看，我国学科划分越来越淡化二级学科，倾向于增加学科门类，在一级学科层面上增设现代学科，体现行业需求导向。例如，1990年增加了军事学学科门类，1997年增加了管理学学科门类，2011年又将属于文学学科门类的一级学科"艺术学"独立出来，变成了艺术学学科门类，这些新增的学科门类具有很强的行业取向。又如，2015年，根据国务院学位委员会第11号文件，"工学"学科门类下增设了"网络空间安全"（学科代码为"0839"）作为一级学科，该学科与高等教育学一样，也可谓一门现代学科。可见，在将心理学、体育学两个一级学科从"教育学科门类"分出来之后，在该门类之下，可以按照教育行业的特殊性与重要性，增设相应的一级学科，这亦符合我国学科变革的趋势。高等教育领域相对于其他教育领域来说，无论从哪个方面来看，都有其特殊性，而且极为重要，可以作为一级学科独立设置。

其二，我国学科制度的矛盾冲突使这种转向成为必要。在现有学科划分与设置中，有些学科是很难完全分开的，我们却把这些学科变成了学科门类，例如哲学、文学与历史学；有些学科是不适合作为一级学科独立出来的，且不适合归为某个学科门类，例如作为一级学科的农林经济管理归为管理学学科门类，若该学科地位成立，那么，高等教育管理、医疗卫生管理等各种行业性管理都可以成为一级

学科归到管理学学科门类之下。从教育学学科门类来看，心理学、体育学两者远远不只是人才培养的基础，而是许多其他活动的基础，不应该归入教育学学科门类。例如，心理学像哲学一样，广泛应用于各种领域，当前不少心理学家更像哲学家，而不是教育（学）家，尤其脑神经领域的心理学学者，似乎更应该归入医学。体育学远远超于教育活动的范畴，在运动训练等方面，归入艺术学科门类更合适，在身体发育等方面，归入医学学科门类更合理。如果因为教育的需要而将心理学、体育学纳入教育学学科门类下，那么，艺术、文学、理学都可以成为教育学学科门类的一级学科。可见，现有学科划分的矛盾冲突，可以让心理学、体育学从教育学学科门类中独立出来，进而成立一个体现行业特征的"教育学科门类"。

其三，国外经验为我国学科制度的价值转向提供了借鉴。早在 2005 年，国务院学位办组织全国多所高校，对美国、德国、俄罗斯、日本等近 20 个国家或地区的研究生学科专业目录设置进行了研究（学位办〔2005〕6 号），笔者所在的课题组研究了中国台湾地区的学科专业目录设置。从总体情况来看，国（境）外学科划分的统计功能强于管理功能，同时更好地体现了行业领域特征。例如，美国的学科专业目录（Classification of Instructional Programs, CIP）根据全国高校学科专业设置现状而确定，共分三个层级，作为第一层级的学科群共 38 个，其中 13 个主要适用于学术型学位教育、13 个主要适用于应用型和专业学位教育、12 个主要适用于职业技术教育，而且，后面两类学科目录具有很强的行业指向性。[①] 又如，德国高校学科和专业分类不是主管部门主导、学校执行的自上而下模式，而是学校设置具体专业、州和联邦进行分类和统计的自下而上模式，从"学生和考试统计""人员和岗位统计"两种不同对象进行统计，形成了"专业群、学习范围和学习专业""专业群、教学与研究范围和专业领域"两种不同的分类法和专业目录。[②] 再如，台湾研究生专业设有教育学类、艺术学类、人文学类、家政学类、运输通信学类等 18 个一级学类，这些一级学科以及下属的二级学类均体现不出"以学科为中心"的

---

① 刘念才、程莹、刘少雪：《美国高等院校学科专业的设置与借鉴》，载《世界教育信息》2003 年，第（1—2）期。

② 胡春春，等：《德国高等学校学位制度及学科专业设置》，载《同济大学学报（社会科学版）》2007 年，第 1 期。

价值观，更多的是一种以社会行业和产业发展需要为中心的指导思想。① 特别值得注意的是，在美国等众多国家或者地区的学科专业目录中，心理学与体育学都没有归入教育学科门类，教育学科门类下设的（一级）学科都直接指向教育。可见，从世界范围的学科划分与设置来看，我国的学科制度改革，可以将体育学、心理学从教育学学科门类中分离出去，从行业领域的角度出发将教育作为一个学科门类，其下再设立具有行业取向的学前教育学、基础教育学、高等教育学、家庭教育学、社会教育学、特殊教育学等大量一级学科。

五、高等教育学科的生命力最终取决于其研究的社会贡献度

通过学科标准的厘定，明确了高等教育学科的性质，这是一门现代学科；通过学科制度的完善，可以抬升高等教育学科的地位，让它变成一级学科。这些努力，有利于高等教育学科的繁荣，尤其有利于非师范院校高等教育研究机构的发展。但是，要让高等教育学获得社会各界的认可与接受，还在于其学科研究能够体现作为现代学科的价值与贡献。可以说，从现代学科的设置乃至学科制度的改革来看，社会各界对一门现代学科理论成熟程度的要求，远远没有其实际的社会贡献重要。高等教育学科"彰显研究功能，坚持学科自信"②，需要从提升高等教育理论的社会贡献度出发。高等教育理论体系成熟的评判标准，最关键的一条依然是其能否有效指导高等教育实践。只有通过学科的社会贡献度，才可能最终让高等教育学科走出"内忧"，最终摆脱"外患"，在强势学科之林中傲然挺立。因此，作为一门学科的高等教育研究，必须从高等教育问题与现象出发，发掘其原则与规律，在此基础上再来提炼出相应的理论，以指导教育实践，最终实现"学科研究与领域研究的比翼齐飞"③。任何一种一元化的研究取向，采取体系内部的理论演绎或者不求理论建树的问题解决，都不利于"高等教育学"再学科化的进程，从而也不利于高等教育实践的发展。

---

① 详见邬大光、付八军、张宝蓉、张瑞菁《台湾地区研究生专业设置的历史、现状与趋势》，载《理工高教研究》2007 年，第 1 期。

② 胡建华：《彰显研究功能　坚持学科自信》，载《中国高教研究》2016 年，第 11 期。

③ 董立平：《学科与领域：高等教育研究科学化的两翼》，载《高等教育研究》2011，第 12 期。

一方面，高等教育研究必须以促进教育发展与社会进步作为根本出发点。以高等教育研究作为志业的学者，普遍都有程度不同的学科情结。只不过，对那些坚守"学术中立"的学者来说，他们往往会从理智而非情感的角度来看待高等教育学科的性质，从而在学术共同体内部出现"领域论"对"学科论"的挑战。这种基于共同目标的观点差异乃至冲突对立，对高等教育学科的建设其实没有坏处。事实上，这种争论还推出了"现代学科"标准，虽然该标准不能完全取代经典学科标准，但至少是经典学科标准的有益补充；同时，将高等教育学归为现代学科，在很大程度上走出了"学科论"与"领域论"的争议。但是，如果我们将高等教育研究的出发点，定位于理论体系的构建，"把知识体系建设作为首要使命"[①]，无视高等教育实践与社会发展的需要，那么，"高等教育学"再学科化的道路就会越走越远，最后或许会像潘懋元先生所言的"由于钻牛角尖而走到死胡同"[②]。基于实践，面向实践，服务实践，这是高等教育学科研究的基本向度，也是"高等教育学"再学科化的发展逻辑。龚放教授提出，"高等教育学科建设的方略必须改弦更张，必须放弃探寻、构建一个逻辑严密、范畴特殊、严谨严整、天衣无缝的高等教育学理论体系的目标，而将研究并解决中国高等教育改革与发展中的重大现实问题作为首要任务。"笔者理解龚教授"矫枉必须过正"的学术见解，他只是强调，高等教育研究必须以"领域研究"作为出发点与落脚点，绝不是以"学科研究"作为第一目标与首要任务。

另一方面，富有实践生命力的高等教育理论成果需要固化下来以培养人才。"领域研究"是高等教育学科研究的价值向度，但并不意味着我们可以不关心高等教育理论建设。我们把在高等教育实践之中开出的理论之花加以提炼与整合，不仅可以进一步指导教育实践，而且可以培养一代新人。高等教育学科的理论建构，并不是要搭架学科篱笆，制造学科壁垒，让外来学科成员难以涉足，而是为了总结理论成果，再而服务教育实践，服务人才培养，最终实现"学科研究"与"领域研究"、理论探讨与实践改革的相得益彰。就像黄永玉先生接受访谈时所言，

---

① 方泽强：《论高等教育学科人的责任与使命》，载《教育与考试》2014 年，第 1 期。

② 潘懋元：《高等教育理论研究必须更好地为高等教育实践服务》，载《高等教育研究》1997 年，第 4 期。

我们对待别人的作品，要相互欣赏，而不是相互排斥。不过，我国学者在推动"高等教育学"再学科化的过程中，往往有些急于求成，或者急于证明学科的合法性。正如有学者指出的，在西方学术界，哪怕是高等教育研究最为发达的美国，大学里没有像我国一样普遍以"高等教育学"命名的课程和教材，大都是以"高等教育"作为专题的教学群。① 事实上，任何学科的科学化、专业化进程，都是一个过程。例如，当前无人否认其学科地位的医学，早在 1869 年时，有过如此评价，"如果如今正被应用的医学沉入海底，那将是人类的最大幸事，又是鱼类的最大灾难。"19世纪中期，还有如此记录，"当时每个大学生都明白这样一个道理：当一个人学术无能，不善于言辞、写作，任何目标都无法实现时，他还有一个能够避难的永远不会失败的去处——医学专业"。② 作为经典学科的医学，其学科科学化的道路都如此曲折，那么，作为现代学科的高等教育学，从 1983 年取得学科建制至今才30 多年的历史，更应该虚心静气，在现代学科化的道路上做好持久战的准备。

总之，当我们确立了现代学科的标准，高等教育学就可以摆脱长期以来"属于一个学科，抑或一个领域"的争议，在现代学科的框架上谋求高等教育学科地位的提升。但是，要让高等教育学真正走出"内忧外患"的发展窘境，必须调整学科制度，按照行业取向来设置学科专业目录，让心理学、体育学从教育学学科门类中分离出来，将学前教育学、基础教育学、高等教育学、特殊教育学等设立为一级学科；最为根本的路径则是提升高等教育研究的社会贡献度，以解决现实问题作为出发点与落脚点，实现理论研究与问题研究的相得益彰。

（2016 年 12 月 14 日）

---

① 转引自文雯：《学科视野中的高等教育学》，载《现代教育科学》2005 年，第 6 期。
② 教育部师范司编：《教师专业化的理论与实践》，人民教育出版社，2001 年，第 139 页。

高校教研室的改革与发展①

在许多人看来，这个话题显得陈旧，甚至不具有时代价值。在我看来，这个话题相当重要，极具时代价值。为什么呢？至少有这么几个理由：第一，外延广泛。这个话题远远不只是探讨高校教研室，而是探讨外延广泛的高校基层学术组织。我们要认识到，当前国内高校的许多基层学术组织，诸如系、学科、课题组、专业组、公体部、公外部等，虽然名称上不叫教研室，但在许多情况下相当于传统意义上的教研室。例如，"大学——系——教研室"三级设置是我国高校在新中国成立之初的通用模式，当"系"普遍升级为"学院"之后，"大学——学院——学系"三级设置便成为国内高校的常用模式。在这里，"学系"就相当于原有的"教研室"。第二，强校固基。教研室作为大学的基层学术组织，要比二级学院、大学更体现学科专业特性，是教师从事教学科研等具体学术活动的家园。可以想象，如果这样的基层学术组织缺乏活力，那么相应的二级学院就不可能有活力，从而大学的改革与发展也就是一句空话。反之，基层学术组织发展良好，二级学院以及大学必定发展良好。第三，存废之争。虽然不少高校早就撤销了教研室，但原有教研室的功能仍然需要保留下来，只不过换了一个不同的基层学术组织名称。在这样的条件下，高校教学研究的改革是采取完善策略好，还是重构策略好，就值得讨论了。可见，这个话题在今天不仅很重要，而且还非常紧迫。在此，我准备从以下三个方面向大家汇报我的思考。值得说明的是，我重点谈谈第三个部分。这有两个方面的原因：一方面，这个报告更多地针对高校行政干部，不是针对专职教育研究者，因而我会重点谈谈操作层面的问题，当然，这样操作的理由

---

① 2019 年 5 月 14 日，国家教育行政学院远程培训中心邀请本人录制两个讲座，分别为《高校教研室的改革与发展》《大学教师的培养与成长》。本文即其中一个讲座内容，亦是在原有研究基础上的拓展与深化。

属于论述的重点；另一方面，2010 年，我在江西省高校教研室主任的培训班上做过该话题的报告，题目是"从功能发挥看高校教研室的改革与发展——兼论我国高校基层学术组织架构"，在百度上一搜，我发现这个报告的课件获得广泛传播，同时报告文稿已入编拙著《大学与人生——献给那些在大学中追梦的人》（湘潭大学出版社，2013 年版，第 35 至 56 页）一书中，为了尽量避免重复，也为了体现当前我最支持的改革路径，我主要谈重构策略的第二种模式。

一、高校教研室的内涵及其发展脉络

教研室，全称为"教育教学研究工作室"。高校教研室，只是我国教研系统的一个部分。相对于学校之外独立设置的教研室而言，高校教研室更多地被定性为基层教学组织。事实上，高校教研室属于高校中的基层研究组织，只不过更多地偏重于教育教学研究，亦即教学专业的研究，而非学科专业的研究。教学专业是解决怎么教的专业，学科专业是解决教什么的专业。教师职业，属于双专业，其中教学专业依存于学科专业。例如，你是教化学的，化学学科属于你的学科专业，如何教化学属于你的教学专业，如果你的学科专业不好，要让你的教学专业变得很优秀，在大学一般不太可能。从理论上说，对一门学科掌握得越好，他越能用深入浅出的方法教给大家，这就是所谓的"熟能生巧""实践出真知""深入才能浅出"。因此，偏重于教学研究的高校教研室，自然要进行学科专业的研究与探讨。博耶所言的"教学也是一种学术"，既可以从教学的独特性与规律性角度出发，亦可以从教学专业依存于学科专业的角度出发。依上所述，教学活动也是学术活动，教学组织也可以称为学术组织，我们可以从一种更广义的角度，将高校教研室定性为一种基层学术组织，而且学术性、学科性、基础性可以成为高校教研室内涵解析的三大特征。所谓学术性，即高校教研室是一种学术性组织，不是类似于教务科之类的行政事务部门；所谓学科性，即高校教研室体现了很强的学科专业特色，必定依存于相应的学科专业研究；所谓基础性，即高校教研室是高校最基本、最广泛的学术组织，是撑起一个学院乃至一所大学的学术组织细胞。

高校教研室可以定性为基层学术组织，但在不同时期有不同的体现。总体而言，高校教研室在我国至少经历三个发展阶段：

第一，定位教学组织的阶段。与整个教研室体制一样，高校教研室也是我国在新中国成立初期学习苏联的产物。1952年的院系调整后，高校普遍设立教研室，以协助系主任管理教学，属于在系领导下对教师进行行政管理的一级组织，承担教学过程监控，教学计划、教学大纲的制定和执行，教材、讲义的选编，课程建设，考试考查等各个教学环节的组织工作。这种教研室，往往以专业或者某门公共课程为依托，遵循统一的人才培养计划，以培养社会急需的各种人才。在这种背景下，组织教学也就成了高校教研室的第一功能或者说首位功能，直接服务于人才培养。为此，许多文献将教研室直接称为教学研究室，定性为教学组织。例如，1961年的《高校六十条》规定："教学研究室是按照一门或者几门课程设置的教学组织"。

第二，教学科研融合的阶段。在新中国成立初期，虽然有时也强调高校教研室的研究功能，但并没有较好地体现出来。20世纪70年代末以后，随着高校科研地位的提升以及教育科技方针的调整，高校教研室的科学研究功能得到较好的发挥。1979年5月召开的全国高等学校科研工作会议上，讨论如何把高等学校既办成教育中心，又办成科研中心。20世纪80年代，中共中央先后作出科技、教育两个体制改革的决定，改变计划经济体制下形成的科技、教育分离模式，确立高校在科技创新体系中的地位与作用，科学研究在体制上成为高校的又一个中心。此时，高校中专门的研究机构并不多，科学研究的综合化程度还不高，教研室便成为重要的研究阵地。那个时候，教研室的学术活动较为活跃，常常一起开展学术交流，探讨学科前沿，合作申报课题与奖项，等等。

第三，更名改姓频繁的阶段。自20世纪末以来，高校教研室的设置面临巨大的挑战，有些高校撤销了教研室设置，改为其他名称，有些高校虽然保留了教研室，但大多名存实亡，等同虚设，或者难以发挥学科研究乃至组织教学的作用。高校教研室为何面临如此大的挑战呢？原因是多方面的。例如，从内因来看，教研室封闭式的管理体制暴露其固有缺陷与弊端，不能适应科学技术日益综合化、市场化的发展需要。从外因来看，各种各样的研究机构在许多高校如雨后春笋般不断冒出来，高校教研室的科学研究功能逐渐旁落，在重研轻教的学术生态环境下，其地位与作用便大大下降。

二、高校教研室的功能定位与现实挑战

如前所述，高校教研室本质上是一种基层学术组织，在从事教育教学研究的同时，自然且必须从事相应的学科专业研究，两者是没办法完全分开的。但是，这样的一种学术组织在今天面临重大挑战。如果要将我国高校教研室现实中存在的问题罗列出来，可以列出一大堆。例如，重视不够，办公条件、经费都难以保证；职责不明，偏离教学研究，纠缠于一般性行政事务或者教学事务之中；制度缺失，没有形成合理可行的激励机制与约束机制，建设好坏一个样；认同感差，教师们对教研室的不少活动富有抵触情绪；等等。不过，在此主要从我将提出的改革方案出发，向大家梳理高校教研室面临的若干代表性挑战。

第一，教研室与其他各种研究机构、学术团队等存在冲突。我们可以以某所大学的某个二级学院为例，去分析一下该院存在哪些基层学术组织。在依然设置教研室的高校，我们能够发现，除了教研室外，还有一些研究所、研究中心、创新团队、学科团队等名目繁多的基层学术组织。大学教师的基本使命，应该是潜心科学研究，然后利用所学培养学生，在此基础上，可以创造科研成果乃至推动成果转化。而这些各种各样的基层学术组织，不正是为这些使命或者任务而设置的吗？就我个人的感受而言，我乐意为科学研究而深入学习不同的理论，但是不愿意因同样的一个任务而被几个基层学术组织捆绑。因此，功能相近的基层学术组织，要尽量统一合并。

第二，当前高校教研室主任大多难以成为该校相应研究领域名副其实的学术领导。看看我们各自大学的每个教研室，是谁在当教研室主任？他能带动这个团队吗？大学教师乐意当教研室主任吗？如果这个岗位吸引不了在该校相应学科专业中声望较大、能力较强的专任教师，反而需要行政指令让某些资历相对较浅、经验相对不足的年轻教师来兼任，那么这样的教研室无论如何都发挥不了引领教

学、促进教研、提升学科水平的目的。因此，作为基层学术组织能否发挥作用，我觉得就看一条，能否让该校相关学科专业领域综合素质最好的教师来担任教研室主任。

第三，置于科层行政体系下的高校教研室很难发挥学科研究、学术探究的作用。越是高水平的成熟的大学，其学术管理重心越是下移。例如，在引进专业技术人才时，学术声望较低的高校，决策权往往在以人事处为代表的校方；随着学术声望的提升以及办学水平的提高，决策权会下移到二级学院；发展到更高水平的阶段，决策权会进一步下移到二级学院的各种系、研究所或者课题组等基层学术组织。本质上，教研室是大学最为专业化的一个基层学术组织，是大学各项工作具体落实与执行的基层学术组织，从而也是最体现大学学科专业水平与办学活力的一个组织，理应在相应的学科专业领域拥有最大的话语权。但是，当前我国高校几乎所有的教研室，都是二级学院垂直领导下的一个基层组织，其学术决议很难通过学术领域的民主讨论原则转变为行动方案，只能在学院领导的行政指令下开展相应学术工作，从而既不可能调动教师尤其教研室主任的工作积极性，也难以形成友好高效的学术研究氛围。因此，教研室虽然属于基层学术组织，但在二级学院中应该成为一个行政色彩不浓、学术氛围较好且又能承担相应学术事务的学术组织。

三、高校教研室的完善策略与重构策略

在《从功能发挥看高校教研室的改革与发展——兼论我国高校基层学术组织架构》这个报告或者文章中，对我国高校教研室的改革与发展，我从总方向的角度提出了两条路径或者说两种策略。一是完善策略，另一个是重构策略。每一种策略都提出了两种模式。例如，针对重构策略，我提到了两种模式：第一种模式是：在学院下面设立学系与研究所，这其实属于一种通用模式，其架构为"大学——学院——学系（研究所）"；第二种模式是：在学院里设置与学院并列的研究所或者研究中心，没有学系，其架构为"大学——学院（研究所）——教务科"。近十年过去了，不少案例高校的教研室设置又发生了改变，但我提的这两种策略，

至今仍然具有指导意义。因此，对于不准备改变教研室名称，想在此基础上完善教研室的高校，仍然可以批判性地吸收我以前提出的改革思路，即完善策略的两种模式。在此，我主要谈谈重构策略中的第二个方案或者第二种模式，即在学院里设置与学院并列的研究所或者研究中心。这是我近几年不做行政，担任一线专任教师之后进一步强化的观点，甚至认为这是国内大多学术基础较好的本科院校的理想选择。说到此，我不得不表扬自己几句，约十年前的研究至今发现非常在理。同时不得不感叹：年轻人永远都是创新的主体。

在思考研究室这个主题之际，我没有过多地考虑国外高校的设置。但是，近日我发现，重构策略的第二种模式吸收了西方国家的合理之处，又能充分体现本国国情与院校特色，尤其中国的行政文化，属于具有中国特色的高校基层学术组织设置。例如，德国大学实行的是"大学—学院—研究所"的组织模式，作为基层教学和科研单位的研究所具有教学与研究的充分自由权，而领衔教授（研究所唯一的负责人）具有绝对的支配权。美国大学的基层教学组织在德国大学模式的基础上进行了本土化改造，即将德国大学研究所中的教学与研究职能进行拆分，分设学系和科研单位，在学系中将德国大学集中于领衔教授的教学权力交由所有教师共享。学系是一个社团式机构，崇尚"教学民主"与"学术自由"，教师可以独立、自由地根据自己的科研兴趣、研究方向和价值取向安排、选择教学内容。日本高校的教研室根据专业研究方向进行设置，一般一名教授、一名副教授及若干助手、秘书、技术人员、研究员和学生组成，既是教学单位也是科研单位，成为高校非常重要的基层学术实体。[①] 从这里可以看出，这些国家的研究所或者教研室，往往将教学与研究融合起来了，否则就像美国那样，将教学权完全交给教师个人；同时，学术管理重心下移，基层学术组织拥有相当大的学术权力。这些，都在我设计的这个方案中实现了。时至今日，我不仅极为认可重构策略的第二种模式，而且为该模式寻找到了许多理论依据。在此，结合"图1：现代大学二级学院基层组织结构图"，试作以下阐释：

---

① 详见田岗、胡晓琴《基于中外比较的我国高校教研室制度建设》,《高等财经教育研究》2016年，第4期。

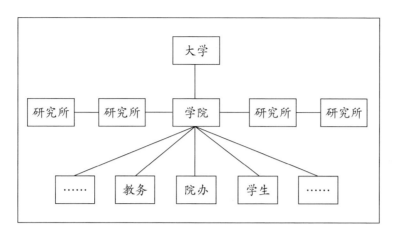

图 1　现代大学二级学院基层组织结构图

第一，统一合并功能相近的基层学术组织。在"大学—学院（研究所）—教务科"的三级设置中，学术基层组织尽可能归入二级组织中，以研究所来统领相应的学术事务。在这种情况下，研究所所长就不只是学科研究的领头羊，而且还是相应专业的负责人，在副所长等配合下承担专业建设的重任，体现大学科研要为教学服务的基本特征与必然要求。同时，这个研究所不只是个人的研究机构，而且是体现学院相应学科特色的研究机构，从而研究所所长还是相应学科研究方向的负责人，有责任与义务做好相应学科的建设，包括学科发展规划、学科专业人才的引进与培养等。如此，这个研究所就不只是一个虚体，而是一个实实在在的学术实体，权责利高度统一起来。

第二，聘任该校相应学科专业领域最有领导力的教授担任所长。在"大学—学院（研究所）—教务科"的三级设置中，兼具教研室基本功能的研究所不再属于科层制下的一级组织，亦即不再明确其行政级别，而是与学院平行并列的一个学术组织。在这种情况下，一个集教学研究、课程建设、专业建设、学科建设以及团队建设等于一体的实体研究机构，能够吸引学院中有学术影响力的学者担任所长，并且充分发挥他们的积极性。有时，二级学院包括院长在内的院领导，也会兼任某个研究所的所长。当他们不再做行政领导时，还可以回来全职做研究所所长。这样的一个研究所，自然就是一个非常有力的研究团队以及教学团队。

第三，院学术委员会是二级学院最高的学术决策机构。研究所的许多学术决策，当然不能由所长一个人说了算，但是，也不再像过去一样如此被动，在专业设置、人才培养方案、师资队伍建设、学科研究方向调整等许多重要的学术问题上，将以相应的研究所为基础，最后在院学术委员会上讨论决议。院长自然是学术委员会的主任，体现院长负责制的基本格局。各研究所所长，便是学术委员会的主体。这样的基层学术架构，也不会因为一个教授当了院长，其他比他学术水平与管理能力更强的教授就无武之地了。确实，最早的大学是学者的自由组合与自主管理，充分体现教授治校的特征，后来学校各项功能扩大了，只得行政权力与学术权力适度分离，出现教授治学的提法。马陆亭教授指出，教授治校无法实现，但教授治院可以尝试。应该，该种重构策略模式就是推动教授治院的重要探索与实践。

第四，以研究所统领学科建设与专业建设，有利于解决高校内部条块分割的管理体制，有利于以学科建设带动专业建设、课程建设等。在高校教研室体制下，教研室一般由教务处管理，而学院设置的研究室、研究所等研究机构一般由科研处（当前许多高校的科研处分为社科处与科技处）管理。试想，如果加强教研室的研究职能，以学科研究带动教学改革，高校内部条块分割的管理体制如何能够做到呢？按照"大学—学院（研究所）—教务科"三级设置之后，既避免了学科建设与专业建设的割裂，又减少了校级行政部门直接插手二级学院基层学术组织的情况。这里需要特别强调的几点：第一，研究院所的设置尽量以二级学院为依托，淡化研究机构的行政色彩，实现人才培养与学科研究共融互促；第二，学科建设、专业建设尤其课程建设，要以二级学院为主体。例如，许多高校设置学科建设处，掌握了大量资源，对全校的学科进行评估与资助，尤其鼓励许多没有行政职称的教授组团来申报，以解决行政权力挤压学术权力的痼疾。我认为，这种做法不可取。学科建设，要以学院为主体，要以实体建设为主，要与专业建设结合起来，否则，劳民伤财，效果甚微。对学校来说，在实行校院两级管理体制的条件下，在处理校院两级关系上，其实只需要做好三件事：第一是确定学校要发展哪些学科，从而办出哪些学院；第二，选好二级学院主要领导，充分赋予他们的办院自主权；第三，做好科学有效的评估与激励机制，采取目标管理而不是精细化的过程管理。我们一定要相信，精细化的过程管理会扼杀一所大学的办学活力。

第五，教务科等基层行政组织为研究所等基层学术组织做好相应的服务工作。

在"图1：现代大学二级学院基层组织结构图"的三级设置中，我们可以看到教务科等基层行政组织是处在基层学术组织之下的，要为研究所等提供相应的配套服务。事实上，这种架构，是改变过去的行政权力支配学术权力的思维惯性，倡导扁平化与合作性的管理方略。在这种管理模式中，较好地利用了各自的优势与特长，实现相应的分工与配合。例如，该模式将原来学系承担的一些教学组织工作，进行了分类管理：学术性较强的工作，例如专业培养方案的修订、任课教师的确定、师资的选择与评价、教学研讨等，由研究所处理；事务性较强的工作，例如培养方案的印刷、课表的制作、应聘的组织工作、教学检查等，由教务科处理；政策性较强的工作，例如学院发展规划等，在院长的领导下，由院学术委员会集体讨论决定。

结语：各位领导、各位老师，你们或许会产生疑惑——该种重构策略能否派上用场？有没有过实践？我要告诉大家，上述重构策略尚未进行实践，只是我个人在理论研究与实践体验基础上的设想。毫无疑问，该模式在实践中还会碰到不少问题。但是，我曾经结合我所在二级学院的实际情况，运用该种模式创设出了一个具有操作性的方案。在此，我可以简要介绍（详见报告"我们需要什么样的学科建设"，在此省略）。那就是整个教师教育学院只打造一个领域——教师教育，其他方向均从不同角度支撑这个领域。例如，我自己所在的高等教育研究方向，成立高等教育研究中心，要从"综合院校的教师教育模式研究"角度切入。但是，改革的阻力很大，因为任何改革，哪怕我们力争做加法的改革，都会影响到部分人的利益。我这里没有做到，因为我不在院长、校长的岗位，我相信在座许多校领导、院长以及处长有可能做到。中南大学曾钊新教授曾说，教研室是"把教师融化为知识使者的窝，是万千教育家成长的摇篮"。我在此倡导的"研究所"，也将是把教师融化为知识使者的窝，是万千教育家、思想家、科学家成长的摇篮。

教育研究需要挖掘哪些数据 [①]

于 12 月 25 日从厦门回绍兴之后，我一直没有忘记您布置的那个作业——把您的讲话稿梳理一下。近来较忙，今日稍闲，便思考这个作业来。不过，记录是我最不擅长的工作之一。有时候，我听别人讲了半天，也没有完整地记住几句话。何况，事先不知我有这项光荣的任务。不擅长历史呈现，但乐于观点归纳。遗憾的是，由于赶航班提前离会，您与先生的两个压轴报告，我都未能领略，从而难以全面准确地把握您的观点。于是，针对这次大数据与高等教育论坛，我从学习体会出发，向您作如下汇报。

一、何谓大数据

大数据这个概念，我早就听说过。但是，没有特别在意。凭感觉猜测，无非是全样本、大容量的数据。直到今天写这封信的时候，我才在网上特意查阅，到底什么是"大数据"。原来，大数据（big data）的主要提倡者是英国学者维克托·迈尔—舍恩伯格，他被誉办"大数据之父"。在《大数据时代：生活、工作与思维的大变革》（2013 年，浙江人民出版社）一书中，他指出，所谓大数据，是指无法在可承受的时间范围内用常规软件工具进行捕捉、管理和处理的数据集合。由此看来，大数据本质上也是一种数据，只不过具有量大（全样本而不是抽样调查）等特点，需要借助现代工具才能完成收集与分析。

但是，依据维克托教授的大数据概念，我们在做研究过程中处理的不少数据，确实不是所谓的大数据。例如，您上次在汕头大学提到的那位学者，将某校十多届毕业生的学籍卡信息逐个输入电脑，然后进行相应的研究，尽管利用了现代工具，但是范围还是有限，而且采用手工输入，现代化技术不够彻底，这也不能算是大

---

① 本文为 2016 年 12 月 30 日从厦门参会回来后写给邬大光教授的一封信。

数据。又如，麦卡思公司做的毕业生调查，只是选择了部分学生，没有对全部学生开展调查，这也不是大数据。

那么，大数据研究是否就是最佳的研究？不是大数据的定量研究，就是次等研究？依我看，我们没有必要这样区分对待。有些研究，就需要大数据；有些研究，样本调查就可以了。因此，在进行定量研究时，或者在开展这样的讨论时，我们没有必要纠缠，这是不是大数据研究。可以说，只要是用数据说话，采用定量分析，都可以纳入大数据研究的视野中。

二、大数据的价值

当明白大数据的本义之后，我们要确立大数据的价值。我虽然不接受维克托教授的某些极端观点，例如，"一切皆可量化""世间万物皆可数据化""专家（社会科学家）将会消亡，取而代之的是数据科学家""除了上帝，任何人都必须用数据来说话""有了大数据，从此不需要假设和理论推断，不需要了解为什么而仅仅了解是什么就够了，社会科学研究始终执着的因果关系再无探究必要，而只要知道相关关系就足够，数据会自己'发声'，它会告诉你'明天会做什么'"，等等，但是，我理解并接受维克托教授将大数据提升到研究的最高层次。试想，能够用数据说明的问题，为什么不用数据简洁明了地说清楚呢？再优美的文字描绘都会失真，而数字则是最精准的陈述方式。

在《大数据时代：生活、工作与思维的大变革》一书中，维克托教授对大数据的价值结合实践应用作了很好的论述，我在看完该书的简介之后就对大数据推崇备至。有人将大数据视为继边防、海防、空防之后的第四个大国博弈的空间，美国奥巴马政府把"大数据"提升到国家战略层面，投资 2 亿美元启动"大数据研究和发展计划"。对此，我一点也不感到惊奇。试想，如果一个国家乃至地球上所有的信息，在我的脑海中都是一清二楚的，就像我对自己家庭成员的了解一样清楚，我还有什么研究不好开展？还是什么决定不好进行？大数据，就是我们了解世界全貌的一种途径，认识事物整体的一种方法。

但是，我们又要知道，就算我们认识了外部世界，把对象事情看得清清楚楚，我们又能如何呢？既得利益者，他们不想改变；利益局外人，他们无法改变。例如，假如通过大数据，我们得出一个结论，99.99% 的人都是自私的，60.00% 的人对自己的子女都是无私奉献的，可以为自己的子女献出一切包括生命，那又能达到什么目的呢？这样的结论，有过相当阅历的智者，他们早就悟透了。可是，他们该怎么生活，不还是要这样生活吗？回到高等教育研究的话题上来，我们对中国高教的各种问题，不需要这样的大数据调查，我们也知道许多残酷的客观事实，可是我们又能怎么办呢？现在中国的大学，哪里还有学生的存在，哪里还有真正的人才培养，功利化的评价机制已经让中国大学失去了教育的灵魂。对此，哪几位懂教育有良知的学者不知道呢？通过大数据用事实证明了，又能怎么样？

因此，对大数据的前景，我非常看好。因为研究的本质，就是发现问题揭示规律，大数据就是问题与规律呈现的最佳方式。显然，对于研究来说，能够使用大数据，我们就要做到用数据说话。但是，我们千万不要以为，有了大数据，世界就会变得更美好，我们的许多问题就会迎刃而解。或许有了大数据，我们前进的步伐会更快一些，但绝不是大数据最终改变我们的世界。爱因斯坦在普林斯顿大学办公室铭牌上写的这句话——"Not everything that counts can be counted, and not everything that can be counted."（不是一切有价值的都能量化，也不是一切能量化的都有价值），应是我们理性对待大数据的最好注脚。

三、教育中的大数据

根据以上分析，教育研究要不要用数据说话，就不需要过多地论述了。一句话：凡是能够采用定量分析的，我们尽可能采用定量分析，只不过我们要明白，并不是所有的教育问题都能使用定量分析，也不是所有的定量分析都是有价值的。大数据，只是给我们还原一个真实的世界，让个体摆脱坐井观天式的思维。当认清现实的世界之后，我们能做什么，最终取决于我们所处的环境与自身的能力。也许，对于教育研究者来说，我们首要的任务是呈现问题，并从中推导出规律，至于能否解决问题，则是其他人的事情。从这一点来说，邬导在会上提出的那三点，"数据是基础，分析是关键，应用是价值"，其中的"应用"，对于学者来说，更多的或许是"发现问题、探寻规律"的应用，而不只是"解决问题、理论转化"的应用。也就是说，这种"应用"，更多地体现为我们通过数据呈现了问题，这个问题是真问题，而不是假问题。

我们用数据说话，确实是最好的学术表达。相较于思辨与推理，数据分析是更佳的研究方法。但是，量化研究毕竟只是一种手段，其目的是更好地呈现问题，让别人更好地认识本质。既然只是一种工具，那么，这种工具应该越简洁越好，而不是越复杂越好。这就像现代电子设备，它们都属于工具，为人们所使用，如果这些工具使用起来非常繁琐，则等待它们的只能是淘汰。真正悟透科学本质的人，他们能够寻找到最短的技术路线，并且为客户做出"傻瓜式"的操作程序。这也就像我们谈论某个问题一样，越是对这个问题理解得全面与透彻，我们越能用最简洁明了的话表达出来。如果我们对这些问题一知半解，或许支支吾吾半天，都没有说清楚。因此，我非常赞成王伯庆博士的那个观点：从量化研究来说，最低的层次就是复杂的模型与复杂的函数，最高的境界则只需采用一个百分比。从复杂的模型到简单的百分比，中间或许有许多深奥的理论、庞杂的数据、繁琐的步骤。这些，都属于研究过程中的问题，不需要一一呈现在最终的研究成果中。而且，研究者还应该力争做到，让这个中间环节更加简便易行。这就像从 A 地到达 B 地，花费更少时间与精力的路线，就是最好的路线。

基于以上理解，从教育研究的角度而言，现在的问题不是我们要不要将数据应用于教育研究，或者说教育研究需要采用量化研究，而是如何开展量化研究，哪些教育现象与问题需要采用量化研究。如果邬导要开一次类似的学术沙龙，可以直接讨论：高等教育研究领域中，哪些问题需要量化研究。如果再深入一点，就可以针对具体的问题，讨论如何开展量化研究，力争寻找到最短的路径。您在会上提到，下次诺贝尔经济学奖，应该在教育领域中出现。我觉得，只要我们能够寻找到这样一个重要的教育问题，且能够通过大数据呈现这个问题，在事实数据的基础上抛出了解决问题的对策，那么，邬导的断言是有可能变成现实的。试想，还有哪几个社会问题，有如教育问题这么重要而又紧迫？！

附录：在网上有一则关于大数据时代顾客买披萨的段子，较好地说明了什么是大数据。这种数据，显然不是我们一般意义上的统计数据，实际上相当于全面而又隐藏的信息。

某披萨店的电话铃响了，客服人员拿起电话。

客服：×××披萨店。您好，请问有什么需要我为您服务？

顾客：你好，我想要一份……

客服：先生，烦请先把您的会员卡号告诉我。

顾客：16846146★★★。

客服：陈先生，您好！您是住在泉州路一号12楼1205室，您家电话是2646★★★★，您公司电话是4666★★★★，您的手机是1391234★★★★。请问您想用哪一个电话付费？

顾客：你为什么知道我所有的电话号码？

客服：陈先生，因为我们联机到CRM系统。

顾客：我想要一个海鲜披萨……

客服：陈先生，海鲜披萨不适合您。

顾客：为什么？

客服：根据您的医疗记录，你的血压和胆固醇都偏高。

顾客：那你们有什么可以推荐的？

客服：您可以试试我们的低脂健康披萨。

顾客：你怎么知道我会喜欢吃这种的？

客服：您上星期一在中央图书馆借了一本《低脂健康食谱》。

顾客：好。那我要一个家庭特大号披萨，要付多少钱？

客服：99元，这个足够您一家六口吃了。但您母亲应该少吃，她上个月刚刚做了心脏搭桥手术，还处在恢复期。

顾客：那可以刷卡吗？

客服：陈先生，对不起。请您付现款，因为您的信用卡已经刷爆了，您现在还欠银行4807元，而且还不包括房贷利息。

顾客：那我先去附近的提款机提款。

客服：陈先生，根据您的记录，您已经超过今日提款限额。

顾客：算了，你们直接把披萨送我家吧，家里有现金。你们多久会送到？

客服：大约30分钟。如果您不想等，可以自己骑车来。

顾客：为什么？

客服：根据我们 CRM 全球定位系统的车辆行驶自动跟踪系统记录。您登记有一辆车号为 SB-748 的摩托车，而目前您正在解放路东段华联商场右侧骑着这辆摩托车。

顾客十分无语。[1]

---

[1]　参阅 http://www.haha.mx/joke/1294582，2014-06-24。

"双一流"背景下高校专业的去实体化建设 ①

2013 年 11 月，我成为我们这个专业委员会的常务理事，由于工作上的周折以及变动，近几年一直没有很好地履行相应的工作，我在此向林正范名誉理事长、徐小洲理事长，以及委员会的所有领导与同仁，表达我深深的歉意。同时，在换届之际，委员会仍然让我留任常务理事，我对此表示最诚挚的感谢！在以后的工作中，我一定恪尽职守，服从安排，共同推动我们这个专业委员会为浙江省高等教育服务。今天，我特意为这个研讨会准备的这个报告，就是针对浙江省高校应对"双一流"挑战而进行的一次粗浅思考。限于时间关系，我仅从以下四个方面概述我的观点与主张。

一、"双一流"区别以前国家重点战略的两个关键词

自 2015 年国家启动"双一流"建设以来，且不说各级政府、学会如何积极响应，就学界发表的"双一流"论文来看，近年数量不断往上蹿，成为教育研究领域最热门的话题。但是，我至今还没有写过一篇关于"双一流"的文章。这次报告，是第一次以"双一流"作为题目的个人论述。国家的政策指向，就是学者的研究方向，作为一名土生土长的中国学者，我不可能不知道，而且非常透彻地知道。那么，我为何至今没有撰写"双一流"的文章呢？初步思考一下，我觉得有两个方面的原因：其一，我有自己确定的研究方向，挤不出太多时间来关注其他问题；其二，我倾向于关注具有永恒性或者开创性的话题。我认为，作为一位优秀或者致力于优秀的教育研究人员，应该走在政策与实践的前面，引领教育改革与发展的方向；同时，在中国还要坚持一条底线，那就是当既定的政策不吻合个人的学术思维时，

---

① 2017 年 12 月 1 日，在浙江省高等教育科学专业委员会 2017 年会暨"双一流背景下高校专业建设与创新人才培养"专题研讨会上的讲话稿。在报告过程中，有增删。

他可以选择闭上嘴巴。因此，我至今没有撰写"双一流"的论文。但是，当组织让我们来探讨这个问题的时候，我就要积极地思考并回应。在我看来，相对于 20 世纪七八十年代的国家重点大学建设、90 年代中期开启的"211 工程""985 工程"，以及 2012 年正式启动的 2011 协同创新中心来说，"双一流"既承继了以国家作为主导来开展重点大学建设的固有思维，又体现了这次国家重点大学战略的独特之处。这个独特之处，就是我在此概括出的两个关键词：学科竞争、优胜劣汰。更具体一点讲，"双一流"建设不只关注一流大学的建设，更关注一流学科的建设。例如，2017 年 9 月，国家三部委公布的"双一流"名单中，共有 137 所高校入选，其中一流大学 42 所（其中 A 类 36 所、B 类 6 所）、一流学科的高校 95 所。显然，学科建设成为"双一流"建设的主体。同时，"双一流"建设废除了以前的终身制，实行为期 5 年的动态调整，加强了竞争与激励机制。下面，我也就从这两个关键词入手，来论述"双一流"背景下高校专业的去实体化建设。

二、专业建设在"双一流"背景下面临的挑战与机遇

抓住"双一流"的两个关键词——学科竞争、优胜劣汰，我们就不难发现，在"双一流"背景下，学科建设越来越重要，学科竞争越来越激烈，学科主体越来越凸显。在这种情形下，我们的专业建设怎么办？彰显学科竞争的"双一流"建设，对专业建设到底有什么样的影响呢？我认为，既有挑战，也有机遇。

一方面，从办学资源有限论而言，"双一流"抑制专业建设。在我国许多高校，学科建设与专业建设是两条线，而且专业往往作为实体在建设。例如，学科建设往往由研究生（院）处、学科办等负责，专业建设则由教务处负责；不少高校绘制了学科建设的蓝图，学科带头人、学科主任等活跃在各种学术事务中，同时每所高校都不会放弃作为人才培养基地的专业建设，专业主任成为一个在高校广泛设立的"鸡肋头衔"。又如，专业教研室、专业委员会、专业领导小组等机构广泛设立，与基层学科组织纵横交错，编织出一道外行人看不懂、内行人糊涂的学术组织网。每一所高校，在某个时间点上，资源都是有限的。这种资源，不只是办学经费，还包括人员、场地、时间等各种资源。开展"双一流"建设，强化学科竞争，必然会加强对学科建设的资源投入，从而相对削减在专业建设轨道上的投入。

另一方面，从学科专业共存论而言，"双一流"推动专业建设。当将学科与专业分轨来建设，势必导致教育资源的此消彼长。然而，我们一直强化的这种认识，即学科建设就是科学研究、专业建设就是人才培养，是不科学的，也是有害的。要认清学科与专业的共存性，我们就得来梳理一下学科、专业与课程三者的关系。学科是科学领域的分类，一所大学的办学特色，首先体现在学科的布局与水平上；课程是大学教育的最小细胞，是学科建设成果的重要体现；专业是新中国学习苏联的产物，现在可谓中国大陆高校的特有词语，课程的组合便是专业。放眼全球，一流大学，必有一流学科；一流学科，提供一流课程，建成一流专业。概而言之，学科提供课程，课程组成专业。由此可见，以课程作为纽带，学科与专业可以共存。"双一流"建设，打造学科高地，自然也就打造了专业高地。

三、去实体是专业建设化解危机迎接机遇的改革路径

一所大学没有专业，在我国就不能培养人才；没有人才培养的大学，绝对不是一所真正的大学。因此，毫无疑义，专业建设是非常重要的，不可替代的。当前，我省教育厅以专业评估为抓手，推动各个高校强化质量意识，更显示了专业建设的重要性与紧迫性。那么，在"双一流"背景下，如前所述，一所大学如何有效地化解学科建设挤压专业建设所带来的危机，同时又充分地利用学科建设促进专业建设带来的机遇呢？在此，我以我所在教师教育学院为例，来谈谈我个人的思考与建议。

2016 年，我校教育学一级学科入选浙江省一流学科（B 类）。作为教育学学科主任，我在构想这个学科发展规划之际，就试图将学科建设与专业建设融合起来。具体来说，思路如下。我们教师教育学院全力打造一个一级学科，那就是教育学学科；这个一级学科，重点关注一个研究领域，形成一个特色学科品牌，那就是教师教育研究；从地域优势文化、现有师资力量、学科内在需要等多个方面考虑，设置涉及多个二级学科的五个研究方向[①]，共同撑起"教师教育研究"这块招牌。

---

① 最初思考时，只设四个研究方向。最近一年，我院引进了学前教育专业的博士，而且即将引进并培养一批这个专业的博士，从而可以架设一个学前教育方面的研究方向。

也就是说，这五个研究方向，不是各自为政，而是相互联系，并且共同服务"教师教育研究"这个主题。这五个研究方向分别是：越地教育思想转化为教学资源研究、综合院校的教师教育模式研究、课程改革与教学专业发展研究、心理健康教育与教师成长研究、幼儿特征与学前教师教育研究。每个研究方向，对应一个研究中心，初步考虑为越地教育思想研究中心、高等教育研究中心、基础教育研究中心、心理健康教育研究中心、学前教育研究中心。这些中心，远远不只是承担学科建设、开展科学研究的场所，还是承担相应专业建设、开发课程资源的领地。教师教育学院的每一位专任教师，至少归属于某一个研究中心；以后学科教师的招聘与培养，都按中心建设需要以及学科研究方向来运转。教师教育学院现有两个专业：小学教育专业与学前教育专业。这两个专业的建设任务，具体就落实在基础教育研究中心、学前教育研究中心上。研究方向的学术带头人，就是理所当然的相应专业主任，同时配套学科秘书作为专业秘书。如此，学科建设与专业建设就合二为一了，专业实体消融于学科实体之中。学科建设与专业建设同样重要，去专业的实体化，实质上就是让学科建设履行专业建设的任务，实现学科专业的融合发展。对此，我还有许多值得阐释的建设思路与具体路径。限于时间，我就不再展开论述。

四、"双一流"背景下高校专业去实体化任重而道远

从学理角度而言，专业是由课程组合而成，那么，不同课程的排列组合，就可以构建不同的专业，这就为专业去实体化提供了学理依据。从实践角度而言，我在前面为教师教育学院构架的学科建设方案，完全可以实现学科建设与专业建设融为一体，兼而达到去专业实体化建设的目的。那么，这是否说明，高校专业的去实体化建设就不难实现了？或者更具体一点说，我构想的这个学科建设方案能够顺利实施？答案，非也。改革困难的原因很多，我还是从微观方面，谈谈最为直接的两点。

一是"谁改"。学科主任，没有也不应该进入学校行政体系，没有权力来推动这项改革。毫无疑问，二级学院的院长是这项改革的第一主体。但是，改革就是资源的重新组合，必定要碰到许多困难与阻力，现在还有几位在任一至二届的

院长愿意承担这项改革风险？我们用不着再去展开，在座许多院长、处长自有体会。

二是"改谁"。在我国，开展学科建设，就是团队作战，必须强化学科规划，凝练研究方向，不能像野外植物一样，任其自然生长。这就要求每位学科成员，要把主要研究精力投入既定的研究方向上。对不少学科成员来说，会有一个较大的研究转型。尤其是那些在原有研究领域创建了一个小山头的人，我们有多大的力量让他主动愉快地走下小山头，一起来建设我们共同的学科研究高峰呢？我愿意，但其他人愿意吗？对大部分二级学院的院长来说，他要推动这项工作，让大家同舟共济合力划桨，绝对不是一件容易的事情。

依此逻辑推导下去，我们或许能够找到问题的源头，同时理出改革的路径。但是，这必定要超出我们今天探讨的范围。因此，我的报告就此结束！谢谢大家！欢迎批评指正！

高等教育现代化的国际视野、本土实践与中国经验 ①

教育学术概念的生成，基于学科运行的逻辑，更源于现实社会的需要。我国高等教育现代化进程中出现的"中国经验""中国模式""中国流派""中国特色""中国方案"等概念，绝不仅是凸显中国政治正确性的官方用语，而是指引我们探索高等教育现代化之路的学术用语。例如，我国采取与众不同的路径与举措，在高等教育大众化等许多方面开创性实践，跨越性发展，取得举世瞩目的成就，"中国经验"就是对这些现象的精辟概括与学术表达。2019 高等教育国际论坛年会近日于兰州大学召开，该论坛正以"高等教育现代化的国际视野与中国经验"作为主题，外显国际论坛的学术品性，内隐"中国经验"的形成路径。这条路径蕴藏的学理逻辑，首先瞄准国际视野，然后开展本土实践，最后贡献中国经验。

一、高等教育现代化的国际视野

国际视野在此至少有两种含义：一是基于其作为经济学术语的本义，强调我们要站在更广阔的角度或者全球角度，多层面、多方位地开展中国高等教育的理论研究、政策设计与实践运作，可以概述为提升站点；二是基于后发型国家学习世界经验的通例，强调我们要学习世界一流大学在培养人才、发展科学与直接服务社会等方面最具普适性的规律乃至举措，可以概述为学习先进。无论提升站点还是学习先进，都属于一种高远目标、前进方向与牵引动力，我们无法绕开这两

---

① 2019 年 10 月 12 日至 13 日在兰州大学参加中国高教学会主办的高等教育国际论坛年会。在某些专题论坛上，有学者认为中国经验的提法值得商榷。13 日早上 6 点之际，躺在床上的我突然想写篇小文章，回应这种观点，肯定中国经验、中国模式、中国路径等概念的合理性。于是，在获得《中国教育报》高教周刊主编储召生的鼓励后，我便在返绍的当天完成该文。后来该文于 10 月 21 日第 5 版以《高教现代化中国经验的形成之路》为题发表，形式略有调整。10 月 21 日，中国社会科学网教育前沿栏目全文转载。

点来建设中国特色的现代高等教育。从提升站点而言，中国高等教育要比中国经济在世界的地位低得多，根据高教中心与经济中心的合一性规律，中国高等教育现代化瞄准国际视野，就是要推动高等教育大国向高等教育强国转变，尤其要培养具有引领世界经济与社会发展的战略性人才。从学习先进而言，充分借鉴他国的高等教育经验，是减少自我摸索、避免重蹈覆辙、快速实现转型的必要路径甚至必经途径。无论我国第一个现代学制，还是我国第一所现代大学，抑或被誉为中国现代高等教育之父的蔡元培或者盛宣怀，都离不开西方先进理念的吸收与利用。在高等教育现代化的进程中，酝酿或者初创阶段的过去需要学习先进，深化改革阶段的今天同样需要学习先进。

二、高等教育现代化的本土实践

本土实践在此内含两个关键词：一是本土化；二实践性。所谓本土化，就是指要基于中国国情与现实需要，融通性与创造性地汲取国际经验精髓，以推动中国特色的高等教育现代化进程为依归；所谓实践性，就是指从国际视野到中国经验，中间必须经过实践环节并最终赢得胜利，没有被实践验证的中国理论、中国模式、中国流派、中国方案，都不能称之为具有世界贡献的中国经验。中国经验的形成之路，不仅需要瞄准国际视野，而且必须经过本土实践。正如实践是检验真理的唯一标准一样，本土实践是形成中国经验的必经途径，本土化的成功实践则是中国经验形成的唯一标准。中国特色的高等教育理论体系能否赢得国内国际的认可，不取决于我们创造多少漂亮的教育术语，也不取决于我们举办多少盛大的国际会议，更不取决于我们发表多少高端的教育论文，而是取决于该种理论体系指导的高等教育实践，是否培养尽可能多的各方满意的高素质人才，是否生产尽可能多的推动人类社会进步的原创性成果，是否在大学直接服务社会的过程中尽可能大地体现高等教育的社会贡献度。

三、高等教育现代化的中国经验

高等教育现代化中国经验的形成之路，瞄准国际视野是其前提与基础，本土化的成功实践则是其关键与核心。那么，时至今日，我们已经为世界贡献多少中国经验？应该说，在高等教育领域，虽然我们以引进西方经验为主，但同时也在向世界输出中国经验。例如，早期以官吏选拔为目的的科举制度，就是中国贡献给世界的制度发明，后被欧美国家加以本土化的成功改造，变成选才与育才的考试制度。又如，被誉为"自学成才的摇篮""没有围墙的大学"的高等教育自学考试制度，就是我们贡献给世界的又一个中国经验。但是，最显价值、最为重要、最有亮点的中国经验，不是零碎的某项制度、某个工程或者某种方法，而是中国政府主导型的高等教育发展之路，能否像大学（学者）主导型的英国早期高等教育一样，同样成为世界的高等教育中心，尤其要像市场主导型的美国高等教育一样，不仅成为全球主要的教育服务贸易出口国，而且成为社会经济发展不可或缺的重要推动力。着眼未来，在那个时候，不仅仅是国内学者自觉总结中国特色的高等教育理论体系，而且国外学者也会主动研究与宣传中国经验。

职业技术教师教育研究的若干基本问题

——参加第一届新时代一流职教师资培养高峰论坛随感

2021 年 10 月 25 日，上海第二工业大学举办了一次具有历史意义的重要学术活动。一天的学术活动，主要有两个议程。上午的议程，名为"第一届新时代一流职教师资培养高峰论坛"，请了教育部教师工作司任友群司长、职成司林宇副司长以及三位相关高校的校长作报告，他们分别是江西科技师范大学校长左和平、江苏理工学院校长崔景贵、广东技术师范大学副校长许玲。下午的议程，名为"上海市职业技术教师教育学院成立大会"，分了三个阶段：先有半年小时的"上海市职业技术教师教育学院院务委员会会议"，院务委员会成员参加；最后有一个小时的学院"专家委员会会议"，专家委员会成员参加。我主要参加了上午的高峰论坛与下午的第二阶段。华东师范大学石伟平教授上午主持高峰论坛时提到，这次会议规格很高（原话比我这个概括还要"高"许多），高朋满座，高端大气。当时我还在猜测，石教授可能只是从四个定语"第一届""新时代""一流""高峰"来看这次论坛。参加下午的成立大会之后我才体会到，这次因故推迟多次的会议确如石教授所言属于"三高"盛会。例如，教育部副部长翁铁慧不仅亲自参加，而且带来好几位司长，她还提出这个学院不能仅局限于上海，联系的合作企业实践基地、合作职业院校教学实践基地，都可以面向全国；上海市副市长陈群在发言中指出：上海将全力支持该学院办成世界一流的职业技术教师教育基地。作为研究人员，我想将这次参会的几点学术心得记录下来。如果真的到了上海第二工业大学工作，那么，这次会议将视为我研究职业教育的新起点。

一、职业技术教师教育的第一属性问题

职业技术教师教育，相关概念甚多。例如，职业技术师范教育、职业教师教育、

职业师范教育，都是职业技术教师教育的等同或者说相近概念。由于"师范教育"在世界范围内走向"教师教育"，"师范"（normal）两字二战后在美国文献中不复存在（指 normal 从那时开始不再有师范的含义）。因此，当前更具生命力的概念还是职业技术教师教育，或者职业教师教育，可以简称职师教育。

职师教育，针对职业技术领域的师资培养，具体主要包括中职、高职一线教师的培养。从上海市职业技术教师教育学院而言，该学院定位于人才培养的教学单位，而不是纯粹的职师教育研究单位，因此，该学院主要体现为教学部门，甚至兼为综合性与统筹性的教学管理部门。如此的职师教育，到底偏重职业教育多一点，还是教师教育多一点？毫无疑问，两者都很重要。这就像上海市职业技术教师教育学院必须同时抓教学与科研一样，这是立院与强院的两个轮子；也像一位大学教师要成为优秀的教授而不只是研究员一样，教学与科研都得兼顾。但是，无论这个学院还是某位教授，他一定要抓一个重点，不可能等同视之，尤其不能看不到矛盾的主要方面与次要方面。于是，针对职师教育，职业教育与教师教育哪个作为第一属性，就是一个真命题。这是我第一次接触这个领域后产生的第一个大问题。

在我看来，职师教育的第一归属，应该是职业教育，然后才是教师教育。就当前的感性认识而言，我至少可以提出以下三点理由：一是作为一位职业技术领域的教师，如果自己不懂相关的职业技术，尤其是具有实践的能力，那么他很难当一名称职的新职师。纯粹的理论知识传授，既办不出学科特色，也吸引不了这些学生。二是这与长期的教师双专业的争议一样，学术性与师范性，或者说学科专业知能与教育专业知能，到底哪个更为重要，学界争论不休，但是时至今日，学界大体认可学科专业知能比教育专业知能更为重要。事实上，学科专业强了，教育专业要上来并不难。例如，对许多科学家或者大学者而言，他们都可以成为教育家，自己的经验与阅读，就是最好的教育理念乃至转化为具体的教学方法。三是只有职业教育有地位，职师培养才有前途。可以说，职业教育发展到什么高度，职师教育才可以发展到什么高度。因此，对职师教育而言，职业教育是第一属性。

二、职业技术教师教育的师资队伍问题

培养职业师资，自身的师资队伍建设是关键。当前，许多承担职业教师教育的高校，还是以大学毕业的博士研究生作为师资来源主体，显然，这种理论型教师不适合新职师的培养要求。上海市成立职业技术教师教育学院，挂靠在上海第二工业大学，其出发点是为上海中职以及高职培养职业师资。该职院总共才若干位专任教师，许多是理论型学者，如何培养一流的职业教师？显然，这就要借力，或者说合力培养。从学院成立大会的活动内容来看，我能够获悉，该职院主要利用合作企业实践基地、合作职业院校教学实践基地开展相应的教学活动，自身更多地承担顶层设计、组织管理、理论研究、宣传策划等方面工作。同时，承担少量的硕士生尤其致力于博士生的培养。

但是，职业师资的师资主要不是培养主体自己拥有的，如何发挥各协作或者说合作单位的积极性与主动性呢？依我自己的经验来看，想请不在自己管控范围的人帮忙做学术工作，往往效果不理想。例如，某大学书记以前有一个政府课题，请了许多老师参与其中。我和三位博士是以"下属"身份参与书记课题，而其他若干位教师都在别的高校工作，不归书记"管"。最后，从提交的研究成果以及体现的参与精神来看，其他教师都远远不及我们这四位工作人员，最后也没有发挥什么作用。因此，这种合作培养貌似理论正确，更显综合实力与合作精神，但是，如果缺乏有效的机制保证，这些合作仅仅只是一种形式上的合作，缺乏实际效果，难以形成合力。正如今天早上看朋友圈，有人留言指出，"'上海职教师资培养机制创新：院务委员会＋分校'模式，许多年前山东就是这样做的。"那么，如何充分利用该种机制的优势，规避该种机制固有的弊端？我认为，这种合作必须从外部合作走向内部合作，既要让合作单位将培养职业教师作为自身的工作职责，同时，也要保证合作单位从中获得同等报酬甚至更多的实际利益，在此基础上实行评估考核与优胜劣汰，鼓励更多的合作机构开展竞争，将此作为一项关系基地发展与信誉的大事。看来，我们不能否定这种培养模式，因为目前这或许是唯一的出路，要做的就是让该种模式真正出实效。

三、职业技术教师教育的前途命运问题

大学教师，没有经历特别的教育专业训练，学科专业优秀者大都可以当好教师。那么，中职、高职的教师，是否也像普通高校的教师一样，无需特别训练，学科专业优秀者便可以胜任？如果这个命题成立，那么，职业院校的教师，同样可以从各个学科专业的优秀博士中招聘。事实上，普通教育职业化，许多高校在培养行业取向的博士时，往往也注意实践能力的培养，具备双师型教师的基础与素质。例如，某高职需要一位数控专业的老师，该校可以从一流大学那里找一位数控专业的博士生，没有必要从职业教师教育学院招聘一位该专业的研究生。这就表明，职业教师的需求问题，是一个伪命题，综合大学或者现有行业性高水平大学都可以解决，无需成立培养职业教师的专门机构。但是，职业教师有没有自身的特殊性呢？且不说当教师有其特殊性，职业技术类教师更有其特殊性。例如，做手术的医生不能从书本与研究中培养出来，必须在实践中走出来，没有过临床经验的老师能够教出这样的学生吗？可见，我们还是可以找到成立专门职业教师培养基地的充足理由。

然而，职业教师培养有前途吗？现在许多家长都不愿意自己的孩子进职业院校，我们的职业院校也至多只能培养硕士层次的职业教师，这不就意味着职业院校以及职业教育低人一等吗？确实，职业教师教育有没有前途，就看中国的职业教育有没有前途；中国的职业教育有没有前途，就看职业教育的轨道高到什么程度，是否与普通教育轨道并列平行，从而让更优秀至少同样优秀的孩子主动报考职业院校，更多的优秀教师主动投身职业教育领域。至此，问题也就清晰了。中国的职业教育能否迭代更新，真正如习近平总书记所言的"前景广阔，大有可为"，就取决于职业教育能够成为一种独立的"类型"，与普通教育轨道一样并列平行并发展到博士研究生教育阶段。这种博士研究生，才是真正的理实结合型，真正既懂理论又善动手，如 MIT 倡导的"手脑并用"。显然，这是社会对高层次人才需求的主体，绝大多数高等院校都应该选择这条路。职业院校率先这样做，只是比更多普通本科院校先行一步。从这个角度谋划职业院校的发展，才可能带来职业教育的繁荣与昌盛，从来带来职业教师教育的繁荣与昌盛。舍此之外，别无他策。

由于还没有决定是否去上海第二工业大学工作，从而目前无法决定是否从事职业教育这条道路。但是，"在什么岗位，做什么研究"，这是我的工作理念与一贯做法。如果近年转入这个领域，这将是我一生的研究方向，或许要以此作为自己最后的学术标签。以上粗略却属于战略方向上的思考，能否成为我关注职业教育的新起点，在明年 9 月以后应该会有确切的答案。

（2021 年 10 月 26 日）

第二部分　工作研究

我们需要什么样的学科建设 ①

我们的一级学科教育学于 2015 年入选省一流学科，这极大地鼓舞了我们创建教育学科高地的士气，也给在座的每一位学科团队成员带来了压力。试想，当前国家推行的"双一流"建设，实行滚动制，万一在下一轮一流学科建设中，我们的教育学科未能进入省一流行列，岂不表明我们退步了？而且，这次申报一流学科，我们不仅把校长拉入团队，且请校长担任了学科带头人。明年，校长退休了，下一任学科带头人有能力领导这个团队冲进省一流吗？因此，在这样的危急关头，大家推我担任教育学科的主任，我感受到的不是一流学科平台的高枕无忧，而是下一轮学科竞赛的龙争虎斗。近日，我一直在思考这些问题：我们到底建一个什么样的教育学科，若干年之后这个一级学科能够发展到一个什么样的高度，有什么样的方法与路径推动这个学科达到理想的状态。在我初步理顺自己的思路后，我向周院长做了一次系统的汇报。很快，我们两人在许多方面达成了共识。在获得院长支持后，今天，我将自己的学科建设思路向大家报告如下，期望进一步融合大家的智慧与贡献。要知道，接下来，我们就会按照这种学科建设思路，出台学科建设文件，并力争这个文件在五年时间内，不会有太多的调整。

一、学科建设是专业建设、课程建设的基础

我们是从事教育科学研究的，对学科、专业与课程等几者的关系，大家应该都非常清楚。从这一点来看，如果我今天再讲"什么是学科"的话题，就显得有些不合时宜。可是，在我们学院，仍然有一种声音，认为学科建设没有专业建设那么重要。听说，一位来我校讲学的某位教育学科类教授、博士生导师，他认为

---

① 2016 年 9 月，为推动教师教育学院教育学一级学科学建设，我准备了这个报告。不过，最后因各种原因，未向全体教师宣讲。

像我们这样的地方院校，没有必要搞学科建设。有了这些我认为不太符合学科建设思路的声音，我就觉得今天还真有必要再来聊聊学科与专业、课程的关系问题。要知道，没有思想观念的统一，就不可能有方向的一致。我们在科学研究的学术观点上可以见仁见智，但在学科建设的行动方向上需要统一。因此，接下来，我首先谈谈学科建设、专业建设、课程建设三者的关系问题。

几年前，全国高校都在提"以学科建设为龙头"；近年来，在应用型本科建设的热潮中，不少地方高校提出要"以专业建设为龙头，以学科建设为支撑"。事实上，无论哪种提法，都并不意味着只重视学科不重视专业，或者只重视专业不重视学科。例如，在研究型大学，他们高举学科建设大旗，难道他们能够不搞专业建设？在我国当前的高等教育管理体制① 中，专业建设水平不上台阶，人才培养质量如何上得去呢？如果研究型大学不需要培养学生，那么，这就不是一所大学，而是一个研究院。我现在越来越觉得，以前提"两个中心"的说法，是不恰当的。②只要称之为大学，人才培养就是我们最重要的工作，没有"之一"。只不过，没有一流的科学研究，就不可能培养一流的人才。因为高等教育作为最高层次的教育，不再是初中等基础教育，或者职业类的技能训练，应该是学科领域的最前沿知识。要达到这种教育水准，我们就必须在科学研究上紧随世界一流。可见，研究型大学的科学研究，同样是为人才培养服务的；研究型大学以学科建设为龙头，这只是手段与抓手问题，同样应该以人才培养作为目的。

对我们这样的地方院校，大家都认识到了专业建设的重要性与紧迫性。可是，无论从哪个角度，我们都不能否定学科建设，更不能放弃学科建设。从人才培养的角度来看，正如前面所说，在理论上，所谓一流人才实际上就是拥有一流知识

---

① 高等教育中"专业"的概念，是前苏联教育模式的产物。在英美高等教育体系中，没有"专业"的概念，人才培养的"专业"领域要宽泛得多，以通才教育为主。例如，台湾遵循美国教育模式，在大学中主要采取"大学－学院－学系（研究所）"架构，下面没有专业。学系培养本科生，研究所培养研究生。

② 将教学与科研定为大学的两个中心，其出发点是非常好的，那就是解决"源"与"流"的关系问题。但是，由于一虚一实，加上评价机制的功利性与客观性，使得我们将作为手段的"科研"提升到了第一的位置，反而只看到"科研中心"，看不到"教学中心"。在现代化的社会，每种组织都是存在分工的。大学作为一个社会组织，其使命是人才培养，至于其他功能，更多的是派生的，或者仅仅作为人才培养的一种手段而已。高校的学术创新，偏重学理；企业的学术创新，偏重应用。

的人，只有不断开展科学研究，在相应的学科领域上站到科学研究的最前沿，我们才能拥有一流的学科知识，从而培养一流的专业人才。没有一流的科学研究，岂能培养出一流的专业人才？或许我们认为，技能操作性的工作不需要高深的科学研究，也能达到一流。确实，从技术角度来说，那些没有太多理论修养的人，在某些技能上也达到世界一流。但是，你要看看这种技能是否具有推广的价值与意义。如果没有，这项技术也就不可能进入教育系统。如果有，那么，他就要把他的操作原理与方法变成文字，以便更好地交流与传承。这种从操作向文字的转换工作，就是科学研究，亦可称之为学科建设。如果一个人在某项技能操作上是最佳的，但他的操作理论与方法却没有通过文字转换过来，那么，一个在技能操作上处于二流但在理论著述上博采众长自成一家的人，却可能成为这个领域最有影响力度的人。因为他的思想可以被更多的人用来学习与交流，达到了人才培养与技能进一步发展的目的。可见，从理论上来讲，不管你是研究型大学还是应用型大学，都要开展科学研究，都要大力提倡学科建设。

地方本科院校不得不重视学科建设，不仅因为学科与专业、科学研究与人才培养在理论上密不可分，更是因为在现实上我们无法挣脱学科建设的羁绊来从事学术工作。我当然知道，以学科建设的形式来从事学术工作，对学术本身的发展绝对是弊大于利。那是因为，自由是学术的灵魂，创新是不可预见的，然而学科建设则会大大限制我们的学术自由，尤其以量化考评的学科评比更是把学者引入泡沫化的数字游戏中。当前，最有价值的创新，往往不是局限于某个学科，而是多学科或者跨学科的成果，学科的概念在他们的视野里是模糊的；文科领域中真正有思想、有贡献的大师们，绝对不可能局限于某一个细微的研究方向，绝不是发表一大堆无人问津、深入深出的学理论著之学者，一定是知识面宽广、厚积薄发的人才，一定是把学问做得有滋有味且注重深入浅出的人。这又让我想起卢梭的名言——"人生而自由，但无处不在枷锁中"。我们的学科建设工作也是一样的，本来只是为了培养人才而开展相应的研究工作，最后成为一种可量化的学术竞赛工作。可是，我们能有什么办法呢？作为一位学者，除了呼吁政府淡化以工科思维推动学科建设外，我还能做什么呢？试想，国家在启动学科建设，按照学科来分配资源，我们学校能不搞学科建设吗？学校在搞学科建设，同样按照学科分配资源，我们教育学院能不搞学科建设吗？就专任教师而言，你开展学术交流、申报各级研究项目以及各种人才工程等，不都是以学科为单位吗？在当前的学术评价体系下，哪怕一位大学文科教师，他也不可能凭兴趣随心所欲地从事研究，如果这里做一点，那里写一点，最后他在哪个方面都站立不起来。因此，不是我们要不要搞学科建设的问题，而是我们必须开展学科建设且要尽快建成学科高峰的问题。

谈了这么多，似乎没有正面回答什么是学科建设，为什么说学科建设是专业建设与课程建设的基础。事实上，以上论述不仅特别强调我们从事学科建设的必要性，而且从另一个侧面探讨了学科建设的意蕴。在此，我再直接针对学科建设、专业建设与课程建设三者的关系进行论述。对三者的概念辨析以及关系梳理，学界已经有许多文章进行过探讨。因此，我今天想换个思路来谈。当然，我们的工作报告，并不是要追求标新立异，而是力争深入浅出，且让大家在最短时间内抓住要点。

大家都知道中国的功夫，可是，你们有没有想过，功夫真的存在一套放之四海而皆准的套路吗？对此，我是不太相信的。我觉得，练好功夫最重要的就是抓住两点：力度与速度。有了力度与速度，可以以不变应万变，来迎接对方的各种攻势。没有力度与速度，编制再好的剑谱、拳谱等，都是不堪一击的。只有有了力度与速度，我们运用各种套路的时候，才能得心应手。在教师们的学术工作中，我们开展的学科建设，就类似于练功中训练力度与速度。知道了这一点，我们就能理解，以科学研究作为根本任务的学科建设，在大学教师的学术工作中是多么的重要。大学教师的教书育人、社会服务等工作，都是以学科研究能力与学术水平作为依托的。没有高水平的学科，就没有高水平的学术，就不可能有高水平的教学，从而就培养不出高水平的人才。

大家以为课程是独立于学科建设之外的产物吗？实际上，它们两者完全是一致的。作为一种教学内容的课程，正是学科建设的理论成果，没有一流的学科水平，绝不能推出一流的课程；作为一种教学程序的课程，同样依托学科建设，因为只有透彻理解某个问题，才知道采取最简洁明了的方法呈现出来，并有效地传承给他人。所以，学科建设是课程建设的基础，课程建设依托学科建设。可以说，课程建设是学科建设的外化，是从人才培养角度将学科建设成果进一步梳理的产物。

至于专业建设，我认为，只要抓好了学科建设与课程建设，就一点也不难了。

那是因为，在专业建设中，课程是最为核心的要素，课程的组合便是专业，专业建设是以课程建设作为依托的；同时，学科建设做得好，学术水平提高了，我们就知道一个专业最应该开设哪些课程。试想，在一个专业中，不仅有了最优化的课程组合，而且每个课程都可成为精品，这样的专业在理论上怎么会办不好呢？这样的专业，不正是主要依托课程与学科吗？而课程也在很大程度上依托于学科，可见，学科建设才是课程建设、专业建设的基础。当前，我们让三者割裂起来，不是三者本身彼此毫无关系，而是急功近利的学术评价，让我们的学科建设变成相对独立的轨道，难以转化为课程资源，从而难以实现学科建设与专业建设相得益彰。在"双一流"的学术评价体系中，我们都很难扭转这种局面，但是，我们至少可以努力，尽可能减少三者的孤立与隔阂，让学科建设成为推动课程建设与专业建设的重要引擎。

在有些人看来，像我们这样的学校培养中小学教师，根本不需要这么高深的学科专业知识，重要在于发展他们的技能，例如普通话、书法、音体美等。这种观点，我认为相当正确，但是一点也不违背学科建设是专业建设与课程建设的基础。例如，就从普通话来说，我们如何让满嘴方言的孩子来讲一口流利的普通话，研制出一套简便可行有效的训练方法，不就是科学研究吗？如果说这种科学研究难以受到重视，不被认可，那么，这只能怪我们国家总的学科建设出现了偏差。另外，我们只是培养二流的中小学教师，当然不需要这么高深的学科专业知识。如果是培养一流的中小学教师，同样需要一流的学科专业知识来武装他们的头脑。这就好比一个深谙天体运行规律的小学老师甲讲述太阳、月球与地球运行一样，在有限课程与既定内容的前提下，他对这个知识点的呈现方式，与一位不懂更多的天体运动规律的小学教师乙是一样的，但是，在同样课堂语言的背后，甲比乙潜伏着更多更深的学科专业知识，只要一延长课堂教学或者接受学生课后的请教，甲的学科专业优势就会显露出来。这就好比一辆豪车与普通车，在我国拥挤的大城市道路上奔跑，谁也跑不赢谁，都只能这样慢腾腾地行走着，但是，一旦到了没有速度限制的空旷大路，豪车的优势就会大大地显现出来。所以，并不是我们的中小学不需要一流的师资，可以说，社会对优秀师资的需求是永无止境的，只是在当前这样的社会发展阶段，我们的基础教育还消费不起如此优秀的中小学教师。

二、我们的学科建设将要达到什么样的状态

做任何事情，应该有远景。这个远景，既是动力，更是方向，指引我们前行。如果我们要到哪里去都不知道，那么，我们就不可能清晰地知道我们下一步该如何行动。因此，在出台学科建设方案之前，我们首先要在学科建设目标上达成共识。理想的学科建设状态，可以从许多方面来描绘。为了让大家更好地理解几年之后的假想图景，也为了尽可能区分学科建设的目标与路径，我主要从以下几个方面来描绘。

（一）聚焦教师教育领域，形成特色鲜明的教育学一级学科

当前，国家倡导一级学科建设，这就表明，我们的教育学学科建设必须兼顾其下的二级学科，体现宽领域、多学科的建设思路。在这样的学科建设中，至少需要三个的学科方向。但是，如果这些学科方向之间没有太多的联系，或者不能集结成一个拳头产品，那么，这样的一级学科建设也会显得缺乏特色，被认为是一个临时拼盘的大杂烩。因此，我们既要兼顾尽可能多的二级学科，又要把这些学科方向再度凝聚起来，最后形成一个也只能是一个特色研究领域。想来想去，我觉得我们应该也可以举"教师教育"的旗帜。每个方向都是为了教师教育，只不过，不同的方向是从不同的角度来推进教师教育的。例如，"高等教育"这个方向是从保证教师教育工作母机健康有序运行而设；"越地教育思想"这个方向是从培育与弘扬教师教育文化而设；"心理健康教育"与"课程教育论"这两个方向则是教师教育所必需的。我们不仅要让这四个方向在名称上体现出这种学科建设的思路，而且要让这四个方向长期稳定下来。要知道，这个学科建设思路，人家很容易模仿，尤其是地方院校的教育学一级学科，似乎都可以这样做。但是，只要我们最早举旗，而且走得更远，飞得更高，人家也就永远只能跟随了。

（二）科研成果有所规划，形成四大件齐全且主题专一的学术业绩

在学科建设背景下的科学研究，与自由自在的个人研究，一个最大的区别就是有所约束了，个人的兴趣要服从集体的意志。正如前所述，学科建设（尤其现在的"双一流"建设）不利于学术自由。但是，我们别无选择。因为我们要么选择落后，要么选择奋进。我们不能落后，只能奋进，只能抱团合作，只能有所约

束，只能把自己的主要精力用在最能体现集体力量的地方。事实上，学术兴趣是可以培养出来的，而且，从我个人的研究经历来看，任何一个领域，只要钻进去了，都可以找到兴趣与业绩相结合的点。我希望，若干年后，每个学科方向把每位学科成员的成果排列出来，不仅在论文、论著、课题、获奖等方面较为齐全，而且一眼就能看出这些成果都瞄准一个主题，甚至之间还存在一定的逻辑关系。这样的成果是怎么生产出来的呢？这样有条理的科研成果，不是自然生成的，而是策划出来的。这就是我后面将要提到的，我们将实行学科方向带头人负责制，亦即学术带头人责任制。每个学术带头人，通过各种途径，要能够策划出一批题目，包括课题，然后领导这个团队集体攻关。大科学家出题目，小科学家做题目，这是学科建设的重要特征。如果谁都想当萤火虫，自由自在地闪烁，那么，我们这个学科就永远一盘散沙，永远建立不起来。

（三）学科团队强大稳定，形成一个其乐融融共同奋进的学习集体

人是创造的主体，学科建设的关键因素还是在人。有些学科团队，人员流失严重，那么，这样的学科是很难实现可持续发展的。多年以前，我参与验收某个校重点建设学科。我发现，这个学科的几位骨干成员都走了，只留下他们在校时期的一些成果。最后，在总结时我提出，从验收的角度来看，这个学科可以达到优秀，因为调走人员的成果是有效的；但是，若要再申请下一轮的重点建设学科，这几位调走人员的成果就无效了。试想，人都不在了，拥有这些成果的人还能对学科有什么帮助呢？当前信息这么发达，共享一些学术成果太简单了，但人本身这个资源却是不可复制的。想到这里，我觉得有一个需要向上级部门反映的观点，那就是：终期验收，以成果为主；初期申报，应以人为主。人在，学科在；人不在，成果再多，学科也就没有了。那么，几年以后，我希望我们这个学科的团队结构是一个什么样子呢？首先，要有一个在全国享有学术声誉的学科带头人，这个人决定了学科的高度与亮度。不说全国，仅仅放眼全校，我们可以看到：学科带头人强，这个学科就强；反之，学科就会弱。其次，每个学科方向带头人（即学术带头人）至少在全省学界拥有一定的影响力。一般而言，学术带头人，是学科带头人的接班人，他们同样要有能力站出来，成为在整个学界产生影响力的人。再次，梯队结构合理，尤其是职称结构与年龄结构，体现一个学科自我成长的特征。另外，

我希望，若干年以后，50 岁以内的学科成员都能博士化。最后，无论是学科方向之间，还是整个学科内部，都要呈现合作而不是无序竞争的文化。

（四）学科平台再上台阶，形成本科生教育与研究生教育齐头并进的办学实体

我们应该都听说了，这两年许多高校的教育学院、高教所都裁撤了。尤其在"双一流"建设的背景下，连一些有了硕士点的教育学科，在那些研究型大学都撤并了。这是为什么呢？我认为，原因主要有这么几个方面：第一，在那些高校，硕士学位点的学科平台太低，严重影响到学校整体的学科发展水平；第二，现在国家倡导一级学科建设，仅仅以某个二级学科来支撑独立设置的高等教育研究所，自然是无法推进学科建设的；第三，教育学科在全国布点太多，不少学校的招生总量太小，从而很难站到全国同类学科排名的前面。我们的教育学学科，不仅是从一级学科层面来建设的，而且学生人数占到全校学生总数的近 1/4，从而在短期内不会担心有任何风险。但是，我们要尽快提高办学层次，甚至要向博士点（专业博士）方向努力，只有这样，我们才能在校内不同学科乃至校外同类学科中，永远处于不败之地。

（五）体现学科基础作用，形成以学科辐射课程、专业、培训等工作的建设局面

前面已经讲述了学科建设的必要性，因为它是专业建设、课程建设的基础。确实，一个学科强大了，平台上去了，它的课程资源就有了学术保证，其专业平台最差也不会差不到哪里去，培训业务也会越来越多。纵观世界各国名校，概莫能外。在此，我还要强调，学科建设导致的学科与专业两张皮、教学育人与科学研究相冲突，都不是学科建设（或许我们使用"学科发展"更能避免这种歧义）本身的错，而是过于功利化的学科建设带来的后果。我们的课程建设、专业建设以及教育培训，都需要以学科作为支撑，但绝不是"为了学科而学科"的竞争行为，只是学校或者教师追求专业能力、能力拓展的自觉行为。可以说，凡是以量化考核、工程建设来推动学术发展的方案，都是违背科学规律的。但是，如前所述，我们不是教育部长，也不是一所大学的校长，根本无法改变现实，那就必须接受现实，在适应现实的过程中慢慢超越。几年以后，我就希望我们的学科建设，为课程建设、

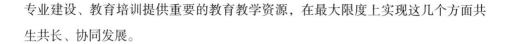
专业建设、教育培训提供重要的教育教学资源，在最大限度上实现这几个方面共生共长、协同发展。

三、采取什么样的措施迈向理想的学科建设状态

当我们明确学科建设要达到什么样的状态时，铺设什么样的道路以达到这个状态，就不是最为困难的了。就当前而言，我觉有以下几点，非常需要我们尽快理顺：

（一）高举"教师教育"学科旗帜，以此理顺四个学科研究方向

2015年申报省一流学科之际，我们确立了这样的四个学科研究方向：教师专业发展与学科教学论；教育基本理论与越地教育思想研究；地方应用型本科院校的变革与发展；学生心理发展与教育。当初确定这些方向，在很大程度上依据现有的师资与成果，属于"因人设庙"。可以看出，这样的一级学科，带有明显的拼凑痕迹。如果我们从长远的角度来规划一级学科，就要策划研究方向，在这样的框架上引进人才、推出成果。

就我目前想到的，我觉得可否将这四个方向更改为：越地教育思想转化为教学资源研究；综合院校的教师教育模式研究；课程改革与教学专业发展研究；心理健康教育与教师成长研究。（如果学前教育力量强大了，还可以增设一个幼师培养的方向）这四个方向，既跨越了几个二级学科，又可以共同支撑"教师教育"这个大的学科主题。例如，"越地教育思想转化为教学资源研究"，是从资源挖掘的角度，保证教师教育这个主题的实现，而且这是其他高校无法替代的地方特色，可以作为我们力推的拳头研究方向，排在第一位。"综合院校的教师教育模式研究"，是从体制保障的角度，保证教师教育这个主题的实现。确实，要为区域培养一大批师德优良、技能精湛并能引领基础教育变革与发展的一流师资，高等学校自身需要进行相应的改革，为教师教育的顺利开展提供坚实的体制保障。"课程改革与教学专业发展研究"，是从课程改革的角度，大力彰显教师教育特色与优势，真正让"教学专业"变得更加"专业"起来。应该说，这个方向，是我们这个学科的灵魂。如果从我们这个学科走出了一大批中小学教学名师，学生在各种教师技能大赛中成绩傲人，所有的学生在毕业后都能受到较好的评价，那么，

这个研究方向也就有实践支撑了。"心理健康教育与教师成长研究"，是从心理健康的角度，保证教师教育这个主题的实现。我们知道，赫尔巴特的《普通教育学》之所以被视为教育学成为独立学科的标志，就在于其著作是以心理学作为理论支撑的。当前，培养优秀的教师，没有心理学作为基础，也是不科学的。

这四个方向内在的关系，还可以理出许多。但是，他们的指向都是一致的，那就是打造一流的教师教育基地，培养一流的中小学（包括幼儿园）师资。我们作为地方院校，起点较低，要避免与北京师范大学等研究型大学开展教育基本理论的角逐，而是充分利用我们的地域特色与优势，抓住教师教育的核心要件，长期推进，建成学科高峰。当然，作为过渡性的学科方向，我们还是有临时备用的研究方向。那是因为我们现有学科成员的研究，还没有完全转向这些研究方向，现有的研究成果也还没有聚焦在这些研究方向。例如，从"高等教育学"这个二级学科设置的"综合院校的教师教育模式研究"，目前研究成果很少，而且像魏小琳老师等学科成员，也不会关注这一块，从而在短期内我们会有一个备用的研究方向，那就是"地方高校变革与应用型师资培训"，总的还是在"教师教育"的框架里。

（二）实行学术带头人责任制，抓好队伍建设与成果产出

每个研究方向有一个学术带头人，学科负责人主要联系学术带头人。学术带头人的责任重大，在我的预期中，我希望凡是人才引进，在很大程度上由学术带头人来决定。只有这样，引进的人员才能很快归属于某个研究方向，而不是来校后在研究方向上摇摆不定甚至天马行空。这就告诉我们学术带头人，你们都有责任去发现相应的人才。就我的体会来说，尽可能引进年轻的博士，可塑性较强，且正处于创造力旺盛的黄金时期。学术带头人要对每年的科学研究进行规划，每位成员从哪个角度切入，承担哪些科研项目，推出哪些成果，都应该根据计划展开。在众多的成果之间，要存在一定逻辑关系，体现研究方向的集中与深入。如果一位学术带头人，能够把这个方向的几位学术骨干团结起来，共同开展同一个方面的研究，共同署名推出合作成果，那就是最佳组合的学术团队。当然，这与学校的科研评价与激励机制有关。就算我们不以共同名义来推出成果，至少要体现各位成员成果之间的关联度。

在有些学校，学科建设是少数专任教师的事情，并不是每位教师都进了学科。在我看来，只要是专任教师，都应该有自己的学科归属，只不过，不同的教师在学科团队中的责任与贡献不一样罢了。尤其在学科成长的初期，或许成员之间学术水平相差非常大，一眼看上去就会发现队伍参差不齐，但是，我们仍然需要让人人进学科，学科是全体专任教师的学科，这就是学科的初级阶段。理由在于，学科建设从来不是孤立与独立，如前所述，这是课程建设、专业建设乃至教育培训的基础。只是学科带头人以及学术带头人必须认识到，以后充实到学科团队来的成员，即引进的专任教师包括具有硕士学位的职员，都要力争做到有利于完善学科的师资队伍建设。例如，从高等教育学这个二级学科设置的"地方高校变革与应用型师资培训"，尤其是"综合院校的教师教育模式研究"这个方向，团队成员数量严重不足，以后教师教育学院引进管理岗位的职员，就可以有意识地从加强这个研究方向的角度来招聘。

一位教师长期从事某个方面的研究，要让他转到一个较为陌生的研究领域，其难度是相当大的。其中至少有半年时间，他必须潜心研读文献，然后才能逐渐进入状态。但是，凡是以校为家的教师，都应该从学校发展需要出发，转变研究方向，或者在兼顾原有学术兴趣的同时将研究重心转移。我会努力做一种尝试，推动我们这个学科的教师，按照学科规划开展研究。当然，我会尽量做加法，或者逐渐减少按学术兴趣开展研究的奖励力度。可以说，只要有这种责任感与使命感，我们是能够在一年左右的时间实现学术转向的。例如，我在博士研究生期间从事教育基本理论研究，博士学位论文就是《高等教育属性论》，参加工作后最初在地方院校的教育学院，我那时就想转到教师教育研究，准备了一年，其后学校把我调入到学校的高教所，相当于校领导的智囊或者秘书性质的机构，于是，我便从教师教育转到大学教师的培养与成长研究。2011 年，我到浙江农林大学工作，该校定位于创业型大学，作为中层行政管理岗位的一位研究者，我便又转而研究创业型大学。2014 年，我来到绍兴文理学院教育学院，又要结合学校发展需要开展教师教育以及应用型大学方面的研究。十年时间内，我的研究方向发生了四次变化，其间的辛苦自不必说，但收获同样巨大。因为这种研究大大扩展了我的视野，而且多领域的研究往往更能推陈出新。

（三）建设学科成员业绩档案，根据这份档案进行学术业绩评定与奖励

作为学科负责人、学科带头人以及学术带头人，① 他们必须非常清楚各自相应团队中每位成员的优势与业绩。这就需要每位负责人有意识地建立学科成员档案，实现档案管理的规范化、程序化与科学化。例如，按学科方向与年度来建立学科成员业绩档案，每个学科方向的成果按年度整理起来，纸质材料作为档案留在学科建设办公室，不得随意外借，电子版的学术业绩档案可以共享，以后填报相应表格时直接调取电子档案，不需每位成员重复填报。这些具体的事务性工作，由学科秘书负责完成。在学科秘书换届或者更换时，必须完整地转移学科业绩档案。学科秘书带有兼职性质，其报酬将在学科建设经费中酌情安排。

从 2017 年开始，学术业绩不仅要分层次，而且要分类。这种分类，不是从论著、课题等层面而言，而是从是否属于学科规划性成果而言。在学院领导与学科主任的指导下，学科秘书制订学科成员业绩年度统计表，要在显著位置体现成员属于哪个研究方向，从而最后界定其成果是否属于 A 类（规划类）、B 类（中间类）还是 C 类（非规划类）。我们既鼓励大家凭兴趣开展研究，但更加激励大家围绕学科发展规划开展研究。如果我们对 B 类成果的奖励基数定为 1，那么，在原来学术成果层次的基础上，对 A 类成果增加一倍，变为 2，对 C 类成果变为 0.5。过渡期结束之后，或许我们不会再对 C 类成果进行奖励。当然，学校应该还有奖励。对这些成果到底归为哪个类，在个人事先填报的基础上，由学术带头人、学科主任以及学院相关领导决定。这些成果能否归为 A 类，在很大程度上可以参考这样一条，即这些成果能否填入一流学科申报表或者硕博士学科点申报表中去。在学院领导与学科主任的指导下，由学科副主任先拟于一个学科学术奖励细则第一稿。由此看来，各位老师需要认识到，阅读的书籍应该广泛，但推出的成果必须聚焦。

---

① 学科负责人是指这个学科的管理者，学科带头人是指这个学科的领头鹰。有时候，学科带头人就是学科负责人；有时候，学科带头人与学科负责人不属于同一个人，实际上相当于学科带头人将权利下放给某个人，让其担任学科负责人。在我们教育学学科中，学科带头人目前还是校长。至于学术带头人，则是指学科下面几个研究方向的带头人。在有些学校，无论是学科带头人还是学术带头人，每个月都有额外的岗位津贴。如此一来，全校的学科建设意识就非常强烈。

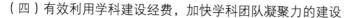

（四）有效利用学科建设经费，加快学科团队凝聚力的建设

抓学科建设，有三个关键点。除了学科方向、队伍建设之外，就是学科经费。我有一个非常明确的观点：纵向课题经费尽管都是财政的钱，但更多地属于课题负责人个人的钱；而学科建设经费、各种教育工程经费尤其是行政办公经费，那是大家的钱。因此，学科建设经费必须用好，用在该用的地方上。当前，我们这个学科有三笔经费来源，合计每年约二十万。但是，学校已经对经费的用途有了比例分配，大部分需要用在购办仪器设备上等固定资产上。这样一来，真正能够让我们灵活应用于聘请专家、学术资助、学术交流等方面的费用就不多了。不过，我还是决定，从 2017 年开始，我们要好好进行预算，尽可能有效地利用学科建设经费。当我们学科真正建立起来了，说不定以后的学科经费就非常充裕了。

我们要加快学院资料室的建设。以后每年每个学科方向购置一批图书，充实资料室，由学术带头人报送学科秘书，统一购买。一个专业性的二级学院，没有自己像样的专业资料室，或者这个资料室的利用率非常低，只能说明这个学院的学术文化氛围不浓。显然，这样的学术氛围既不利于学科建设，也难以培育出热爱学习、专业基础扎实的优秀学子。资料室的日常管理暂时可以聘请学生，但当研究生教育发展起来以后，我们必须有专门的管理人员，而且需要天天开放。

我们会重点资助列入规划的研究成果。每个学术带头人布置的科研任务，同时报送学科主任，根据年度建设经费情况，学科会给予相应的合理资助。例如著作出版、论文发表等。当前，级别较高的刊物往往是免费的，哪怕少数刊物征收版面费，也不会高得离谱。这一点，我相信每位学术负责人都非常清楚。我们要努力推动的，就是在某个方向的拳头产品上，以学科的名义聘请相应的专家进行论证与包装，力争得以实现课题成功申报或者成果获奖等。我计划，每年联系相应刊物，以学科研究方向作为单位，由相应的几位学术骨干围绕学科规划内容发表一组笔谈。

我们要加强学术交流。学术圈子，如果学界知名学者都不认识你，只有你认识他们，那是没有用的。我们要让自己在学界有点知名度，不仅要通过论著来宣传自己，还需要通过各种机会与他们正面接触。例如，参加各种学术会议，甚至邀请他们前来学校讲学。对于基础教育领域的知名人士，建议讲课酬金尽量从培训经费中支出，力争与培训业务统一起来。以后，学科经费要资助每个学术带头人带队参加学术会议。

（五）充分发挥学科基础作用，推动课程建设、专业建设以及教师培训再上新台阶

前文已经分析了，只要学科建设上了平台，我们的课程建设就有保证，专业品牌的影响力也能得以提高，教师培训工作自然也会红火起来。那么，学科建设能为这些工作具体提供什么呢？通过什么途径实现呢？在此，我试从以下几个主要方面谈谈。

学科要出课程，尤其要推出公选课程。在不少高校，公选课被认为是"师生共同混学分"的课程，教授不太乐意上公选修。其实，这种观点是错误的。公选课应该是教师长期耕耘推出来的特色课程与精品课程，最能体现自己的研究专长与教学风格，而且，最有资格与条件开设理论性公选课的老师应该是那些资深教授。我觉得，每门公选课，都可以成为一部专著。例如越地教育思想就可以成为一门公选课，这个研究方向的老师可以将教学与研究结合起来；其他研究方向的老师，都可以推出类似课程，因为我们学科建设的目标就是打造一流的教师教育。事实上，学科出课程，更关键的是出思想、出学风、出方法。这是因为，凡是科研思维活跃且成就显著的老师，只要口头表达能力不差，加上有一定的责任心，他的课一般不会差到哪里去。这样的老师，不管承担什么样的课程，对学生的帮助是很大的。因此，只有教师处在研究的状态，才能把学生带入学习的世界。

专业就是课程的组合，从而抓专业，关键在于抓课程。怎样建好某个专业，当我们理顺到底开些哪些课程之后，最重要的一条便是建好每门课程。可见，从理论上而言，课程好，专业必定好。如前所述，课程是学科的载体，学科是课程的基础。由此推来，学科强，专业才会强。而且，学科平台上去了，学术影响扩大了，专业品牌也会很容易建立起来。这条逻辑，每位教师必须非常清楚。遗憾的是，全国高校的学科建设走偏了，科学研究导向走偏了，我们很难从学科表面的繁荣看到学科研究的内力。那些雾里看花的科研成果、那些重复研究的论文论著、那些装腔作势的学术气场，让我们不再关注这个学者有多少真本事，只看到了他有多少漂亮的学术业绩，有多大的学术头衔。就高等教育研究来说，我要评价一位学者，只听听他的观点就可以知道他有多大内力了，哪还用得着花数月时间啃

他的百万论著？可是，我们无力改变现状，必须适应当下的学术生态环境，尽可能地多出成果，出"高档次"的成果。当然，这一下我们扯远的。课程是大学的细胞，是教育的核心，我觉得，我们的课程建设还有极大的完善空间。就课程建设与专业建设的问题，有机会我再专门找时间来谈。

大家或许没有想到，学科建设与教师培训工作紧密得很。不说远的，如果我们每位老师的课程抓好了，那么，要大家给在职在岗的参训教师上几次课，那不是小菜一碟吗？我希望，我们学科的每位学术骨干，都有能力站上教师培训讲台，都有自己出彩的一讲。可以说，培训就是销售课程。课程依托学科，培训工作怎么能不依托学科呢？

根据以上分析，我们就会知道，打通学科建设与课程建设、专业建设以及教师培训的通道，关键在于把学科研究转化为教育教学资源，尤其是通过学科研究提升我们的素养、拓宽我们的视野、增强我们的内力，就像练功中的力度与速度，以不变应万变，实现各项建设的全面胜利。

结语：2015 年申报省一流学科时，针对学科建设目标，我写了几句话。今天，我将这几句话稍微改动了一下，再次放到这里来，让我们再次看到学科建设的灿烂明天。

立足绍兴区域经济发展，弘扬越地优秀文化传统，发挥百年师范教育优势，高举教师教育旗帜，把教育学一级学科打造成为基础教育师资培养的高地、越地教育思想文化传承与交流的窗口、综合院校开展教师教育的示范基地，力争在五至十年时间内，发展成为基于绍兴、面向全球、特色鲜明的国内一流学科。具体而言：

在人才培养上，为区域培养一大批师德优良、技能精湛并能引领基础教育变革与发展的一流师资；

在科学研究上，将培养一流师资的实践经验与教育思想提升为一流理论，为基础教育师资的培养提供一流的课程资源，同时为综合院校举办教师教育提供一流的智力支持。

在社会服务上，积极发掘越地优秀文化遗产，并将这种文化资源转化为教育教学资源，转化为院校办学资源，转化为区域发展动力，形成一流的教育思想文化产业，面向全球推广与弘扬。

我们需要什么样的优秀教师 ①

　　每年一度的全院教职工大会非常难得，我要利用这个难得的机会，做一件以前被认为没啥意义但实际上非常有意义的事情。看到手上的这张评价表，大家现在应该知道了，就是全院优秀教师的评选问题。以前我们年终评选优秀教师，谁需要这个荣誉称号便给谁。今年开始，书记特别强调，要改变这种状态，我也觉得要改变这种状态。因为优秀不是一种福利，而是一面旗帜；公平公正地选出优秀，并不是我们不注重和谐，反而正是我们形成良好的制度文化，准备走向和谐的开始。因此，我赞成书记的决定，就是要选出大家心目中真正的优秀。只不过，我没有想到，学院决定优秀教师的评选工作，由学科来牵头。这件事，让我很头疼，因为我手上没有任何依据，确实不知道从哪里入手。但是，书记强调，以前都是学科组织的，所以还是要由我这个学科主任来负责。改革需要理由，不改革不需要理由，因为以前都是这样做的，这就是惯性的力量。我一时想不出更有说服力的理由，于是只得接受任务。前天下午接到这个任务之后，我昨天思考了很久，决定采用这种办法来评选优秀教师。今天，我想利用这个机会，把我的想法拿出来，与大家一起交流。因为这不只是一件纯粹的评优工作，更是一个教师交流、思想交流、经验交流的学习空间。

一、确定参评优秀教师的资格

　　学院发布了《关于做好 2016 年度学院教职工年度考核与评优工作的通知》（以下简称《通知》），该《通知》规定了参评的基本资格有两条：无教学事故、完成规定的教学与科研工作量，同时规定只要出现以下六种情况之一，不得评优。这六种情况是：

---

① 本文原为 2016 年度全院优秀教师评选所作的讲话准备，由于时间太短，在会上只作了简要介绍。

1. 两次或两次以上无故缺席学院或部门会议；

2. 事假一周以上（含一周）；

3. 病假半月以上（含半月）；

4. 未按规定参加公需科目考核，并未达到规定培训学时的；

5. 教学工作业绩考核未达到 B 及以上等级的；

6. 学校考核文件规定的其他不得评为优秀的事项。

我院现有教职工 40 人，除去职员岗教师以及三位学院领导在其他系列参评，还有 20 多位学术岗教师参评。随后，我要做的第一个工作，就是删去没有资格参评的教师。从基本资格来看，我院这个学年没有出现教学事故；同时，学院课程多得排不下去，只要在编在岗没有长期外出，任何一位教师的教学工作量都会饱和。至于科研任务，我觉得我们学院的科研太不平衡了，而且我也觉得不是每位教师每年都要有科研业绩。科研就像农民种庄稼，有丰收年，有歉收年。因此，从基本资格，我没有删除任何教师。接下来，我想从以上六种情况删除没有参评资格的。其中，第 4、6 点可以不予考虑，因为我们没有查到。于是，我主要针对其他四点，逐条分析一下。这种分析，大家一定要知道，不只是针对评价本身，而是我们工作本身的需要。

从无故缺席会议来看，这确实是一个最有力的筛选办法。可是，当我查看了院办陈老师的会议签到情况并且确实有几位老师没有任何理由的数次缺席之后，我发现我根本不能以此来否定教师的参评资格。一是签到表格不全，说不定有更多的教师在签到表上同样存在两次或者两次以上"空白"记录；二是这个"空白"，我们无法确认就是无故缺席，陈老师等也不能下断论。看来，在这里做"减法"行不通。不过，无故缺席某些应该参加的会议，我觉得就是一种态度问题。建议以后每次必须参加的工作会议，在会议结束后将无故缺席的名单，包括各种事假、病假、上课等人员，单独拿出来存档，并在会后由办公室人员私下告知无故缺席者，让他知道他有过一次记录。在年终考评教师时，这些就是有力的证据，教师们也无法可话。白岩松说："任何单位，只要到了强调考勤打卡，一定是走下坡路的时候。"这句话非常有道理，但是，在我国一些机关事业单位，确实存在不少员工爱岗敬业精神贫乏甚至基本职业操守缺失的现象。在一所高校，教职工集体活动的机会本来就不多，如果一些应该参加的会议都不能参加，只能说明这些教师集体观念非常淡薄，个人主义特别强烈。当然，这样的会议也不能太多。太多，则说明领导方式有问题。魏书生在当教育局局长时，对该地中小学校长们说，一年之内如果要求他们赶来开会超过七次，他们可以拒绝参加。我欣赏魏老师的率直与敏锐，完全支持他的想法与做法。对我们学科活动的会议，至少有两种性质：工作会议与学术会议。对工作会议，职责范围内的事情，不能无故缺席；对学术会议，我倒觉得可以自由选择。尤其像我们教育学一级学科，下面几个学科方向，彼此之间还是有较大出入的，相互之间缺乏学术吸引力，要让学科成员参加学科组织的各种学术活动，确实存在情感上的不愿意。但是，对那些经常不参加活动的，不管哪种理由，将他们全部记录下来，一年或者更长时间再来分析，我相信能够发现一些问题，对认识员工、改进工作都有帮助。

从教学业绩评价来看，我觉得这是应该重点考虑的因素之一。可是，ABCD等级从哪里来呢？我从学院教务科那里要来了这个学年全院教师的学生评教材料。可是，我发现这里有全院教师的学生评教排名及分数，却没有定出 ABCD 等级。我咨询教务处的郭老师，郭老师告诉我，教务处有一个教师教学业绩评定办法，但这只是指导性意见，具体操作由学院自己确定。随后，她给我发了这个文件。我看了这个文件之后，才知道 ABCD 等级的确定，是由学生评教、同行评价、领导评价、督导评价等多元构成，而且，有老师告诉我，这个学年的教师教学业绩评定，要到今年 6 月才能出结果。显然，在只有一天的时间内，我们无法从这一条来考虑教师的参评资格问题。虽然这一条与前面几条一样，都不能成为我筛选教师的依据，但是，我对学生评教的结果产生了许多疑惑。例如，某位教师在上个学期排在前三，在这个学期却成了最后一名，而且类似的情况还非常多。张博士就是这类教师的典型。我找到张老师，与他交流了一下。他认为，两个学期的课程，他是同样的投入与状态，根本想不到会有如此大的差别。后来我分析，上个学期，他上的是《小学课堂观察技术》，针对的是本院学生；而这个学期，他上的是《教育学基础》与《教育招考笔试辅导》，针对的是外院学生。学生评教结果反差如此之大，仅仅是因为课程性质与学生主体对象不同吗？这个原因肯定存在，但应该远远不止如此。又如，我今年指导的一位年轻博士教师，虽然属于新进教师，不需要参评，但她的分数在全院排名第四。作为指导教师，我真的非常高兴。但是，从对学生的实际帮助来看，我觉得可以排在中间，目前排到第一方阵还是有难度。总之，学生评教，他们在评什么，是否从真正对他们成才成长有帮助的角度来评价，我真的把握不了。我准备寻找时间，再来研究一番。就我自己的课，我也得反思。这个学期，凭感觉，我觉得上得更好，反而学生评价更差。尤其是《大学生成长专题》，我认为是最有特色、最有价值的课，这个学期的学生评价不高，原因何在呢？坚持几个学期，如果我依然不能让学生获得认同，我会砍掉这门课。同时，从下个学期开始，看看能否争取限制选修，人数控制在40人以内。学生评教如此普遍，教学效果如此重要，一个研究高等教育的学者，不可能对这样的大事置之不理。

从事假、病假这两点来看，或许这是我唯一可以开展资格筛查的渠道。在20多位学术岗教师中，将几位在国外进修、校外攻读博士学位以及有过工伤假的教师移出来，再加上新进教师当年不参评，最后剩下20位老师。在我看来，这些教师不参评，在理论上是为了保护教师。因为这种教师评价，其最初的设计意图，主要不是评优，而是对所有教师排序、分级与定性。对那些刚参加工作的教师、较长时间在外学习的教师等，如果他们与全年在编在岗的教师同台竞争，在理论上会影响他们的评价成绩。出于保护他们的利益，便不让他们参与评价，统计为合格即可。然而，我们现在的教师评价，不是对所有教师的排序、分级与定性，只是为了选择几个优秀教师。显然，我们把这种评价制度用偏了，从一种刚性的冷冰冰的考评机制，转变成一种柔性的热乎乎的选优机制。当然，我们从奖励的角度来看待这种教师评价，也是可以理解了。一些教师工作没有满一年，或者刚刚走上工作岗位，他们不享受这种奖励的资格，似乎谁都没话可说。看来，任何一种制度，是可以发挥多种功能的。功能定位不同，途径就会不同，最后达到的效果也会不同。

二、确定优秀教师的评价标准

什么样的教师，才是优秀的教师，这是一个亘古的话题，至今仍在争论中。但是，有一点可以肯定，优秀教师一定对学生的成人成才有帮助，一定对学院的发展有贡献，一定在同行中是一种榜样。而且，每位教师的优秀，在坚守职业底线的基础上，各有各的不同。例如，有些教师几年没有科研成果，但是他对学生的人生引导、专业导航确实有作为，很受学生欢迎，那么，他也可以是优秀的教师。在我们这样的地方院校，更需要一批像朱森华、晏才宏这样的优秀教师。因此，学院年度考核与评估工作领导小组最后来讨论谁是优秀教师时，我们会关注那些科研业绩不突出但教学育人的工作投入度与贡献度确实大的教师。

在互评阶段（包括职员岗教师对学术岗教师的评价）[①]，正如前所述，我们无法判断哪位老师的教学贡献度最大，绝对不能完全从学生评教的角度来看。学生评价特别差的，我不能说这位教师教学一定很差；学生评价特别好的，我也不能说这位教师教学一定很棒。对于学生在主观评价（用文字描绘教师上课情况）上反映有问题的，尤其是学生评价得分处在两个极端的教师，学院要派教学督导去了解真实情况，教师们自己也要好好反思，总结经验与教训。可见，学生评教的分值，只是一种参考信息。这就像我们检查身体一样，某些指标出了问题，至于具体什么原因，还待进一步检查。比如血压偏高，绝不意味高血压。我在一段时间，就存在血压偏高。后来，自然就好了。想来想去，我决定把教师的工作状态如实向大家呈现出来，交给各位老师评判。一位大学教师的工作主要包括三个部分：教学育人、科学研究与其他服务工作，这三部分对应的且有依据的贡献度，主要有这么三个方面：学生评教排名、校重点学术工作量、承担学院的服务性工作。于是，大家看到了现在的表格，详见附件1。[②] 我们根据教务处提供的本学院教师教学排名，将这20名具有参评资格的教师重新排队；我们根据科研处发布的本学院教师科研业绩，将这20名具有参评资格的教师学术分值如实填上。在表格的最

---

① 在考评时，有人告诉我，职员岗教师不对学术岗教师评价。我觉得，在一个学院，学术岗教师要与职员岗教师大量接触，许多职员对专任教师的了解程度，或许比专任教师之间还要全面与准确。例如，有些教师的试卷交上来，还得职员岗教师重新整理；许多通知发下去了，职员岗教师催了许多遍，有些教师仍然没有按期做好；等等。

② 最初没有最左边与最右边一栏，后来在完善该文稿时，我觉得需要分类评价，并且全员参与。同时，增加双肩挑岗位的中层干部，在评上优秀之后他们可以让渡。因此，该表与最初的表格有所不同，数据与岗位全是假设的，总人数也仅列10位了。在评价之际，要引导教师把优秀指标，投放在不同职称区间的教师。

后一栏，填了各位教师以兼职形式所做的各项服务性工作，这项工作以岗位体现出来，例如院长助理、专业主任、专业秘书、学科主任、学科秘书、教师培训中心主任等。至于大家如何评价，我不想多说，都交给你们自己决定。

三、确定优秀教师的评选程序

当大家拿到教师评价表之后，我们后面的工作还有三个环节：

第一个环节，当然是大家按照评价表的说明，给您心目中的优秀教师，按优秀程度从第一名排到第八名，我院优秀教师的名额是8名(包括4名校优、4名院优)，然后，其他的教师，全部计为9。之所以没有评优的也要标注且为"9"，那是因为我们到时要把大家给每位教师的排名数字全部加起来，分值越小排名越前，同时那些总分排在前面的教师，在领导小组评价环节，也会存在一票否决的现象，优秀教师的资格按得分情况往后移。例如，试卷检查，出现多处错误，而且屡教不改。事实上，只排到9，不是排到20，也是为了减少大家的工作量，同时有利于创造和谐。

第二个环节，当大家的评价分值与排名出来之后，便是学科评价与学院领导评价。以后，直接改为领导小组评价，其比例笼统地定为30%。按照现在的教师互评70%、学科评价20%、学院领导评价10%，程序太多，非常复杂，没有必要。领导小组，就由学院领导与学科主任、专业主任等组成，大家对这些教师的资格进行再审查，主要针对隐性的问题且难以在最初的资格审查中直接体现出来的。例如，专业主任认为，某某教师虽然评价排在前八，但该教师承担课程的积极性不高，对学生不关心，那么，在该教师分值微高的前提下，就可以直接否决。如果领导小组能够拿出更有证据的东西，让该教师心悦诚服地接受，那么，哪怕该教师得分第一名，也可以直接否决，或者将校优改为院优。

第三个环节，当学院将优秀教师名额确定下来之后，会进行为期3个工作日的公示。公示有异议者，由领导小组查证。确实发现入围者有问题，则优秀教师名额按分值再下移一位。这个时候，可能会有院优的第一名为晋升为校优。如果优秀教师有变动，则需要再一次公示。在公示没有异议之后，学院将优秀教师名单送往学校。

四、如何兼顾优秀教师的照顾性问题

如果以后我们以这种方式来评价优秀，那么大家会认为，优秀教师或许每年就是那么几个人。确实，优秀是一种习惯，真正优秀的教师，一般都具有一贯性。那么，如何既体现公平公正地选出优秀，又能照顾一下发展中的次优秀呢？我的观点是，如果一位教师不想要优秀，那么，在评选出来之后，他可以向院长递交报告，请辞优秀教师荣誉称号。如果院长就想树立这面旗帜，坚持让他继续享受这种荣誉，那么，他就必须接受。因为这种荣誉，不是一种福利，而是一面旗帜，对全院教师起着向导与激励作用。如果院长批准了他的辞呈，那么，优秀教师的名额自动转移到下一位，并不是随便地让渡给任何一位教师，同时，需要将主动辞退荣誉教师称号事情向全院公布。在我看来，优秀教师荣誉称号的让渡问题，其决定权交给院长；优秀党员荣誉称号的让渡问题，其决定权交给书记；优秀职员荣誉称号的让渡问题，其决定权可以交给相应的分管领导，最终也由院长或者书记决定。

一个学院的文化很重要，决定了这个学院能走多高。我们学院以后评这类优秀荣誉称号，希望大家不要拉票。如果真有需要，可以向学院领导反映，或者向评议领导小组成员反映。领导小组会根据教师的实际情况，尤其是其教学育人与服务工作的态度、数量以及质量，在教师评价排名不是非常靠后的前提下，适当考虑其要求。记住：凡是在教师中拉票的，大家可以把他直接归为最后一位。从明年开始，我建议双肩挑的院领导也参与进来，这不仅有资格问题，而且是一种义务，接受教师们的公开评价。从明年开始，我准备把这种评议表提前发给大家，排序的评出一半，后面一半不排序。在年终教师考评大会上，我们再收上来，统计分数，随后撕毁所有的评议表。当然，如果领导觉得结果出乎意料，可以将评议表留下来，研究一下教师们的评价动向，以便进一步改进教师评价工作，使其达到应有的激励与鼓励作用。

五、如何让这种选优文化成为一种常态

要让以上理念变成现实，并成为一种常态，就需要从文件制度上开始。我们

学院的教职工年度考评，需要形成稳定的文件。以后每年发布教职工年度考核与评优通知时，只需根据人事处文件说明此项工作开展的时间、地点以及优秀数量等基本信息，然后转发学院文件即可。这个文件除了要体现以上精神之外，还有几点需要强调说明：

第一，全体教职工参与相互评价。评价专任教师时，职员岗的教师也应该参与评价。正如前所述，在高校，专任教师之间的联系，或许还没有职员岗教师与专任教师之间的联系多，从而他们对专任教师的职业态度或许更了解。他们不能把握的，根据评优表上的教学与科研等业绩，可以形成自己的意见。同时，职员之间的互评，同样有必要。在一起共事，有没有团队精神、奉献精神、业务素质等，职员对职员的了解，不会比专任教师差。因此，学院教职员工评价，就是大家一起互评，只不过分了学术岗与职员岗两类不同的评价而已。

第二，职员岗评价依照教师岗评价。学院领导是学院最重要的职员，无论是双肩挑的院长还是专职职员岗的书记，都应该接受全体教职工的年终评价，这也是学院领导了解自身在教职员工心目中形象的重要途径。以前那种只针对学院领导的民意测评，一般只是走过场而已。由于考虑到这种评价结果要向上反映，出于保护自己部门领导的目的，教职员工一般不会对学院领导评价过低。可见，在年终学院内部的一次考评，全体参与评价是有意义的。只不过，在最后向学校报送优秀职员时，学院的两位正职领导必须放弃选优的资格，名额按评价排序自动下移。至于学院副职，根据学校文件精神，由正职领导商讨决定。另外，在职员岗的评优表设计上，职称、评教排名与学术工作量共四个栏不用设置；同时，科级干部排在前面，院领导排在最后。①

第三，优秀的教职工要予以宣传与表彰。通过这种方式选择出来的优秀教职工，学院要大力宣传与表彰，才能达到激励与鼓励的作用。有些单位评选出来的优秀，不敢公开，恰恰说明这种优秀不是大家公平公正地选出来的，而是当成一种福利发放的。通过这种方式来评价优秀，也许优秀的员工比较固定。可以说，固定又

---

① 学院办公室主任宋俊看了我的报告之后，针对职员岗教师考评提出了这样一个评优表，详见附件2。同时，他建议学院领导不要参评，毕竟有专门的中层干部民意测评。对此，我觉得也有道理。因为教学科研对学院领导来说，尽管存在双肩挑，但中心工作还是行政。

有什么不好呢？如果一位普通的员工，每年都是优秀，而他一直还在现有岗位，没有得到重视或者晋升，那就说明我们的用人制度或者职称评价制度出了问题。

第四，教学业绩评价不等于教学质量评价。评价大学教师的教学效果，最关键的是教学质量，而不是教学业绩。在不少高校评价教师的教学质量，把教学改革课题、精品课程建设等都包含进来了。在我看来，这不是一个好的政策。评价一位教师的教学，在达到基本教学工作量之后，着眼点就在于他对学生的帮助与贡献。如果受益的学生越多，他的教学业绩就越大。至于教学改革课题、精品课程等，与他的科研业绩一样，都是起支撑作用的。教学研究与科学研究，在本质上没有多大区别，尤其是教育学学科乃至整个人文社会科学，我们根本没有必要把他们分得这么开。如果扯远一点的话，高校的教务处就不需要管教学研究类项目与课题等，改为教务部，只需负责教学运行，包括专业设置、人才培养、办学状态数据的发布等；高校的科研部门统称为学术部，下面可以分设社科处、科技处，兼管各类教学改革研究项目；高校的人力资源部，包括原来的人事处与组织部，所有的专任教师乃至领导干部，都只是一个岗位。当然，这与我们今天探讨的主题有点远。但是，我相信，教学与科研的双轨科研体制，迟早会改变。

说了这么多，我最后想通过一个文件来概括。前面提到要形成稳定的文件，就是这个二级学院教职工年度考核办法，详见附件3。在我看来，考评工作越少越好，最好发展到不需要考核。因此，我起草的只是评优办法。特别说明的是，这个文件肯定不成熟，因为这只是我个人在短短一个晚上草拟的一个基本思路。但是，该文件包含的精神与思想，我相信是具有创造性的。如果要成为一个文件，从一般的程序来说，至少有这么四个阶段：一是在领导的方向指引下撰写文件第一稿；二是领导审定与修订的第二稿，即讨论稿；三是在征求意见基础之上的修改稿；四是领导审定之后的正式稿。

回到报告的标题，我想用一句话来点题：在守住底线的基础上，优秀教师各有各的优秀。

2016 年 1 月 6 日

附件1：××学院××年度教师岗评优表 [1]

职称	姓名	评价名次	第1学期学评教排名	第2学期学评教排名	重点学术工作量	学院服务	备注
讲师	A		1	10	7	学科秘书	
	B		7	2	23	特教专业秘书	
	C		3	6	8	——	脱产半年学习
	D		9	8	11	——	
副教授	E		10	5	0	特教专业主任	
	F		4	1	32	——	
	H		5	7	60	教师中心主任	
教授	I		2	9	110	——	
	K		6	4	25	——	
	M		8	3	30	院长	

注：请各位老师在互评栏对教师排序，从1排到5，其余均计6。

附件2：××学院××年度职员岗评优表

姓名	岗位	评价名次	评议意见	备注
A				
B				
C				
D				
E				
F				

注：请各位老师在互评栏对教师排序，从1排到3，其余均计4。

---

① 这只是一个样表，仅列出假设的10位教师。

附件 3：××学院年度优秀教职工评选办法

为了在本院公平公正地选出一批优秀的教职工，以便激励与鼓励在编在岗教职工的工作积极性，根据学校年度考核与评优的基本要求，特制定本办法。

第一条［考评类型］　全院教职工考评分学术岗考评与职员岗考评两种类型。

第二条［评优资格］

（一）针对学术岗，必须同时符合以下条件：

1. 没有教学事故；

2. 教学工作量饱和，且两个学期均承担教学任务；

3. 没有无故缺席学院或者部门工作会议记录；

4. 没有其他违规违纪记录。

（二）针对职员岗，必须同时符合以下条件：

1. 没有责任事故；

2. 事假累计没有超过一周；

3. 病假累计没有超过两周；

4. 没有无故缺席学院或者部门工作会议记录；

5. 被师生实名投诉并查实没有超过两次；

6. 没有被领导严厉警告并在公开场合批评情况；

7. 没有其他违规违纪记录。

第三条［领导评优］　为了了解学院领导自身的履职情况，领导参与相应岗位系列的优秀评价，但不占优秀指标名额，亦不报送学校。

第四条［评价主体］　本院全体教职工，分别对学术岗与职员岗教师进行评价。

第五条［实施部门］　学术岗评优，由学院办公室牵头，学科组织配合；职员岗评优，由学院办公室组织实施。

第六条［领导小组］　领导小组组长由院长、书记担任；其他成员包括副院长、副书记、学科主任、分工会主席、专业主任、院办主任。

第七条［评优时间］　每个学年结束之际，在全院教职工大会上，两种类型的评优工作同时进行。

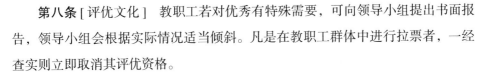

第八条［评优文化］ 教职工若对优秀有特殊需要，可向领导小组提出书面报告，领导小组会根据实际情况适当倾斜。凡是在教职工群体中进行拉票者，一经查实则立即取消其评优资格。

第九条［评优程序］

（一）学院办公室将全院教职工个人填写的年度考核表打包挂学院公共平台公示；

（二）在学科组织的配合下，学院办公室将具有评优资格的教师按职称分类制成一个评优表①，该评优表至少体现三个方面的信息：根据本学年度的学生评教成绩，分两个学期按参评教师进行排序；学校公布的教师个人年度重点学术工作量；以岗位体现出来为学院所作的服务性工作。

学院办公室将具有评优资格的所有职员按处级、科级、科员三个级别分类制成一个评优表②，该评优表主要表明相应职员的具体岗位，以体现其对应的义务。

学院办公室将学术岗与职员岗评优表，一并发至学院公共平台，由全体教职工下载填写。

（三）在年终教职工大会上，由学院办公室主任组织，按照教职工签名顺序，依次将个人填写的两份评优表投入投票箱。到会但没有提交评优表的教职工，在大会结束之前由学院办公室主任负责收齐。大会结束后，由院办主任、学科秘书、教师代表组成统票小组。

（四）统计小组将教职工得分数以及排名情况，报告领导小组。

（五）召开领导小组会议，领导小组根据排名情况，同时考虑不同职称职务的优秀比例，尽量向低职称低职务者倾斜，确定初评入围教职工名单。任何领导小组成员，只要有充足理由并得到其他成员赞成，都可以否定任何一位入围者，也可以将入围者由院优提升为校优，或者将校优改为院优。初评入围教职工若有退出，则按照相应岗位评优的排名依次替补，再次进入新一轮领导小组评议阶段，直到领导小组全体成员同意评优名单为止。

---

① 参考附件1，以附件的形式进入正式文件中，属于文件的一个组成部分。

② 职员岗的评优表，与教师岗一样，均作为附件进入正式文件，只不过，在表格内容上，没有学评教排名以及重点学术工作量等栏目。

（六）进入初评入围者而最终未能入选优秀的教职工，由学院办公室主任通知，以领导小组名义告知原委。

（七）学院办公室将优秀教师与优秀职员名单挂网公示，若无异议，则在公示结束后将名单报送学校。若有异议，则由领导小组查证。如果入围者确实不符合优秀的标准，则根据参评教职工排名顺序依次替换，然后再进行第二次公示，直到在公示期内无异议为止。

第十条 [优秀让渡]　在将名单报送学校之前，入选优秀者可以申请放弃，但必须由相应的学院领导批准。学术岗教师优秀荣誉的让渡，由院长批准；职员岗教师优秀荣誉的让渡，由书记或者院长批准。空出来的优秀名额，在符合优秀标准的前提下，按照排名顺序依次替换。主动让渡优秀且获批的教职工，连同优秀补充者一并挂网传达与公示。

第十一条 [优秀表彰]　在春节后开学的第一次全院教职工大会上，对评选出来的优秀教师与优秀职员进行表彰，并安排优秀教职工代表讲话。连续四年入选校级优秀教师或者优秀职员者，学院将通过适当方式进行宣传报告。

第十二条 [解释权利]　本办法由学院党政联席会议负责解释。

第十三条 [实施时间]　本办法自颁布之日起正式实施。

安于现状的大学类似于"温水煮青蛙"[①]

全国高校的教职工代表大会，形式上基本一致，所能达成的效果也大体相当。但是，无论怎样，这是广泛听取教职工意见、集思广益办好学校的重要途径。作为一种制度，只会越来越完善，而不会走向消亡。我于 2014 年来校工作，不知不觉地被教育学院推为正式代表。这好像是这一届的最后一次教职工代表大会，下一届我觉得要把这个机会让给学院其他的专任教师。为了不负学院师生厚爱与期望，在我们能够改变且不直接影响部门或者领导重大利益的前提下，今天我将部分在工作与生活过程中悟出的建议提出来，欢迎大家批评指正。

第一，下放办学权力。一所高水平的大学，或者说一所成熟的大学，重心在学院甚至学科。我们现在还称不上高水平大学，没有几个学科能在全国甚至全省名列前茅，但是，我们在往高水平大学努力，从而在体现办学规律的管理制度上，也要向高水平大学看齐。放眼望去，不说全球，国内一流大学甚至冠之"大学"的本科院校，基本上实现了"大学—学院"两级管理体制。这也就是说，大学的人力、财力、物力将以学院为单位进行统筹管理，学校不再过多地干涉学院内部的相应事务。学校层面要做的主要事情，就是谋划要办一所什么样的学校、在基于民意的基础上选好学院一把手、科学合理地以打包形式将相应资源全部划归学院、审定学院提交的发展规划以及监测其前行的总方向、必要的纵向学术管理亦应以规划与统计作为工作原则。

第二，科学配备正职。任何一个单位，一把手肯定只能有一个。在中国大学，校长与书记到底谁是一把手，这个问题比较敏感，在我的著作上亦有论述，在此不去讨论。我只说说在二级学院，院长与书记到底谁是一把手。从当前不成文的规定与现状来看，在二级学院，院长是一把手，书记除了负责思想政治工作外，

[①] 2017 年 3 月 22 日，在全校教职工代表大会某个小组座谈会上的讲话。

主要是协助院长处理院务工作。为此，在不少高校的二级学院，书记一般兼任副院长。但是，我们从哪个文件看到，二级学院的书记为何只能是二把手呢？事实上，如果一个二级学院的书记比较强势，他同样可以把人事、财务等权力抓在手上。除了这两点，作为一个二级学院，还有什么比这更为关键？因此，如果看到在哪个大学的二级学院，书记比院长更有魄力，一切重大事务都由书记拍板，我们一点也不要奇怪。那么，二级学院院长与书记，到底该由谁来主政、如何配备呢？这个问题，我也不想展开。在此，我只引用教育部副部长杜玉波先生的一句话来说明。2012 年 10 月至 11 月，我在国家教育行政学院学习之际，听杜部长说了这么一句话："在一所大学，如果有大量的二级学院，其院长与书记的岗位不能互换，那么，这所大学的干部配备就有问题。"① 确实，当前除了 985 高校外，国内大部分地方院校都做不到。但是，这句话的意义很大，引领我们地方院校向这个方向努力。

第三，优化办事程序。管理只是手段，方便快捷是管理的原则之一。但是，作为一位专任教师，我在办事过程中发现有些"管理"没有从服务对象角度考虑，需要简化办事程序。这样的事情非常多，在此列举一二作为例证，其目的是引领各个部门去反思，是否做到了基于服务对象的方便快捷。例如，在每年期末的试卷收发上，我就觉得工作有点不顺。期末考试，由各任课教师到教务处领取试卷，再由教师个人把试卷送到相应学院，这个程序的意义何在？为什么不能由教务处统一发送或者相关学院统一领取？试卷的归档，是以开课学院为单位，还是以听课学院为单位？我个人倾向于前者。理由在于：其一，方便教师，自己出的试卷当然归个人所在学院好；其二，试卷检查，是专业性工作，应由开课学院承担责任；其三，有些试卷，不少补考的学生在一个班级，显然，由开课学院统一管理是合理的，由某一个听课学院代管众多学院学生是不合适的。如果 A 学院某个专业的课程，基本上由 B 学院组织实施，这个专业自然就应该归到 B 学院来。如果 A 学院某个专业的课程，一半以上由其他多个学院完成，A 学院只承担了几门核心课程，那么，

---

① 详见拙著《大学理性——一位大学中层干部的教育随笔》，湘潭大学出版社，2013 年版，第 227 页。

其他课程的建设理应由各自完成,试卷检查这样专业性的工作也只能由各自完成,何况还有学校督导以及校外专家抽查,A学院大可不必担心试卷质量等问题,只需要课程成绩单即可。学生有疑问,也可以在规定时间内去任课教师那里查询。

第四,放宽科研报销。同样是在财务部门报账,经费渠道不一样,其规范要求就不一样。作为部门行政办公经费,那是学校公共经费,应该从严管理;作为学科经费,那是集体的学术活动经费,亦应该从严管理;作为教师个人的课题经费,则应该在国家政策范围的基础上不再设限,方便教师报销。随着中共中央办公厅、国务院办公厅《关于进一步完善中央财政科研项目资金管理等政策的若干意见》(中办发〔2016〕50号)的贯彻落实,科研经费总的走向是越来越方便教师。在我校,科研经费管理还需进一步放开。可以说,只要政府没有禁止的,学校就不要另行限定。例如,正常的汽车燃油费、教师非定点购买的书报费、超过几个月的差旅发票等,都是上级政府其实没有明确限定且科研工作过程中时常会发生的。总之,只要财务管理人员明确不同经费有不同的管理,在科研经费管理上应该采取方便教师的原则,那么,我们的财务工作就会越来越受教师的肯定。另外,我个人觉得,在进一步加大奖励力度的基础上,学校可以取消各级课题的配套经费,减轻教师、科研管理部门尤其是财务部门工作人员的负担。无论是人文社科还是理工科,政府下拨的课题经费足够教师们开展科研了。如果仍不够,那说明我们还不具备从事该项课题研究的条件。当然,教师的待遇,我们要力争做加法,不要做减法,这是管理工作的又一个原则。

第五,增设研究中心。做实学科,亦即校长经常说的"学科为体,专业为用",这是我校办学引以为豪的一大特色。应该说,这种理念是非常正确的。学科提供课程,课程组成专业。学科趋于稳定,但课程可以无限变化,从而专业也能适应市场的变化而低成本地进行相应调整。近来,学校进一步强化学科组织的学术领导作用,甚至主张学科主任兼专业主任。我能够理解这种政策动向,也可以寻找到让该种政策落地的路径与策略。但是,我觉得,我的解决办法似乎与学校的政策基点反向了,从而也就不敢贸然提出来了。为什么这样说呢?因为我感觉学校这样做的目的或者说动因,是为了实现学术权力与行政权力的分离。确实,在我们学校的许多二级学院,院领导的学术地位不高,难以成为学科的领头人,但中国高校改革最难的事情又是"动干部"，为了两面兼顾，便试图实现学科实体化，学术事务由学科主任说了算，行政事务归学院领导说了算。在我看来，高校的行政权力与学术权力很难分离，尤其在中国、在中国的地方院校。在一所大学，尤其在二级学院，真正与学术无涉的纯粹的行政权力，可谓少之又少。而且，中国高校目前依然是行政主导发展，学科主任们在院长面前就相当于过去的一个教研室主任，他们有什么机会与条件引领相应学科的发展？只有实现学科带头人与学院院长的合一，才能有效地带领这个学院飞得更高。在我看来，一个二级学院的院长，应该是该院最大的学科主任。所谓最大，是指学术水平、领导能力、人格魅力的综合力量最强。且不说国内一流大学，仅看看地方院校甚至我们学校，放眼望去，院长强则学院强，反之，学院就会弱。在中国地方院校，还真少见到例外的。因此，我的观点则认为，学术权力与行政权力就应该合一。也就是说，不要认为大学尤其是二级学院中有多少纯粹的行政事务，这里就是一个学术组织，由相应的学术成员通过民主集中制的方式来决定。当一个二级学院发展壮大起来之后，她的若干个学科都会很强大，那么，院长不仅要领导自己的学科，而且要让这些学科发挥 1+1+1 > 3 的优势。为此，相应学科的工作自然就由相应的学科负责人来理顺，实现权力的分散。特别指出，这是权力的分散，不是权力的分离。在这里，仍然是行政权力与学术权力的合一。到了那个时候，每个学科的进人，或许不再是院长说了算，而是相应学科负责人或者说学科主任说了算。在我看来，越是高水平大学，权力越要分散；越是低层次大学，权力越要集中。最后的理想状态，就是将所有人的积极性，都调动起来，亦即所有人都有相应的自主权。

说了这么多，还没有回答我们到底怎么办。事实上，理顺了思想，要找到办法并不难，难就难在我们想不想这样办。在我们学校，要让学科实体化，且又要维持目前行政权力与学术权力的分离，比较适宜的办法之一就是在各个二级学院组建大量的研究所。例如，教师教育学院的一级学科教育学有四个研究方向，就可以设置四个研究所，这些研究所没有级别，所长即是学科主任。同时，如果这个学科方向兼有本科生培养，该所长还是专业主任。在我们教师教育学院，每个专业均有对应的学科。以后设置研究方向，亦应从专业角度出发。大学内部的机构设置，政府根本不会去理会，这是我们能够轻易做到的事情。可是，我看了学校发布的研究所（中心）设置条例，好像增设这样的一个研究机构，就像要向政府申请成立一家学校一样，门槛之高、要求之多，实在让我们望而却步。这是绍兴文理学院某某学院的研究所，不是哈佛、北大的研究所，更不是政府部门的研究所，学校为何要限定这么多呢？二级学院内部设置相应的机构，就相当于过去的教研室一样，这些权力统统归学院自身管理就好了。另外，在学科建设经费使用上，要进行调整与完善。例如，学科建设经费，就交给学科主任或者学科带头人负责了，没有必要再列出一块作为学院的学科统筹经费。应该说，学院的学科统筹经费，在学院每年行政经费中就包含进来了，也应该一次性打包体现进来。在我们学校，经费本能少则少，能并的则并。各种各样的经费，这里一点那里一点，像撒胡椒似的，碎片化的治理思维，必定办不出卓越的大学。又如，学科建设经费，不需要严格限制比例。建议预算方案，由学科自己确定，除了控制餐饮外，其他不要限制太多。另外，在学科经费上，外请专家的费用太少。再说，规定有一部分学科建设经费用来资助学生调研，对我校的本科生来说，许多资助意义真的不大。他们外出能够调研吗？对研究生来说，还差不多。何况，学校已经设有专门针对本科生的研究课题。

第六，废除班主任制。在许多年以前，我就研究指出，在辅导员全面推行的前提下，许多高校可以废除班主任制，以本科生导师制[①]取而代之。具体理由，详见拙作，[②]在此不再赘述。我在此以教师教育学院为例，谈谈如何用本导制取代班主任制。大一大二的学生，均由辅导员统一负责。学院的专职副书记，可谓他们最大的班主任。只不过，在新生入学之际，要有学院领导、专业教师的导航教育，引领他们适应大学的学习与生活。到了大三，以三年级的学年论文、四年级的毕业论文作为工作主线，开始给本科生配备导师。在这个时候配导师，一是学生的专业已经确定，可以配备专业导师；二是符合师生比的实际情况，能够做到一个

---

① 　1379 年，牛津大学新学院的创办者威廉·威克姆创建了导师制，随后成为剑桥和牛津学院的核心。这两所世界名校极其保守，有人批评它们"轻视科学，方法陈旧，讲课很糟，学风不浓，连课表都看不懂"，但是，我们不得不承认，这两所高校享有世界声誉，人才培养质量不容置疑。至于其原因，普遍认为离不开"导师制"。

② 　详见拙文《高校三种育人制度的冲突与选择》，载《现代大学教育》2010 年第 4 期。

导师每届指导 10 位以下的学生。我院现有本科生约 800 人，专任教师约 30 人。如果本科生全程配导师，导师数量不够，精力也不够。如果在最后两年配导师，30 位教师对应 400 位左右的学生，生师比约为 13 左右，每位教师每届也就 5 至 7 位学生，正好符合毕业论文指导的数量要求。而且，两年下来，导师要为学生考研考编考证进行辅导、就业工作予以推荐等，这比班主任面对一个大班要有效得多。带一个学生的工作报酬，包括学年论文、毕业论文指导等，学校有一个分配基数，额外增加量则由各个学院来确定。在教师教育学院，导师每带一个学生，可以增加 1000 元 / 年。由于创收经费具有不确定性，从而可以将这笔费用作为奖励性补助。到了大三的学生，对学院及其教师较为熟悉，可以由他们自由选择导师。在我看来，哪怕学校没有统一这样做，我们教师教育学院都可以率先这样做。

要提的建议，还有许多。由于时间关系，暂且提这么几条。我以为，学校改革与发展的着点力有三个：一是为了学校又好又快地发展；二是为了学生又好又快地成长；三是为了教师的幸福指数步步高升。以此来考评学校的各项工作，我们就会找到许多有待完善的地方。这个完善，没有终点，永远都在路上。

教师教育类专业群建设的探索与实践[①]

一所大学的二级学院，将改革与发展的各种问题变成讨论的主题，[②]交给全院教职员工，并且要求大家拿出文字稿，最后整理成册，同时组织开展全院的教研活动，这种形式非常不错。尤其我们教育学院，这种管理类主题的撰写，本身就属于我们的专业。当然，作为专任教师，拿出来的东西，如果不从事这个方面的深入研究，不一定要去查阅文献，开展调研，只需要从自己的切身感受与心理期望出发，交上自己的想法即可。至于如何系统梳理，去粗取精，去伪存真，对接现实，转为政策，变成实践，则是领导者的事情了。作为一位专任教师，我也只能从现有的经验与既成的观点出发，陈述自己的一孔之见。这次，由于李副院长推荐我作为负责人申报了学校的教师教育类专业群项目，这是大家共同的平台，借此机会，我便针对这个主题，谈谈自己的想法。

一、什么是教师教育类专业群

顾名思义，教师教育类专业群，肯定是若干教师教育类专业的集合。在此，我们必须清楚，教师教育类专业的范围很广。可以说，当前凡是专门培养师资的专业，都可称之为教师教育类专业。那是因为，教师教育的内涵极为丰富，外延非常广泛，包含了所有的师范教育专业。当前，师范教育的概念已经退出历史舞台，被教师教育取而代之。早在20世纪80年代，美国几乎找不到师范教育的称谓了。

---

① 2015年1月17日，在教师教育学院一次教研活动上的讲话内容，也是来到绍兴文理学院之后的第一次工作研讨。

② 这次讨论的题目，较为务实，而且急迫。例如，关于凝练专业建设特色的思路与途径；教师职业技能训练的问题及对策；实习、见习的管理体制优化对策；教学类设备的维护和管理；教育学科在全校师范类专业建设中的作用分析与实践途径；应用心理学的专业前景分析；学生社团活动在培养综合素质中的作用分析；等。

师范教育，主要针对教师的职前培养；教师教育，将职前培养、入职教育以及职后培训统合起来。从而，在一所高校中，凡是定向培养师资的专业，自然都属于教师教育类专业。从这一点来看，当前我校的教师教育类专业，不仅包括教育学院的学前教育专业、小学教育专业等，还包括其他专业学院培养师资的专业，这在全校所占的比重是不小的。

那么，我校所有教师教育类专业的集合，是不是可以称之为教师教育专业群呢？应该说，肯定不可以。如果形成了一个专业群，那么，他们必须有密切的联系。在我看来，至少要具有以下几个特征的专业集合，才可以称之为专业群。第一，具有统一的课程实施计划；第二，具有统一的基础课程模块；第三，具有统一的课程管理平台。从目前来看，我校不少教师教育类专业，相互之间没有太多关联，自成体系，独立发展。教育学院作为提供教育课程的教学基地，与其他开设教师教育类专业的专业学院，没有太多业务往来。我们提供的几门教育类理论课程，在他们的教学计划与课程版块中，并没有太大的作用，处于可有可无的境地。若不是培养师资的硬性要求，不少学院甚至希望砍掉这些课程，代之为他们的专业理论课或者专业实践课。显然，作为一所师范类的高等学校，我校远远没有形成面向全校性的教师教育类专业群。

是否要将全校教师教育类专业整合起来，打造成一个专业群，这应该是学校改革与发展的必然方向。只不过，当前恐怕很难一步到位，我们还有很长的路要走。原因在于，教师教育专业的梳理与整合，不只是简单的课程组合，更是权力纷争的机构重组。当然，如果校领导有这种想法与决心，那么，将全校的教师教育类专业打造成一个专业群，或许并不遥远。在我接受这个"命题作业"时，李副院长建议我突破现有的模式，从理想的应然状态来思考。因此，我今天在此探讨的专业群，是从全校教师教育类专业的角度而言的。这里的教师教育专业群，也就不再是原来我们一起申报时的那种概念，而是范围最广的概念。在原申报书中，所谓的教师教育类专业群，是指以教育学院教师教育类专业作为核心专业，再统合学校其他二级学院若干相关教师教育专业而组成的教师教育类专业群，主要包括小学教育、学前教育、科学教育、体育教育四个专业。现在探讨的教师教育类专业群，则是全校所有教师教育类专业的集合。

二、为什么要建设教师教育类专业群

针对这个问题，处在不同的立场，面向不同的对象，我所谈论的理由并不一致。以前站在希望学校批准立项的申请者立场，面向学校领导以及专家们，我主要从四个方面陈述了建设教师教育专业类群的重要性：一是从历史看，我校具有师范教育的传统，推进专业群建设，当然少不了教师教育专业；二是从现状看，我校仍然具有师范教育的特色，而且并未形成合力，亟须打造教师教育类专业群，实现资源优化组合；三是从未来看，我校具有服务地方的使命，应该继续承担地方基础教育的师资培养重任，事实上，绍兴地区的基础教育质量，在全国都享有盛誉，这与我校的教师教育是分不开的；四是从政策看，建设教师教育类专业群，对接了学校的学科专业规划。这些理由，是基于申报成功，获得立项。今天我要讲的理由，是为了调动大家的积极性，发展壮大我们共同的家园——教育学院。

这个理由，我想从我自身的感受出发，从教育学院的生存与发展出发。今年9月，我正式来这里报到上班。在办事过程中，我不只听到一个人说，你们或者我们教育学院，一般排在最后一位。这虽然不是针对综合实力而言，但言外之意，无不包含我们教育学院在全校的综合实力处在最后一个方阵。我在想，作为一所师范起家的地方院校，教育学院怎么能够处在最后一个方阵呢？在不少师范院校中，其教育学院不仅是全校经济效益最好的学院，而且也是综合实力甚至学术影响力最好的学院之一。在听了学院领导的介绍后，我才发现我们学院只有两个专业。在中国，一所大学的二级学院，如果只有两个专业，那么，这个学院是很难办出规模效益的。在地方院校，没有规模，就没有财源，就没有影响力与话语权。因此，我们学院怎么能只有两个专业呢？推进教师教育专业群建设，虽然不等于将其他学院的教师教育专业全部纳入教育学院，但必定要以教育学院牵头来整合全校的教师教育专业。显然，这种专业群建设的意义，远远不只是获得一项校级的重大项目，而是教育学院在全校地位的提升，更是实现教育学院可持续发展的重要途径之一。

20世纪90年代以前，地方院校的教育学院，主要承担中师的师资培养。现如今，中师已经完成历史使命，退出了历史舞台，这对我们开办专业，提出了很大的挑战。

放眼全国高校的地方院校，几乎没有教育学的本科专业，这种纯理论取向的学科专业，已经从本科层次，提升到研究生层次。这种提升，既是教育学科的应然选择，也是社会发展的必然走向。试想，在这样的背景下来壮大教育学院，发展更多的专业，如果不从现有的较为成熟的教师教育类专业出发，我们还有更好的办法吗？

今天，我特意强调建设教师教育专业群的意义，第三个理由则在于全校教师教育专业之间存在重复建设，或者说无序竞争。教育学院在培养小学各科教师，试想，我校其他专业学院，不也同样培养各科教师吗？而且，教师教育走向开放培养之后，非师范类学生都可以通过报考教师资格证，申报中小学各级各类教师岗位。在这样的竞争局面下，教育学院哪还能高枕无忧？哪还能坐享其成？可以说，如果我再倒回到大学生时代，而且必须选择教师职业的话，我肯定会先读其他专业，然后再来考教师资格证。这样，我还会获得两个专业文凭，大大提升我选择工作的机会。更重要的是，现在有些中小学校在招聘教师的时候，更愿意选录那些其他专业学院的学生，而不是教育学院的学生。在他们看来，教师教学技能问题，更多的要在实践中获得与发展，学科专业水平与能力才是最重要的，最能体现发展后劲。试想，在这样激烈的生源争夺战中，我们教育学院仅仅依靠那么一两个影响力平平且完全可以被替代的专业，如何走下去？如何发展壮大？

人无远虑，必有近忧。作为教育学院的一名专业教师，我希望教育学院越来越壮大，让她成为一个可以依靠并且引以为荣的温馨港湾。当前，以教师教育专业群建设为契机，推进全校教师教育资源的优化组合，就是发展壮大教育学院的重要途径之一。

三、怎样推进教师教育专业群建设

针对这个问题，在校级专业群建设项目申报时，我主要按照学校规定的统一格式，从基本理念、建设目标与实施方案三个方面进行了汇报。我觉得，那天在会上讲的，也有必要在此简要介绍。在基本理念上，我们提出，要以培养具有较高教育理论素养、教学实践能力、创新能力和社会竞争能力的专业化教师为目标，以弘扬最具改革意识的教育实践为出发点，以培养专业型的卓越教师为宗旨，以教师教育专业课程体系与教育实践为重点，为培养专业化、精细化、个性化的卓越教师打下坚实的基础。同时，提出了三个贯彻：普适教育与精英教育相结合；道德熏陶和技能培训相补充；理论强化与实践环节相交叉。在培养目标上，我们从人才培养目标、专业建设目标、专业群建设目标三个角度进行了陈述。例如，在人才培养目标上，要坚持育人为本，实践取向、终身学习的理念，结合我校"卓越教师养成班"的成功经验，创新教师培养模式，强化实践环节，加强师德修养和教育教学能力训练，培养师德优良、理念先进、基础扎实、实践能力和研究能力较强、教师职业素养较高的中小学优秀教师、学科领军人物和卓越的管理者。又如，在专业建设目标上，我们提出，小学教育专业培养"博雅型"教师；学前教育专业培养"智慧型"教师，科学教育专业培养"研究型"教师；体育教育专业培养"实践型"教师。其中，小学教育专业建成国家特色专业，科学教育专业建成省级重点专业，学前教育、体育教育专业建成市级重点专业。在专业群建设目标上，要力争通过 4 年的建设期，经过资源整合、优势互补，所属各个专业共享资源、降低成本，教师教育专业群达到扩大效益、整体提高人才培养质量的要求。

在那次汇报中，实施方案是重点，我主要从以下五个方面进行了论述。（一）完善课程模块。学院的集合，便是大学；专业的集合，便是学院；课程的集合，便是专业。不同的专业，实际上正是课程的区别。可以说，课程是专业建设的核心问题，也是办大学的核心问题。推进教师教育专业群建设，我们首要关注的正是课程建设。有了优质的课程，就会出高水平的教学，从而培养优秀的人才。从建设方案来看，我们提出了许多针对性的举措。例如，将师德部分进入专业拓展类选修模块；设计 8 学分的教师教育类选修模块课程，其中，科学教育专业突出"研究型"、体育教育专业突出"实践型"；等等。（二）加快团队建设。优质课程的开发，关键在人。而且，专业尤其专业群建设，需要的不只是一个人，而是一批人。因此，我们必须大力培养与引进高水平人才，打造一支科研能力强、教学水平高的教学团队。对此，我们进行了多种探索。例如，从幼儿园、小学一线教师中选聘实践导师，形成导师组等。（三）加快资源建设。评价专业建设成就，不只看有什么样的人才，还要看有什么样的成果。对此，我们计划围绕专业群建设，推出一系列的资源与成果。例如，建成 10 门以上核心课程的教学网站；建立视频资源库，供学生观摩实践；打造专业群教材；等等。（四）加强交流合作。

一位大学教师，若不走出去，只是你认识学界领头人，而他们都不认识你，那么，这样的大学教师，肯定飞不高走不远。这对于一所大学的二级学院建设同样如此。只有当学界推崇我们，社会赞誉我们，我们才能算办得好。因此，我们必须大胆走出去，开放办学。例如，举办全国性的"卓越教师"培养研讨会；等等。（五）加快平台建设。当前，评价一个人的成就，往往从其获得的各种头衔来判断。例如，当我们听说某某是院士、长江学者、诺贝尔奖获得者等时，我们不用太多地看其有多少成果，就能断定其学术水平与社会贡献并不寻常。教育学院建设与发展得如何，最为直接的体现也正是各种平台。例如，如果小学教育专业建成了国家级特色专业，我们的教师教育专业拥有了学术型或者应用型的硕士甚至博士学位点，等等，那么，我们不用太多的语言描述，大家就会知道我们建得怎么样了。建立这些平台靠什么呢？显然，除了以上的各种资源、人才与成果外，还需要特别关注文科领域成就的四大件，这是彰显学术水平的硬通货；长期跟踪与推出优秀校友，因为大学的声誉最终体现在人才培养质量上；……

当初以上汇报，基于申报成功。那么，今天基于共同的利益来探讨这个话题，我们可以更加解放思想，从教育学院改革与发展的角度来大胆探索。粗略思考一下，我觉得可以有三种实施策略，即长期策略、近期策略与中期策略，都可以达到专业群建设的目的。

所谓长期策略，是将所有教师教育专业整合到一个学院中。这种模式，在全国是有先例的，例如青岛大学，将各学科的师范教育全部集合在一个学院，使得这个学院成为全校规模最大的学院之一。这种改革，有利于各专业院校开展专业教学与研究，实现学术性与师范性的齐头并进，同时，也符合师范院校转型为综合院校的理论要求，顺应了世界高等教育变革的趋势。试想，在美国等发达国家，哪能发现在一所综合性的大学中，每个二级学院都在办师范教育的现状？开放型的教师教育模式，必定是未来师资培养的走向。作为一所从师范院校转型而来的综合性大学，我们要为这种走向做准备，并且积极迎接这一天的到来。改革，就是资源的重组，必定带来各种利益的冲突。例如，在我校的某些二级学院，除了教师教育专业，他们真的很难再开出二至三个较有市场的专业，显然，这种资源重组，必将引起他们的强烈反对。在我看来，一方面，只要看准了方向，短暂的阵痛是难免的，我们也要有这种大无畏的精神或者敢于牺牲的气度；另一方面，在和平时期处理人民内部问题时，应该尽可能减少各方利益冲突，尽可能弥补改革对其带来的损失，多做加法，少做减法。做任何事情，如果我们能够换位思考，大都会有意想不到的结果。

所谓近期策略，就是将教师教育课程模块的开发及实施权集中在一个学院。如前所述，不同的专业，实际上正是由不同的课程所组成。事实上，在我校贯彻的课程建设、专业建设与学科建设的理念是非常先进的，也是非常务实的。只要我们将现有的专业建设理念消化好、吸收好，我相信我们一定能够在建设专业群上找到很好的思路。例如，就教师教育专业来说，主要有通识课程、教育专业课程、学科专业课程三大模块。其中，通识课程不仅包括全校所有学生必修的规定性课程，也可以开发一些体现区域特色、贯彻文理交融、展现学者光辉的校本课程，像那些选修课一样供学生选学；教育专业课程，包括教育理论课程、教育技能课程与教育实践课程，这是体现师范特色的课程，是教师教育专业群落中所有专业的共同教育模块；学科专业课程，主要是在学科领域的深入推进，体现大学教育的学术性要求。这种以课程模块来推进的专业群建设，让许多人疑惑的是，如何实现教育专业课程与学科专业课程的有效融合。在他们看来，把"教什么"与"怎么教"分开来教，很难达到培养优秀教师的效果。应该说，有这种担忧的人是认真思考的，但是也大可不必过于忧虑。从我的感受来看，知识是相通的，只要把相关领域的知识学进去了，变成了自己的能力与素质，这些知识都是可以自由迁移的。就像我们生病吃药一样，不同的药物到达肚子之后，人体自然有让它们自然吸收并相互作用的功能。何况，在教育教学实践中，不同的学科专业，还会安排至少一门相应课程教学类的课程，结合案例，举一反三，引导学生们将教育理论与教学实践相结合，将教学学术与学科专业相结合，将"教什么"与"如何教"相结合。这种模式，最容易推进。不过，要达到预期效果，同样需要付出很多努力。

所谓中期策略，就是在专业学院开展学科教育的基础上再进入教育学院教育专业学习的"3+1"模式。第一种模式，即长期策略，实质上仍然是定向型的教师教育，而且对现有的机构改革冲击最大；这种模式，即中期策略，实质上属于美国的开放型教师教育，相对于长期策略来说，改革阻力要小一些，但相对于第二种模式来说，仍然存在较大的障碍与助力。从现有的情况来看，实施这种模式，意味着教育学院有一部分学生是定向的，进入大学之际就明确了自己的师范生身份，有一部分学生是在大三时进入教育学院的，学习一年的教育专业。在教师资格证书制度的背景下，这一年的教育专业学习，实际上相当于这种证书的考试准备，很难达到应有的教育效果。因此，美国那种"3+1"的教师教育模式，在当前就业竞争激烈的我国，很难达到实效。从教育学院的前途而言，要么采取积极的长期策略，定向培养各科类的师资，要么采取保守的近期策略，开发与完善教育专业课程，同时积极开拓教育培养市场，适应大批量学生报考教师资格证书的市场需求。

以上思考，仅是凭感觉粗略理顺出来的浅见，不成系统，也不深入，权当一位专任教师的零星思考。

（2015 年 1 月 5 日）

关于推进创业型大学中国实践的研究计划 ①

题记：

打造学术流派

学术创业，历史必然，顺之者昌。

主动出击，积累力量，蓄势待变。

催生事件，历史节点，终会出现。

无问西东，总有一天，一鸣惊人。

建设创业型大学在西方已经成为一种办学常识，也必将成为我国高等教育变革的重要走向。当前，鼓励与支持我国一批传统院校向创业型大学转型，有利于提升大学面向社会办学的意识与能力，有利于提高人才培养质量与推动成果转化，有利于在"双创"的背景下真正实现高校"五唯"向"五维"转变，更有利于落实国家破解地方高校发展困局的"十四五"规划。那么，到底什么是创业型大学？两位理论鼻祖伯顿·克拉克与亨利·埃兹科维茨既没有下过确切定义，也存在观点分歧，这反而为我们研究创业型大学提供契机。毫无疑问，创业型大学不是创收型大学，不是商业化大学，基哲学基础可以定位于实用主义而非功利主义。否则，两位学者推崇的 MIT、斯坦福、华威大学等，就不是我们需要与期盼的创业型大学。如果要对创业型大学下一个通俗一点的定义，那么所谓创业型大学，就是凭借人才培养质量与科研成果效应从包括政府在内的社会各界获取办学资源的大学。这样的大学当然要依靠政府并且在政府的管理下依法办学，但它们不再以政府的核心资助作为最为重要乃至唯一的经济来源，而是能够通过社会捐赠、成果转化、

---

① 2021 年 1 月 10 日，为谋划下一步创业型大学研究而作了一番思考。实际上，这个计划最终因为多种原因基本搁浅了。当然，最主要的原因还是平台。

产业服务等获得较大比例的办学经费。把学生培养好了，他们成长了，感受到这段学习带来的收获与价值，自然会回报母校，也是形成校友精神文化同盟的有效途径与重要体现。在我看来，中国建设创业型大学要经历若干阶段，其中最为关键的第一个阶段便是传统院校向名副其实的应用型大学转型，培养社会上用得上、用得好的应用型人才，让学生感受到学有所值，生产社会上用得上、用得好的应用型成果，实现"以成果转化论英雄"。

应该说，自2011年研究创业型大学以来，我十年的坚守与努力没有白费，不仅在业绩上排到全国创业型大学研究群体的第一核心作者位置，而且在声誉上获得越来越多学界同仁的理解、支持甚至赞誉。例如，前几天，中国高教学会原副秘书长叶之红老师给我发来微信，她说她看了我近日发表在《现代教育管理》2020年第12期上的《论创业型大学在中国实践的三个阶段》一文，称赞该文写得很好，把问题讲得更加通透了。过了一天，她给我发来西安欧亚学院关于"教育即生活，环境即教育"的一个深度报道，并先后留言道，"建议对这样的大学做一个创业型大学的认证，每年出一份中国创业型大学发展报告，系统梳理介绍他们的经验，看看有哪些普适价值，有哪些中国特色。""闫月勤的高校国际化报告越来越有影响，拿到了很多项目与经费，学校开始重视，增加编制与预算。林金辉的合作办学研究也是这样慢慢做起来的。现在大家研究过于趋同，形成特色的不多，宣书记的高校治理体系研究有点偏大，你坚守这个领域，慢慢就能做一个平台一个高地。""逐一作出一批中国创业型大学案例，会是一定意义上的大学评估，应当能获得一批高校的支持。同时，也为世界范围内的创业型大学提供中国范例、中国经验，便于国际交流。"叶老师的这些指引性意见，一下子点燃了我走出书斋、打通理论与实践壁垒的希望。我自己研究学术创业，为何不能行动起来，来一次真正的创新创业？这样，既是政府所希望看到的，也是众多高校与理解创业型大学的学者所希望看到的，更是我一直期盼的。我之所以一直研究创业型大学，就像马云于1995年创业之际力排众议，坚持"互联网将改变世界"的观点一样，我就是认为只有创业型大学才能拯救中国的地方本科院校，它们不能像清北一样凭借天然优势与政府保护，优先获得各种办学资源，掐尖全国最优秀的生源，而是只能通过改革创新以实现优质高效的服务，以服务而非身份赢得生源，赢得市场，赢得更多的办学资源。这既是中国高校尤其地方院校赢得全球社会认可的必经路径，也是中国高等教育变革与发展的必然走向。

但是，当计划走出书斋、走向实践之际，我马上感受到一个强大的挑战与困难，那就是没有平台来支持我的计划与工作。当前我在绍兴文理学院工作，不仅这个学校的平台不高，而且校内平台我也没有。如果我在这所大学当个院长、处长或者所长，或许我还可能借助外力推动这项研究。作为一个没有行政资源的"裸教授"，那真是巧妇难为无米之炊。不过，思路决定出路，计划先于行动。为此，我顺着叶老师的指点，拓展开来，大胆想象，理出方案，构筑蓝图，一幅理实交融、由学者助推高校变革的创业型大学研究画卷跃然纸上。取个名字吧，这个决定太重要了，是个人研究的一大转变，说不定也是给中国高等教育带来希望的一个"火种"。想来想去，我将之命名为"2021计划"。为什么呢？因为这是叶老师在今年给我带来的计划，我想看看这要多少年才能让该项计划付诸行动，也要看看多少年才能助推案例高校成为真正的创业型大学。同时，2022年9月，我在这里八年的合同到期，是留还是走，选择权归我。从这一点来看，2021年刚好是我种植与培育这项研究计划的酝酿期。若是"星星之火"，那么也让其在这一年里再长大一点，更有力一点，即让2021计划更加稳妥与成熟。目前，针对2021计划，我想到以下几点：

第一，选择与团结一批进取型高校（达到10所即可），课题组每年给他们出一个报告（2万字），出发点不仅为了宣传与推广案例高校，更在于为其剖析问题与提供思路，跟踪研究若干年。我将这些向创业型大学转型的案例高校分成4个阶段：种子期、创建期、成长期（Ⅰ、Ⅱ、Ⅲ……）、成熟期。从而，在将各高校的分析报告整合后，第一年可以推出"创业型大学种子期的中国案例研究"，第二年可以推出"创业型大学创建期的中国案例研究"，第三年可以推出"创业型大学成长Ⅰ期的中国案例研究"，第四年可以推出"创业型大学成长Ⅱ期的中国案例研究"，……高校的成长有快有慢，当有些高校真正建成创业型大学，包括校友在内的社会各界捐赠与成果转化收入明显增加，能够凭借自身服务质量与效应从市场获得较大份额的办学经费之际，我们可以对个案学校单独形成详尽的发展报告，包括其成长过程、重要事件、关键人物、业绩展示、成功经验、理论提升等。在成熟期之前，案例高校每年为发展报告提供 10 万元的研究经费，承担课题组 3 人 2 至 3 天在校考察调研的交通、住宿与餐饮费，每年以专家报告的形式邀请课题组负责人面向案例高校全体中层干部与校领导系统讲解发展报告。

第二，争取获得中国高教学会的支持，能够在中国高教学会下设创业型大学研究分会，分会秘书处自然设在我所在的高校。同时，争取开办一份创业型大学研究的刊物，便捷方式便是将相关刊物转成类似研究期刊（在正式刊物落实前，可以先办包括网络版的《创业型大学动态》）。要知道，创业型大学研究的内涵相当丰富。正如我在前一篇"接下来我研究什么"的思考中所言，国内学者研究创业型大学，其实就是在研究高校办学自主权、自力更生能力提升、应用型大学建设、破除高校"五唯"、面向社会需要培养人才、现代大学治理能力、消费者认可的"双一流"、打造"金课"、科研成果转化、高等教育质量等一系列主题。

第三，加快创业型大学建设标准的研制。配合接下来需要开展的国家课题研究，研制中国特色创业型大学的建设标准，力争纳入政府考评高校的指标体系中，以实现中国高校的分类评价与特色发展。毫无疑问，如果这一步能够实现，那么这些案例高校便是中国最早的一批创业型大学。因为，我们在为其提供年度发展报告之时，就是引导案例院校往这些方向努力。

第四，积极与国外高教杂志合作，将中国创业型大学的案例研究与理论成果向世界推介，通过外在影响反促中国高等教育的转型与升级。如果可能，这个研究平台将成为中国研究创业型大学最重要的平台，将成为中国高等教育改革与发展的"小岗村"，将成为中国甚至浙江向世界贡献中国方案与中国智慧的"重要窗口"。要知道，中国只要有一所创业型大学真正建成，其他高校都会学习与效仿，政府也会看到其带来的活力与希望，从而推动高校往这个方向转型与发展。这是一个连锁反应，也只有这样的开端，才能形成类似的反应。

2021 计划启动，我还差什么？差平台！有了平台，就可以联系各路大神，可以组建研究团队，启动针对中国特色创业型大学理论与实践计划的创新创业。

（2021 年 1 月 10 日）

补充记录：

1月12日，我将这个2021计划发给叶老师之后，叶老师发来多条语音，转换成文字，同样也是三千多字。我看了一遍，听了两遍，应该说，较好地把握了叶老师关于这项工作的主要意见，不仅有利于更好地完善该项工作的思路，而且对我接下来拟开展的课题计划有所启发。在叶老师看来，设官方性质的研究分会、办传统媒体的纸质杂志、为了学术而学术等，这些都没有什么意义，我们重要的工作在于影响高校，影响实践工作者，此其一；其二，针对案例高校分期跟踪研究，开展自身的纵向比较，显得较为学究，不如针对案例高校的特色与亮点，一个一个增加，形成创业型大学中国实践的案例库，最后也就自然形成一个联盟；其三，分期跟踪研究某个学校，出发点是为了引领与推动这些院校向创业型大学转型，但还是有点理想色彩，我们更应该团结那些做出了业绩的创业型院校，例如齐齐哈尔学院十多年前就提出创业型大学战略定位，以这些院校作为案例高校更能产生影响力；其四，伯顿·克拉克关于创业型大学建设的五条标准，应该是比较经典的，我们尽可能拿国际上现存的标准做研究，也就是说，这个概念来自西方，我们也要从这里出发，从一开始就要基于国际比较着手，在研究的过程中，或许我们能够看到中国高校的不同之处，有新的路径，产生不同的标准，这样，中国的创业型大学案例可以与国际上的创业型大学进行比较。以上，是我站在叶老师的立场、从我的重要收获出发而概括出来的四点。

近日，我正准备以"创业型大学建设：中国道路与国际标准"作为选题，开展为期三至四年的深入研究。为何要确立这个选题？很重要的一点在于，国际上对创业型大学没有确切的标准，两位理论鼻祖对创业型大学的理解都不尽一致，克拉克那五条也存在包含与被包含的关系，因此，我计划从中国实践出发，基于两位学者关于创业型大学内涵的最大公约数，首先研究创业型大学的中国道路，然后再来参与研究创业型大学的国际标准。也就是说，我的研究已经远远超过克拉克的五条途径。但是，作为一位对创业型大学同样情有独钟的叶老师，她依然如此重视克拉克的那五条转型途径，那么我以后在研制创业型大学的建设标准时，必须予以更多的重视。

以上四条中的前面三条，让我更加务实与理性。事实上，若从事业发展角度而言，最稳妥的便是拿到"国家帽子"，例如长江学者特聘教授、国家万人计划领军人才等，哪怕青年类，也比我现在这个省151人才第一层次的帽子要有价值得多。有了这顶帽子，要做此类工作也更有条件。反之，我做这项实践工作，也希望借势拿到这顶大帽子。当然，从目前来看，处在我这种平台，这种想法在55岁之前无法实现，从而也就不可能实现。从物质收入角度而言，如果按照学校计划出台的"鉴湖学者"遴选与管理办法，我属于"鉴湖特聘教授"A类（目前与青年长江等类同，但以后政策也许调整），年收入为60万，还不包括重点学术工作量的奖励，这种待遇能让我安心学术，不会为了少量的校外收入无谓牺牲大把自由时间。当然，待遇留人而事业不留人，优秀的人才也留不住；何况，我的进一步发展，必须以平台作为支撑，现在处在事业发展的瓶颈期。综上所述，吸收叶老师的意见，2021计划的重点方向，就是先选择一所一所的高校，做创业型大学案例研究，在宣勇书记、马陆亭主任、龚放教授、叶老师等认可创业型大学理念的前辈带领下，一步一步架设理论与实践的桥梁。当然，如果我有足够的平台，2021计划原有主题仍然值得追求。

（2021年1月12日）

从师范院校到综合院校的教师教育模式研究 ①

我今天要汇报的题目是：从师范院校到综合院校的教师教育模式研究。这个题目研究的对象，就是针对具有师范教育传统的综合院校，如何利用师范与综合的双重优势，来培养基础教育师资的问题。现在，我从三个方面来陈述。

一、课题立项的背景

这个背景，也可以说是申报课题的重要原因。总体而言，至少有三点：

首先，教师教育的竞争市场已经形成。教师教育走向开放型培养模式，这是一个必然的发展趋势。在开放型条件下，师范生的身份优势已经不复存在。因为只要有教师资格证，谁都有机会当老师。而且，非师范生通过笔试、面试拿到教师资格证后，其学术性的综合优势具有更好的发展后劲。有一次，某位发达城市的小学校长就告诉我，他说，在教学技能表现大体相当的情况下，他们更愿意要那些非师范生。就以我们学校为例，在校生中师范生占到 1/4，他们比以往的师范生受到了更加严峻的考验。

其次，具有师范传统的综合院校在教师教育上未能体现双重优势。当前，培养中小学教师的本科院校主要有三类：一类是独立设置的师范院校，例如杭州师范大学；二类是具有师范传统的综合院校，例如临沂大学就是临沂师范学院转型过来的，我们绍兴文理学院则是由绍兴师专与绍兴高专合并的，后来又加入卫校、上虞师范学校等；三类是没有师范传统的综合院校，例如南昌大学等。从理论上来看，这些具有师范传统的综合院校，比那些独立设置的师范院校，在培养师资上具有更好的综合优势，不再被学界批判师范性有余而学术性不足；比那些没有

---

① 2016 年 9 月 22 日，为申请浙江省高校教学改革课题而在绍兴文理学院所作的汇报。不过，该课题在学校层面没有通过，此后，我再也没有报过教改课题。

师范传统的综合院校，在培养师资上具有良好的师范传统，教师教育文化气息浓厚，职业性向稳定。但是，当前具有师范传统的综合院校，在教师培养上既没有体现出现有的综合优势，也没有发挥原有的师范特色。这个问题，我们关注太少，值得研究。

最后，绍兴文理学院正在进行教师教育改革。教务处已经起草了一揽子教师教育改革的文件，准备对我校的教师教育进行大变革。我们这个课题，可以很好地对接学校改革，在实践中开展研究，在研究中推动实践。

二、课题解决的问题

我们准备赴几所具有代表性的同类院校进行调研，例如由岳阳大学与岳阳师专合并而成的湖南理工学院，在院系架构中找不到教育学院了，他们把教育学科类课程归到社科学部里了；再如具有师范传统的青岛大学，所有的师资培养都统归到教师教育学院那里去了；还有临沂大学，在院系构架中，既有教育学院，又有教师教育学院；又如从师范学院升格为综合院校的井冈山大学，其教师教育模式与原来一模一样，没有任何变化；等等。我想在梳理这些高校为何如此设置，以及存在哪些问题等方面之后，再来确定我们要解决什么具体问题。但就目前来说，至少有以下几个问题，值得关注：

第一是协调教育学院与专业学院在师资培养方面存在的冲突。在三级师范时期，高等师范院校的教育学院（系）主要培养中等师范的师资，如今，中师基本上完成了历史使命，退出了历史舞台，于是，本科院校中的教育学院便转而培养一线的师资。如此一来，在一所学校内部，教育学院与其他专业学院，都在培养相当学科的师资。例如，我校的人文学院在培养面向中小学语文教学的师范生，而我校教育学院也在培养同样的师范生。

第二是发扬师范院校的师范传统与特色。有人说，过去独立设置的师范院校，培养出来的师范生，看一眼就知道像个老师，这就是教师教育文化氛围的影响。现如今，具有师范传统的综合院校培养出来的师范生，有不少看着怎么都不像个老师，甚至连教学基本功都没有达标。

第三，体现综合院校的综合优势与特点。师范院校之所以要转型为综合院校，是有其理论依据的，那就是发挥综合院校的学术优势，培养专业功底扎实、学术视野开阔的复合型人才。二战以后，美国就没有独立设置的师范院校了。但是，我国具有师范传统的综合院校，在培养教师方面并没有发挥现有的综合优势。

第四，增强教育课程活力。一个数学教育专业的师范生，相对于一个数学专业的非师范生来说，他的专业特殊性就特在如何教数学上。也就是说，教师职业的特殊性，特在教学专业。而这个教学专业，是通过教育课程来培养的。当前，有多少师范生喜欢教育课程呢？连喜欢都没有，我们根本就不能指望这些课程对他们的教学专业有多大的帮助。显然，增强教育课程活力，是我们教师教育改革的核心问题。

三、课题研究的基础

这个基础，也可以说是这个课题申报的可行性分析。我的希望，倒不只是拿一个教改项目，而是真心希望做出一点事情来，也相信这个课题远远不只是停留在一个省教改课题的层面上。具体而言，至少有三点可增添我们做课题的信心。

第一，校本研究、行动研究。具有师范传统的综合院校在全国的数量非常多，存在的问题有个性也有共性，从而这个课题具有普遍性的研究意义。而且，我们学校就是一个典型的个案，有利于我们开展校本研究乃至行动研究。

第二，校院合力、团队合作。学校准备将教育学院更名为教师教育学院，并让教师教育学院与教务处一起来承担教师教育改革重任，从而这个课题就具有校院合力推动的实践基础。同时，课题组成员来源于两个方面：一是教师教育理论的研究者，一是教师教育实践的管理者，两者能互通有无，相互借鉴，共同研制出适切的教师教育方案。这种成员构成，一方面避免了教师教育管理部门基于管理立场，从短期或者本位的角度推进教师教育改革；另一方面，也避免了纯理论工作者基于学术理想，不切实际地提出自己的教师教育改革方案。就课题负责人来说，可以说我是最早在高校开设《教师教育学》课程的。只不过由于后来从二级学院调到学校机关，使得自己的教师教育研究中断了。

第三，名士之乡、教育之乡。一所地方大学，如果不充分利用地方特色与优势，在我国就很难真正崛起。我发现，绍兴不仅是水乡、桥乡、酒乡、书法之乡、名士之乡，更是教育之乡。有数据表明，绍兴学生的高考上线率和录取率高于省平均 10 个百分点左右，高分考生和考入北大清华等名校的人数名列全省前茅；在省高中各学科奥林匹克竞赛中，绍兴市获一等奖人数占省 1/3 左右。在绍兴历史上，历代出过 2238 名进士，27 名状元；中华人民共和国成立后，截至今天，绍兴籍两院院士有 69 位之多。名士之乡背后是什么呢？毫无疑问，是教育，是教师。在这样一个教育之乡，我们相信明天绍兴大学的教师教育一定能够出彩，不只是培养省内生源，在全国高考再度恢复统一之后，我们还能面向全国培养师资。如此看来，我们不仅有这样的文化氛围办好教师教育，而且我们也有责任办好教师教育。

关注栏目建设　融合年度主题①

从年度组稿重点而言,我要提的肯定是我现在研究的,并不是我如此气量狭小,而是我认为这个问题很重大,是中国高等教育管理体制改革的破冰之旅。中国高等教育面临的主要问题是什么呢? 其实,章开沅先生概括得很好了,就是"两个回归:一是回归大学主体,一是回归教育本性"。朴素一点说,就是大学要能依法面向社会独立自主办学,大学要能做到以育人为本回归教学育人属性。解决这两个回归,创业型大学就是最佳选择。当前,创业型大学本土化的实践之路,要以应用型大学作为第一个发展阶段,然后自然过渡到名副其实的创业型大学。只要一所大学成功了,其他大学就会跟随,中国大学就有望了。三言两语难以说清楚,许多学者也不会认可,因此我还是从期刊立场谈谈个人看法。

从读者、作者身份转换到编者、期刊的身份,我能理解当前教育期刊竞争异常激烈,尤其正处在从一般至核心、从北核到南核升级阶段的期刊。对准考评标准,努力攻坚克难,这是普遍做法,也是最佳路径。同时,期刊也在自觉不自觉地参考兄弟期刊做法。我以为,有些做法可以学习,有些做法不一定对路。例如,年度组稿重点建设,包括热点前沿探讨,许多期刊都在做,但在实际执行时,并不一定能够较好执行。理由在于:第一,研究难有预期,是否属于前沿也不是某个人说了算,关键看如何写、写得如何,尤其是站在期刊层面,更难事先预料会有哪些成果投过来,除非站在某位学者立场,他已经知道接下来这一年他要做什么研究,但是,办期刊绝对不是针对某一个人,而是针对某一件事;第二,研究追求永恒,(当然,这个永恒是相对的,连地球都有寿命,自然不会存在绝对的永恒。)每年跟踪的热点主题研究,若不能从长远、根本或者普遍角度进行探讨,

---

① 受邀担任国内某核心期刊 S 审稿人,并要求我对该刊年度组稿重点提提意见。考虑到连续收到几封信件,便写了该篇短文。

也就不是理论研究，显然，这样的热点研究自然能够融入相应的长期栏目中；第三，从刊文角度而言，论文质量是第一标准，尤其那些经得起历史检验的文章，或许对期刊的帮助更加长远与巨大，而那些思想深度不够的热点主题文章，过几年之后就淹没在一大堆无人问津的同类文献中；第四，真正一流的期刊与主编，不是跟着社会上流行的东西在做研究，甚至可以引领研究的方向。

那么，是否意味着我不主张关注组稿重点与热点前沿探讨？不是。我的观点是，重点关注栏目建设，尤其致力于打造名栏。长远、特色、贡献，应该成为这种名栏的三个关键词，常抓不懈。所谓长远，就是这个栏目是可以较长时间设置下去的，是需要学界持续不断研究的，例如教育管理体制，就是一个影响教育改革与发展的根本性、长期性问题。所谓特色，就是这个栏目要成为品牌栏目，从而这种栏目设置既要小口径切入，又要别有洞天，形成一个小入口的大世界或者小帽子的大巨人。办期刊要相对稳定栏目，有些属于特色栏目，也有大量非特色但常设栏目，这些栏目同样以论文质量决定其影响度。所谓贡献，就是这个栏目要从社会贡献角度来设，力争在理论建设或者实践指导上产生重大影响。我在《中国教育报》当过记者，虽然时间不长，但体会到了抓栏目的难度。因为办刊质量，取决于稿源质量。没有优质稿源，巧妇也难为无米之炊。但是，没有哪件事情，是容易做成功的，办刊也是一样。

当前，我们的期刊在栏目设置上还可以进一步凝练，寻找出特色栏目，确定常设栏目（这些栏目要涵盖面广，支持刊名却又相对独立，统合起来能够体现教育管理的方方面面。不一定每期都开，主要根据现有稿源质量而定）。事实上，非特色性的常设栏目，包容性与涵盖力非常大，许多年度热点问题、相关学术前沿问题，都可以融入进来。从这个角度而言，我主张长抓栏目建设，以论文质量作为主要标准，相应的年度热点问题统合到栏目中，而不是相反。同时，可以向那些学术活跃的学者约稿，打造名栏；或者在确定热点或者前沿问题的基础上，向名流约稿。刊载论文真有引领性、启发性或者收藏价值，无论外部如何评价，学术认可度迟早会起来的。

当然，如果硬要列举一些年度组稿重点，我可以沿着我关注的创业型大学，从如何推进创业型大学建设的角度，先提这么几条：第一，科研管理体制改革，破"四唯""五唯"，是一个长期问题；第二，地方高校办学自主权，如何办出院校特色、赋予地方高校更大的道路选择权，是一个可以尽可能争取一点一点突破的问题；第三，大学教师学术创业管理，学术创业是一个无法避免的趋势，国家在努力推动，但高校却显得冷淡，如何引导大学教师顺利学术创业，于国家于社会于大学乃至于师生个体，都是有益的，这是一个值得特别关注的现实问题。

只要明确方向，知道目标在哪，路径就不难找。

个人孔见，仅当学术交流，不当之处请包涵！

（2019 年 11 月 27 日）

高校科学研究与社会服务自主权约束机制研究报告 ①

高校的办学自主权不断扩大，这是一个必然的趋势。时至今日，高校已在内部机构设置、职称评聘、财产管理与使用、学科专业调置、教师招聘、科学研究与社会服务等许多方面，获得了较大的自主权。在深化高等教育变革的过程中，高校的办学自主权还将得到进一步的增强。在这种情况下，高校如何使用这些自主权，规避权力下放之后的风险，就成为需要我们特别关注的实践课题。在调查研究的基础上，本文主要从科学研究与社会服务自主权出发，梳理当前高校在这项自主权扩大之后存在的主要问题，并为解决这些问题提供相应的政策建议。

一、高校获得科学研究与社会服务自主权的表现及成绩

《高等教育法》第三十五条规定，"高等学校根据自身条件，自主开展科学研究、技术开发和社会服务。国家鼓励高等学校同企业事业组织、社会团体及其他社会组织在科学研究、技术开发和推广等方面进行多种形式的合作。国家支持具备条件的高等学校成为国家科学研究基地。"2015 年 12 月 27 日第十二届全国人民代表大会常务委员会第十八会议通过了《高等教育法》的修改草案，对这一条没有任何变动。这就表明，我国对高校增强科学研究与社会服务自主权的基本政策没有变化。从实际情况来看，高校的这项自主权落实得比较好，具体表现在如下几个方面：

其一，高校能够自主地开展科学研究。当前，高校拥有科学研究的自由，大学教师可以自由自在地从事自己的学术创作。无论是个人与个人之间的共同探索，还是组织与组织之间的合作研究，抑或与国外或者境外的学术协作，我国高校均享有相当大的自主权。可以说，百舸争流的学术竞争局面在我国高校及其教师之

---

① 本文是我为完成某参与课题而撰写的调研报告，修改后发表在《教育与考试》2017 年第 5 期。

间已经形成。

其二，高校能够自主地开展学术评判。评价一位大学教师的学术水平，无论是聘请同行评价，还是校内自行评价，高校都拥有了充分的自主权。例如，浙江省内高校的教授职称评审，基本上还给高校自己了；科研成果的量化标准与奖励体系，各个高校可以自行制定，每年年终核算教师的学术业绩时，都是高校根据自己的标准进行量化的；在一定范围内裁定教师的学术职业道德、根据学术业绩向外报送各种优秀人才，都是高校自己的行为。可以说，在一所高校内部，学术事务工作基本上做到了由学校自己做主。

其三，政府层面的某些学术评比工作让渡给了高校。在我国高校，政府不仅属于上级管理部门，而且是办学经费的主要支出方。因此，高校对政府的依赖性很强。长期以来，政府发布的各级科研课题，就成为高校及其教师们竞争的一个重要领域。近来，政府将某些科研课题，按照一定的基数与比例下放高校，由高校自己组织评审，然后再报政府部门备案，就是增强高校科研自主权的重要表现之一。随着高等教育管理体制改革的不断深化，高校的这项自主权将会获得更大的发展，高校自主决定校内教师获得政府课题的范围、力度会越来越大。

其四，高校及其教师使用科研经费的自主权逐渐扩大。长期以来，高校教师开展科学研究，受到的最大约束便是如何使用科研经费，这也成为政府纪检部门监控高校这个学术组织的主要领域之一。但是，随着中共中央办公厅、国务院办公厅《关于进一步完善中央财政科研项目资金管理等政策的若干意见》（中办发〔2016〕50号）的贯彻落实，高校科研经费的尖锐矛盾将在很大程度上缓解，高校及其教师使用科研经费的自主权将得到较大的提高。该文件提出，针对中央财政科研项目资金管理，将在五个方面扩大高校的自主权：（1）简化预算编制，下放预算调剂权限；（2）提高间接经费比重，加大绩效激励力度；（3）明确劳务费开支范围，不设比例限制；（4）改进结转结余资金留用处理方式；（5）自主规范管理横向经费。

其五，高校及其教师可以自主地利用学术所长直接服务社会。作为现代大学的三大社会职能之一，服务社会已经成为大学教师履行大学使命的新方向。现如今，高校可以直接推广自己的研究成果，可以与社会合作开发科研产品，大学教师可以直接从事各种横向课题；等等。早在 20 世纪 90 年代末，中国工程院院长周济在担任华中理工大学校长时就提出：一位不从事教学的教师，不是真正的教师；一位只教学不搞科学研究的教师，成不了一流的教师；一位不能将研究成果转化为生产力的教师，是跟不上时代发展步伐的教师。这三句话，非常精辟地概括了大学教师的三大职能。当前，许多重点大学评价教师，在过去的教学与科研"两个中心"的基础上，已经增加了直接服务社会的项目。于是，利用学术专长服务社会，不仅成为大学及其教师们的自主选择，而且甚至成为一项基本职责，推动不少高校的教师投身社会实践，积极转化科研成果。

二、高校增强科学研究与社会服务自主权之后存在的突出问题

高校是一个学术组织，以研究、传承、推广与应用高深学问作为使命。这样的组织使命，到底如何发挥最大效用，理应只能由高校自己来决定。确实，高校在增强科学研究与社会服务自主权之后，大大释放了高校及其教师们的科研活力，产生了巨大的社会反响。例如，2015 年度国家科学技术奖三大奖中，全国共有 120 所高校作为主要单位获得了 174 项大奖，占通用项目总数 233 项的 74.7%。尤其在基础研究、重大原始性创新研究领域，高校继续保持领跑优势。2015 年，高校获得国家自然科学奖一等奖 1 项、二等奖 33 项，占授奖项目总数 42 项的 81%。但是，从调研情况来看，随着高校科学研究与社会服务自主权的不断增强，一些危及高校可持续发展甚至和谐稳定的因素逐渐浮出水面，需要高校形成相应的约束机制，保证高校用好这些自主权。在此，本课题主要针对三项较为普遍且突出的问题，予以分析。

（一）高校的科学研究与社会服务存在着选题零散的现象

无论是一所高校的主要研究领域，还是该高校大部分教师的研究方向，既不能对接国家经济或者社会区域发展的需要，也不能形成自身稳定的长期的研究特色。也就是说，高校科学研究的随意性过强、稳定性不足、零散性明显，体现不出一所大学的学术规划蓝图与社会服务使命。具体而言，这种现象主要表现在以下几个方面：

1. 学科规划有方案但未落实。国内每一所本科院校，都在开展学科建设。学

科建设的重要作用之一，正是凝练学校的科研领域，集中力量创建学科高峰，避免教师们过于随意散漫地开展科学研究。可见，高校并不缺乏科学研究的选题自觉意识。只不过，许多高校的学科建设，仅仅成为应对全国高校学科建设热潮的一场闹剧，有着表面的教师组队，却无法调动教师们围绕既定的方向开展科学研究。最后，这种学科建设活动也只是高校资源重新分配的一种途径而已。例如，某高校的一个一级学科属于校重点建设学科，确定了四个研究方向，每个方向都有一支职称结构与年龄结构合理的学术梯队，但是，任何一个方向的教师们，都没有把自己的主要研究精力投放在既定的学科研究方向上，而是根据自己的兴趣爱好以及工作需要，开展自己个性化的科学研究。在学科检查之际，该学科把各位教师的成果汇总起来，居然也能通过验收。显然，这样的学科建设，根本没有达到约束高校科研选题的目的。

2.科研奖励重形式不重内容。高校教师的收入来源，主要有三大块：一是政策范围内所有大学教师都能正常获得的工资性收入，这一块的收入差别不大；二是教师们从校外获得的且不与教师所在学校发生关系的收入，例如校外讲座、影视著作的版税、科研成果转化收益等；三是教师们依托自身所在高校开展科学研究与社会服务所获得的收入。在第三大块中，又有一块是高校对教师给予的学术奖励。在调研中我们发现，许多教师开展科学研究，正是冲着学校的科研奖励进行的。例如，在权威期刊上发表一篇学术论文，给予多少资金的奖励；主持一项国家级课题，学校给予多少资金的奖励；等等。但是，高校的这些奖励，普遍不会考虑成果的研究内容，是否与学校的战略重点相吻合，只需看成果的等级。如此一来，教师们的学术追求，就不会瞄准学校的战略目标，或者说学科发展方向，只会关注如何发表高层次的论文，如何获得高级别的科研项目等。

3.职称评聘重业绩不重方向。办大学，就是抓师资。一所大学的师资队伍建设，虽然工作千头万绪，但有三点最为重要，即：人才招聘、职称评聘与教师福利。可以说，这是一所大学培育教师的三个基本环节。①自从高校获得教授评审权之后，各高校更有条件自主培养、选拔与发展师资队伍了。可是，从目前来看，高校教

①　详见拙著《大学教师的培养与成长》，中国社会科学出版社，2010年版，第171至225页。

师的职称评审以及岗位聘任，主要是考量教师们在前一个任期内总的学术业绩，而不会去分析该教师的研究方面与学术特色。例如，某校两位教师竞聘一个二级教授岗位，相比于教师乙，教师甲没有非常明确的研究领域，所有的成果分散在众多的研究方向上，而且这些研究成果大多不能纳入学校的学科建设成果，但是，他比教师乙的学术业绩总量要多，最后，评委会几乎不假思索地将这个二级教授岗位给了教师甲。这样做的后果，就是引导教师们只追求学术成果的数量与质量，亦即"重'量、级'，轻'质、效'"①，而不太会关注学术研究方向的稳定性、吻合性与专一性。事实上，不少高校在引进人才时，同时会犯重业绩不重方向的招聘误区，导致许多教师来到学校后难以融入学科，不能很好地为学校的战略发展目标添砖加瓦。最后，在这所高校，优秀的个体教师非常多，但没有形成较有影响力的学科团队，没有体现出学校的学科发展特色。

（二）高校的科学研究与社会服务存在着权力寻租的现象

近年来，"去行政化"成为高等教育改革与发展的一个关键词。这就表明，高校的行政化取向非常明显，严重危及了高等教育的学术生命线。处于社会大系统中的高等教育子系统是这样，那么，一所高校内部的文化必然也是如此。确实，在我国众多的高校尤其是地方院校中，行政权力要高于学术权力。在某些地方高校，甚至出现多名教授竞聘行政机关副处级岗位的现象。黑格尔曾有一句名言——"凡是现实的都是合理的，凡是合理的都是现实的。"在作为一个学术文化重地的高校，之所以出现对行政领导岗位趋之若鹜的现象，关键原因在于这种现象的存在具有合理性。试想，当资源都掌握在行政领导手上且很难做到唯学术水平论高低的公平竞争之际，教师们便将学而优则仕甚或仕而优再学作为高校学人的生存与发展之道。一位学术能力平庸的教师，只要走进了行政的舞台并唱好了戏，就能在很短的时间内让自己的学术成果丰硕起来；一位学术业绩丰硕的教师，只要能够站在行政舞台的中央，利用各种外力就能让自己的学术业绩大放异彩。这样的大学文化，自然诱惑教师们热衷于在高校担任各级领导。这种文化的实质，就是权力

---

① 张得才、龙春阳：《浙江农林大学科研激励新政的现状、问题与完善策略》，载《科学管理研究》2014 年第 3 期。

寻租。在此，试将高校较为普遍且具有代表性的权力寻租现象梳理如下：

1. 基于个人利益制订学术评价标准。在营销界早就流传着一句话——"一流企业做标准，二级企业做品牌，三流企业做产品。"近来，我国高等教育学界研讨世界一流大学的标准时，亦有学者提出：中国要成为世界一流大学，就要有资格参与一流大学标准的制订。在一所大学内部，要在学术竞争中获胜，同样要抢占标准的制订权。例如，某高校校领导凭借自己较好的人脉关系，大大提高某种奖项的奖励力度，让一般的教师无法企及；某高校处长竭力让自己较为熟络的某杂志成为学校的 A 类期刊，从而使自己有更多的机会获得更高的奖励；某二级学院的领导凭借自己的社会关系，修改面向社会开展培训的奖励条款，从而让自己在争取到这项培训业务时，个人能够获得更大的收益；等等。

2. 依靠垄断信息资源让自己或者亲近的人获益。高校的办学自主权增强之后，政府层面的不少项目直接委托学校评审，尤其那些不属于常规性的项目，许多教师并不知情。在这种情况下，有些高校的领导干部，利用自己先知先觉的优势，采取信息不予公开或者推迟公开的方式，最后让自己或者亲近的人获得学校的推荐。例如，某高校获得了某部委的项目研究机会，但该校最终没有发布信息，直接交给一位很难胜任该研究的领导干部来主持，在获批后，该领导再委托若干教师来帮其开展研究工作。又如，某高校在将参加教授职称评审的教师代表作送到校外专家评阅时，有些领导干部暗中为自己或者亲近的人向专家打招呼，而一般的教师则无法知道代表作送往何方。

3. 借用高校办学资源谋取个人学术业绩。在高校众多的机关管理部门中，科研管理部门是教师们最想去的地方之一。这是因为，这里不仅有制订学术评价标准的权力，而且容易打通校外的各种学术关系。在众多高校的科研管理部门，有着大量的科研运作经费，实际上正是攻关费用。但是，这些费用不是为全校教师而备，只是为了特定的某些领导或者领导亲近的个别教师而用。例如，一所学校申报上级政府的重大奖项，总是有一定名额限制的，在这种情况下，学校的科研管理部门努力的方向，就是保证某些领导或者与自己打过招呼的教师，能够获得这些奖项。至于其他的教师，他们就爱莫能助了。又如，在不少高校尤其是地方高校，许多领导干部利用公共资源开展个人的科学研究，但是，这些公共资源，主要是实验仪器尤其是易耗性材料，不像图书馆里的文献资料，其他专任教师是没法免费使用的。再如，一位在高校担任重要领导岗位的教师，依靠行政力量约束着大量的专任教师为其开展科学研究，皆是权力寻租的重要表现形式。

4.伪造学术业绩而让某些领导干部获取学术收益。如果说，前面的许多学术寻租行为，教师们哪怕获得知情权也很难改变的话，那么，这里的学术寻租行为，则是只要有确切证据就有机会揭露腐败。例如，某高校在评教授时，一位没有任何学术业绩且从未参评过副教授的党委副书记，居然成功评上了教授。又如，某高校推荐某校领导入围某种人才工程，为了显现更多的学术成果，该校科研管理部门为其伪造学术业绩。可见，高校在科学研究与社会服务上获得更多的办学自主权之后，有大量的机会让那些掌握科研管理权力的领导干部谋取私利，出现权力寻租现象。

（三）高校的科学研究与社会服务存在着盲目决策的现象

高校办学自主权是一把双刃剑，既能激发高校的科研创新活力，也容易导致高校的决策失误，最终影响到高校的办学效益。这种决策失误，与前面的基于个人利益不同。决策者的出发点是好的，本是想推动学校组织更好更快地发展，但由于考虑到的问题不全，主要矛盾与次要矛盾没有协调，甚至拍脑袋决策，最终导致决策错误。尤其在我国高校目前的行政文化中，办学自主权越大，决策失误的可能就越大。这是因为，虽然我国高校实行党委领导下的校长负责制，在制度设计上属于"委员会制"与"首长负责制"相结合的"混合型"权力运行的体制机制，[①] 但在实践中，我国高校的内部权力运行符合"首长负责制"的组织决策特征。在高校，校长与党委书记两位主要领导，因个人能力、性格取向等因素影响形成了"哥俩好""强弱型""对峙型"等权力博弈关系。于是，只要一方强势，其他各位校级领导尤其是中层干部则转为沉默甚或顺从，大学的重大决策，往往最后演变成一个人的断想。在这种情况下，那些执拗的主要决策者既有可能因敢为人先而作出重大业绩，也有可能因第一个吃螃蟹而惨遭败北。在科学研究与社会服务的盲目决策上，高校主要存在那么以下几种现象。

---

① 张晓冬著：《高等学校内部权力制约机制研究》，中国社会科学出版社，2016年版，第194页。

1. 凭个人经验设想的学科发展规划。一所大学的学科发展规划，就是谋学校长远的科研规划。如果这种规划出现重大失误，影响的不只是学科建设经费的损耗，而会使学校偏离正确的前进方向。这是因为，搞学科建设，要引进与培养教师，还要挤占其他学科的有限资源，如果若干年以后才能发现，这种学科建设方案不符合学校的发展道路，那么，扭转过来就不是那些办学经费所能解决的。例如，某高校来了一位从事建筑专业的知名学者担任校长，有些中层干部提议在学校开办建筑学院，让这个学科专业成为学校的品牌。三年来，学校投入了大量的人财物，还引进了好几位作为学术方向带头人的教授。可是，该学院刚刚具备雏形，该校长就调走了。尤其这个学科专业建设成本高，在该城市又不具备地域优势，引进的几位教授谁也不服谁，最后这个学院还是撤销了。

2. 一掷千金来资助某项研究。在轰轰烈烈的学科建设热潮中，不少高校确实在谋划重大的科研突破，达到"不鸣则已，一鸣惊人"的效果。这种组织推动的科研行为，既有有利的一面，那就是集中有限资源去做最值得做的事情，但也会带来不利的一面，那就是科学研究具有不确定性，行政力量主导的科学研究变成了一种风险投资。例如，某地方院校的一位博士，长期从事水稻育种栽培研究，在许多场合，他都力求请求学校给予资助，认为自己就差一步能够成为袁隆平第二了。确实，该教授治学严谨，待人诚恳，深受师生喜爱，而且也产出了一些成果，颇有发展前景。后来，在该校某领导的倡导下，学校为他成立了一个研究中心，然后投入了大量的资助经费，引进人才，增添设备。但是，几年过去了，研究仍然没有取得突破性的进展，导致相关的学科教师对此愤愤不平。

3. 不顾风险来开展校本学术创业。当前，"大众创业，万众创新"成为新时期社会改革与发展的重要风向标，高校也纷纷举起"创新创业"的旗帜。自21世纪以来，先后有福州大学、南京工业大学、浙江农林大学等一批全日制本科院校，明确提出过走创业型大学的道路。有些创业型高校，甚至主张以学科公司的形式自己创办实业，孵化并推广自己的学科产品。但是，创业是有风险的，在国有企业普遍缺乏市场竞争力、校办企业纷纷关门的大环境中，创业型大学是否要由自己来创办实业，确实是值得认真论证的重大决策。如果仅凭某位领导的好恶与经验来创办实业，或许会带来巨大的资产风险、办学风险。

三、高校科学研究与社会服务自主权自我制约的政策建议

从上面的问题梳理可以看出，高校在科学研究与社会服务上的自主权越大，带来的风险与隐患也就越大。但是，增强高校的办学自主权，具有必然性，也有其必要性。高等教育改革与发展的总体方向，只能是不断下放办学自主权，增强高校的学术创新活力。因此，对高校来说，既要争取更多的办学自主权，同时又要加强自我约束，通过制度设计来规避因权力扩大之后的错误与腐败等众多问题。如果政府能够看到，在办学自主权不断下放的过程中，高校有相应的规章制度来保证这些权力健康运行，那么，政府就会源源不断地将办学自主权归还给高校。至于高校如何通过制度安排，增强自身在行使科学研究与社会服务自主权上的自我约束能力，实现权力的有效制衡，则是一个牵一发而动全身的系统工程。可以说，当学校领导仍然需要通过科学研究来谋取名利、教师们热衷通过行政平台来扩充学术人脉、高校的行政体系缺乏平等民主与以人为本的文化，那么，要让高校自身来实现权力有效约束是非常遥远的。显然，营造这样的文化，仅仅依靠高校是不够的，有赖社会整体文化的推进。正如有文研究指出的，大学的治理模式在很大程度上取决于大学与国家（政府）的关系类型。[①] 鉴于此，本课题仅从以上调研中三大突出问题出发，试从高校内部权力约束机制的角度，提出解决这些问题的政策建议。

（一）关于增强高校选题自觉的政策建议

理由：现代大学，作为一个独立法人，必须强调投入与产出。从而学者们的研究，不再完全是闲适的自由，必须体现大学组织的战略目标。同时，一所大学的资源总是有限的，只有集中资源，才能凸显亮点，形成特色。因此，对一所大学的科学研究与社会服务来说，首先就要做好学科布局，确定研究重点领域，选择需要重点支持的研究。也就是说，要确定研究的领域，选择该做什么与不做什么。在"双一流"建设的今天，确定研究领域，集中人财物力，长期跟踪推进，显得尤其重要。

措施：第一，制订长远的学科发展规划，由此确定学校重点发展的研究领域，

---

① Yaroslav Kuzminov；Maria Yudkevich；韩梦洁：《横向学术治理与纵向行政约束的博弈——俄罗斯大学治理模式变革案例分析》，载《中国高教研究》2016 年第 5 期。

保证全校所有教师都有自己稳定的研究方向；

第二，完善学科建设的评估方案，只有符合既定研究方向的科研成果，才能纳入学科建设业绩，不符合既定研究方向的成果可视为学者业余的学术兴趣追求。最佳的学科建设方案，能够做到不管下一任高校领导是谁，都能一如既往地执行，不会因为更换学校领导而轻率地调整原有方案；

第三，在开展职称评聘、成果奖励等工作时，学校只需教师们按照既定的研究方向提供学术业绩，其他的科研成果仅供参考；

第四，在引进人才时，重点关注其研究成果以及学术志趣，是否与现有的学科发展方向相吻合，甚至可以考虑将人才引进的优先选择权与主要决定权交给学科负责人或者学科方向负责人。

（二）关于防范高校权力寻租的政策建议

理由：古今中外任何一场大规模的战役，从来不是某位将军单枪匹马冲出来的胜利，而是依靠全体战士的努力而赢得战争。将军的作用是指挥作战，最终决定胜负的依靠力量还是士兵。士兵强，军队强。这与办大学的规律也是一样的。如果一所大学的学术声誉，仅仅依靠几位校领导或者中层干部，那么，这所大学真实的办学水平绝对不可能高到哪里去。只有教师们的整体学术水平上去了，这所大学的学术影响力与竞争力才能真正上得去。然而，本研究报告第二部分所列的种种权力寻租现象，只会导致极少数的领导干部获得更多的学术胜出机会，不利于广大教师的公平竞争，严重抑制了高校教师的积极性与创造性，自然不利于学校科研实力的真正提升。因此，高校科学研究与社会服务中的权力寻租现象，必须予以抵制，尽最大可能地减少这种现象的发生。

措施：第一，无论是校级层面还是二级学院的规章制度、评审方案、奖励办法等，都要通过合法的程序来制订，并在相应的范围里予以公开，亦即"规范权力运行的程序"[1]；

第二，严格遵循《高等教育法》（2015年修订版）第四十二条规定，健全高

---

① 赵丽娜：《共同治理视野下的美国州立大学内部权力制约机制——以弗吉尼亚大学为例》，载《高教探索》2016年第3期。

校学术委员会的运行，体现现代大学制度"学校自治、教授治学、校长治校、科学管理"[1]的基本特征；

第三，在向外报送校内评审出来的课题、奖项、人才工程人选、优秀教师名单等时，需要在全校范围内予以公示；

第四，高校中层干部在任期内，按照职员岗位进行考核，针对"双肩挑"教师增发一定的补贴，不再对其学术业绩进行额外奖励。在至少一个任期结束并返回教师岗位的中层领导干部，可享受半年至一年的学术假，同时可以直接聘任担任领导职务前的专业技术岗。

以上是高校内部能够做到的。事实上，要真正防范高校的权力寻租现象，还必须从外部着手，从整个高等教育管理体制着手。例如，大学在享有真正独立法人的前提下，应该淡化行政级别；大学校领导任期优劣的评价权，应该交给该校教职员工与学生；减少高校副职校领导职数，大幅度地提高高校校领导的待遇，争取达到该校最高教授收入的二至三倍；校领导从事学术研究，属于个人的业余兴趣爱好，不得再利用学校资源申报各级课题、奖励、人才工程等，凭兴趣获得的科研成果不享受高校的额外奖励；等等。

（三）关于规避高校盲目决策的政策建议

理由：我们不能保证所有的决策都是正确的，但至少要避免显而易见的决策失误。当前高校，之所以出现这类决策失误，在很大程度上还在于高校个人权力过大，无法体现民主决策。例如，一所并不富裕的公办大学建设奢华的校门、一所地方院校耗资千万元来做一个发展规划，等等，都是决策失误的表现。一所大学，放眼望去，可以看到尽头；闭上眼睛，大事小事全在脑海；屈指一数，张三李四王五全然了解。在一所地方院校，虽然具有市厅一级的级别，但只有县区一级的财政、乡镇一级的人口。而且，人口来源相对明确，价值追求相对统一。可以说，办大学，并不复杂，如果说有更复杂的事情，我们也能让他们变得简单。[2]因此，在大学，不应该出现类似明显的决策失误。

---

[1] 王冀生：《现代大学制度的基本特征》，载《高教探索》2002年第1期。
[2] 详见付八军著：《理想的大学——教育学术信札》，浙江工商大学出版社，2015年版，第7页。

措施：第一，理顺并完善以制约权力为目的四项制度建设，分别为：大学章程、"三重一大"决策制度、信息公开实施办法、风险预警防控办法；

第二，理顺并完善以民主决策为目的四大会议规则，分别为：党委会、校长办公会、教代会、学术委员会。

虽然权力寻租与盲目决策有所区别，前者基于个人利益，属于主观故意，后者基于组织利益，属于主观无意，但是，他们的本质是一致的，都是权力不受约束的结果。可以说，只要有权力寻租的现象发生，就有出现盲目决策的可能。不过，在发挥领导个体能动性与创造性的前提下，有效地规避他们的违规以及盲目行为，要求我们不断完善高校内部的自我约束机制，更需要我们推动高等教育的整体改革。

第三部分　浙江教育

浙江需要什么样的教育 ①

认真拜读了《浙江教育现代化 2030：重点领域任务》，学习了许多勇于改革或者富有创见的政策主张。例如，"逐步实现公立幼儿园 1 至 3 年免费教育""实现学生自主申请选择学校，高等学校自主招生""改革（甚至逐步取消）高中入学考试……"，体现了浙江敢为天下先的勇气。又如，"建立国家课程、地方课程、校本课程、班本课程和生本课程五位一体的课程体系""倡导先学后教，以学带教，翻转学习，……""提高教师准入门槛，建立不合格教师有序退出机制，合格教师自然晋升与越级晋升相结合的职称职级制度""建立起高师院校与中小学互通的用人机制，使高师教学法教师到中小学挂职锻炼，使中小学教师赴高师课堂任实践导师""建成学分银行和个人学习账号，畅通继续教育、终身教育通道""实现在家学习的规制化""家庭教育法治化，各级家长需取得家长学校结业证书"，把最新理论研究成果、个别学校特色做法或者国外成熟经验援引过来了。如果只是照抄照搬各级政府现存的教育文件，这些内容是很难体现出来的。可见，这份初稿体现了我们基于理想而不是囿于任务来完成这份文件，甚至寄望这份文件能够点燃浙江 15 年后的教育梦。但是，作为初生的第一稿，该方案还有许多值得探讨的地方。在此，我试从三个层面，谈谈自己感性的认识。

一

该初稿从十二个方面来论述，开门见山，直奔主题，这与我们平常普遍所见的教育文件不尽一致。例如，《国家中长期教育改革与发展规划纲要（2010—2020 年）》从序言、总体战略（包含第一章"指导思想与工作方针"、第二章"战略目标与战略主题"）、发展任务（包含第三章"学前教育"、第四章"义务教育"

---

① 2017 年 3 月 25 日，在阅读《浙江教育现代化 2030：重点领域任务》初稿之后所作的书面回复。

等8章）、体制改革（包含第十一章"人才培养体制改革"等7章）、保障措施（包含第十七章"加强教师队伍建设"等6章）5个部分共22章来论述。然而，我们这个文件，则是从"全方位建成国内教育高地"（质量高地视角）、"基本建成公平公正的立德树人教育普惠体系"（教育短板视角）等12个方面，直接论及我们浙江的教育应该是什么样子，或者我们浙江的教育将要如何开展改革。从这一点本身来看，没有什么不好，在我看来反而是一种创新。何况，本文件题为《浙江教育现代化2030：重点领域任务》，明确了我们只是关注重点领域任务，从而不需要像其他教育文件那样，讲求从指导思想、具体任务、保障措施等类似的框架体系出发。但是，这个框架，还是有讨论的必要，理由在于：

其一，我目前还理不出这十二条之间的逻辑关系。全文我看了三遍，这个目录我看了十遍以上，但是，我还理不出这十二条按照什么逻辑排列的。它们之间既不是总分关系，也不是并列关系。仅从文件名称来看，我们可以只需关注重点领域任务，从并列关系来理顺这十二条，但要让读者（具有相应理论修养或者实践经验的读者）能够清晰地看出各条的相对独立性。写文章就像治国，在外显特征上，"框架"是第一位的。大的布局没有处理好，里面的东西再好，都会让人感到疲劳。当然，或许是我还没有悟透课题组的设计思路，从而把握不了这十二条之间的内在逻辑关系。如果课题组能够非常轻松而又明白地讲出其中的关系，让别人知道这样设置的必要性与合理性，那么，我所提的逻辑关系问题就不存在了。

其二，可以不受国家条条框框的限制而大胆假设。看了向专家征求意见的表格，我感觉这个框架是依国家层面的框架而制定。例如，我们的第一点"全方位建成国内教育高地"，对应国家层面的"持续提升教育质量"；我们的第二点"基本建成公平公正的立德树人教育普惠体系"，对应国家层面的"全面提升教育普及水平"；等等。首先要肯定，这种思路非常好，体现中国特色。但是，国家层面的表述相对简约一些，人们从这些条目中容易抓住要点，很快获悉全部条目之间的逻辑关系，而从国家层面到我省的这份文件，经过学者的学术化改造，尤其是在增加不少定语的前提下，条目呈现的关键词模糊了，条目之间的关系模糊了。事实上，国家层面的"教育现代化2030"，在这十个条目下可以装许多东西，甚至教育领域的所有问题，都可以找到相应的条目。显然，这个文件的条目不是各个省级区域制订文件的指令性条目，因为每个地方教育的重点领域任务不尽一致。因此，在制订我省"教育现代化 2030"时，可以在条目上大胆创新，突破国家层面"教育现代化 2030"的条目设置。

其三，现有框架容易造成重复论述。由于十二个条目之间的界限不是一目了然，从而在论述时容易出现重复现象。例如，从条目上来看，第五条"基本建成学有所教的全民终身学习体系"，与第十二条"探索基于终身教育和个体可持续发展的学制改革"，虽然落脚点不尽一致，但在表述上让人觉得都是针对终身教育的问题。又如，从内容来看，第二个条目（第 15 点）中提到了"高等学校自主招生"，但在第四个条目（第 26 点）又提到"学生自主选择高校和高校自主招生"。如果条目简约且边界分明，那么，类似于以上的现象就可以减少甚至避免。

二

提意见容易，但真要让自己来写，就不容易了。这一点，我们都很清楚。因为我们就是通过写各种文件成长起来的。在现有的基础上，要去寻找价值依据，重新谋篇布局，难度还是比较大的。为此，在保留以上变革性意见的基础上，我再提另一条完善性意见。

一方面，完善条目，能让读者较好地理解篇章结构。作为目录，这些条目不宜太长，甚至所谓的学术性可以谈一些，政策性强一些。同时，在国家层面基础上增加的条目，要体现自己的相对独立性，否则就可以将相应的内容纳入其他条目下面。例如，第十条"以智慧教育强省为目标推动教育教学方式革命性变革"，从条目本身来看，似乎可以归入第四条"有效建成以学促教的内驱型教育教学体系"之中。那么，如何让我们的条目更加简约明了呢？这确实是需要费脑筋的。如果要尽量对接国家文件的条目，就目前想到的完善策略来看，我觉得我们可以关注以下几点。第一，减少修饰词。减少修饰词，并不是不需要作为定语的修饰词，而是尽量精简。因为作为目录的条目，只是引导我们去关注这个方面，真正要做的事情以及要达到的目标，还是体现在相应的内容中。例如第六条"建立人才培养预测体系和学有所成的人才质量保障体系"，至少"学有所成"这个定语没有太大的意义，因为本来就应该"学有所成"，而且提得很普遍，不具有敏感性，产生不了吸引力。第二，"动宾结构"化为"主谓结构"。与国家文件的条目一致，我们现在的条目属于"动宾结构"。例如，"切实保障教育投入体制化和机制化"，与国家文件中的"完善教育投入体制机制"一样，在句子结构上均体现"动宾关系"。由于我们增加了不少修饰词，从而使得条目显得冗长。为此，我们可以改变思路，以"主谓结构"来设置条目。例如，第一条可以改为"各级教育高地初步形成"，在论述时，就可以论述各级教育在2030年均应达到什么样的目标；第二条可以改为"教育普惠体系基本建成"，在论述时，就可以论述各级教育致力于什么样的普惠目标；等等。第三，梳理条目之间的逻辑关系。国家层面的那些条目，虽然不是最优，但是能够让我们很快理出其中的关系，知道是从哪些方面来论述的。我们的这个目标，一定要在这个上面下功夫，因为不管是理论工作者还是实践工作者，接触一个重要的教育文件时，首先是看目录的。

另一方面，丰富内容，突出重点。在具体内容上，要提的问题确实有许多。事实上，这也是文稿的核心。我认为，先把素材丰富起来，然后慢慢归类提炼，突出重点、亮点与难点，这也是做这项工作的必经途径。这些内容，从各自领域的专家学者甚至一线教师们那里获得。当然，离不开政府领导对这些领域的期待与愿景。例如，到了2030年，在幼儿教育方面，我省的幼儿入园率应该达到100%，幼儿园的达标率应该达到100%（具体标准，如果现在没有，迟早也会出台）；在基础教育方面，实现教育质量的区域均衡化（这是基础教育领域的突出问题，择校热、学区房等，均来源于此），实现从以记忆性知识为导向到以创生性知识为导向（基础教育满堂灌的教学模式不改革，就永远不可能有质量的提升。在这个方面，我们应该向美国等学习。现在考察这么方便，甚至不出门都能知天下事，要了解国外是如何做的，一点也不难）。又如，在高等教育方面，继续扩大高校办学自主权，让高校能够围着社会与市场转，围着学生与教师转，而不是围着政府转，就自然能够办出特色，实现分类发展；同时，高校去行政化，远远不是我们口头上喊一下这么简单，其间蕴含着许多制约学术发展与人才培养规律的东西。如果到了2030年，浙江省属高校（含地方政府举办的各种高校）的校领导不再有行政级别，不再需要这么多校领导，不再依靠行政平台来谋取科研业绩，不再对其学术业绩予以任何奖励，不再是在全体师生不知情的事情下完全由政府任命，同时保证校长的待遇是全校教授平均收入的 5 倍以上，那么，我省高校的去行政化攻坚战自然胜利了。再如，在职业教育领域，如何架设普通教育与职业教育的桥梁；在特殊教育领域，如何关注智障残疾儿童的成长；等等。总之，每个领域要关注的问题很多，需要重点突出的问题也非常多，我只是举几个例子而已。另外，补充两点：一是第 49 点中提到"实现高等学校在不偏离党领导前提下的教授治学"，此话不妥当，不宜从否定角度来说这个问题，还不如提"党委领导、校长负责、教授治学、民主管理、依法治校"；二是第 19 点中的"云端校园"与第 53 点中的"数字化校园"，好像都属于保障性的办学条件，且不说感觉有重复，至少应该归在一起好。

三

写完以上两个部分之后，个人意见似乎不用再提了。不过，既然关注了"浙江教育现代化 2030"，我不妨来设想一下，浙江在那个时候到底是一种什么样的教育，或者说，我们浙江应该有一种什么样的教育呢？ 15 年后，浙江省的家长送孩子入幼儿园，还需要交高额的学费吗？还会不放心老师在园区里歧视与虐待儿童吗？孩子们还会如此排斥上幼儿园吗？有没有可能像美国一样，孩子可以不去学校，在家里接受教育，同样可以考入大学？小学生能否像美国小朋友一样，低年级根本没有书包，家长的自由时间也不会被孩子的各种作业捆绑起来？我们的孩子在接受基础教育时，不再那么功利与世俗，不再那么紧迫与焦虑，而是正如杜威所言，"教育即生长，教育即生活，教育即经验的不断改造与重组"？在基础教育领域，可否让有钱人的孩子上贵族化的营利性学校，政府从中收取高额的税收，同时让更多普通老百姓的孩子上质量可靠的免费的公立学校，满足不同社会阶层的需求？到了 2030 年，还会有学区房吗？各种形式的学习辅导班还是这样热火朝天吗？一对夫妻带着一个孩子，还会因养育问题忙得像个陀螺吗？到了 2030 年，高校可以像美国大学那样自主招生吗？对此，政府放心吗？一位没有任何行政履历的教授可以直接竞聘大学校长吗？高校领导还会以行政平台来谋取学术业绩并以此作为收入的主要来源吗？普通教师与校长乃至政府官员在一起的时候，还是那么低眉顺眼、唯唯诺诺吗？大学能否真正成为一种学习场所，而不是个人镀金与"销售"文凭的地方？除了应届高中毕业生外，还会有更多的人回到大学学习吗？一所高校能否通过不同课程的排列组合形成不计其数的专业，使得在校大学生有全面选择与兼修专业的自由？职业教育轨道的学生有没有更高层次的升学空间，有没有机会转到普通教育轨道上来？……

想着想着，15 年后的浙江教育应该是什么样子，似乎在我的脑海里清晰起来了。但是，如何把这些美好的愿景变成文字，进入这个文件中，就需要我们好好组织语言。同时，最重要的是我们要寻找到实现这些愿景的关键路径。2010 年 7 月发布的《国家中长期教育改革与发展规划纲要（2010—2020 年）》，研制过程耗时近 2 年，有一个由 500 多位专家学者组织的咨询组，在境内外先后召开座谈会、研讨会 1800 余次，参与人员 3.5 万余人次，整个调研阶段形成了 500 多万字的报告，文本前后进行了 40 多轮大的修改。可是，快满 7 年了，这个文件有多少落实了呢？或者说有多少向前推进了呢？如果没有，原因是什么呢？在我看来，关键还是没有抓住牛鼻子，寻找到破解这些问题或者说实现这些愿景的突破口。15 年后，我们能否做到呢？如果只是完成一个文本，三五天就可以很好地完成。但是，看现有初稿的许多东西，体现学者本色，富有理想主义色彩的，似乎不满足于完成这个文本。为了让这个文本更多地成为指导我们下一步工作的行动指南，我建议文稿的撰写者，基于学者的立场来调研与收集各种问题，并且寻找解决问题的突破口，同时站在省委书记、省长的立场上来筛选问题，以此来谋划我们未来的教育是什么样。

（2017 年 3 月 25 日）

附"高等教育领域'放管服'改革试点方案"的个人意见 [①]

这个方案务实、精简，而且改革力度大。若能实现，必能推动我省高等教育向前迈进一大步。就意见来说，个人有如下几点想法：

一是鼓励省内其他高校，在法律与政策允许范围内，参照该方案进行改革与

---

① 2017 年 6 月上旬，收到调研组起草的《高等教育领域"放管服"改革试点方案》意见稿，请我们提意见。在阅读该方案后，我补充了这么几点意见。这些意见，正是我长期以来思考的学术兴趣点，可以用来作为学术交流。

探索。事实上，这里许多条款，国家早就明确了方向。例如校内机构的设置、教师的职称评聘等。

二是增设"教学自主权"。高等教育改革改到深处是教学。虽然高等教育法亦明确了这项权力，但全国仍然存在一盘棋现象，更重要的是，许多做法毫无意义。例如，高校的班主任、辅导员与本科生导师三者之间关系，许多毫无实效，我们完全可以按国家硬性规定设辅导员，取消高校班主任，从大三开始实行本导制，一个老师通过学年论文、毕业论文指导几位学生来贯彻育人工作。（注：全程本导制不现实，没有这么多师资）。又如，本科毕业生论文，规范性比学术性更重要；青年教师导师制，有形式毫无实际内容；等等。这些，都要鼓励高校勇于探索。现在的问题是，教务部门遵循传统，缺乏科学更不用说先进理念，过去如何，其他高校如何，我们就如何。不改革不需要理由，因为大家都是这样做的。改革就要理由，许多人没有时间也不敢甚至没有能力寻找理由。建议写法：

自主开展教学育人机制改革。以人才培养作为出发点，探索教学育人新机制，深化课堂教学改革。在全面实行高校辅导员制度的基础上，探索班主任、本科生导师制的设置形式。在重视教学评价结果应用的前提下，改革高校教师教学评价模式，探索由量化评价向质性评价、终结性评价向发展性评价转变的操作方案。

三是高校领导体制改革。这块实现的难度很大，本方案没有提及。但是，如果这点没有突破，其他要想突破，难度同样很大。例如，高校不需要这么多校级领导，当了校领导之后就不要再做科研。同时，大幅度提高校领导的待遇，依美国模式，校长的收入是全校教授平均收入的三倍以上。该明补的要明补，尽量减少各种形式的暗补。高校领导凭借行政资源做学术，获得学术业绩奖励，就是暗补的重要途径。事实上，所有的专任教师，最好都按岗位取酬。例如某校一级教授岗位年薪 100 万，那么其他的科研业绩就不能再实行奖励了。这样，才能鼓励教师们潜心研究，做出真正有价值有意义的业绩。这个改革，难度最大。不过，这也许既是突破口，更是检验点。

挂一漏万，不成系统，甚至错误甚多，仅当思想交流！

（2017 年 6 月 10 日）

转换知识生产模式　推动浙江高教发展 ①

　　本次年会的主题有两个：一是"改革开放以来浙江高等教育发展的经验与问题"；二是"双一流背景下浙江高等教育建设的思路与案例"。我没有专门梳理与研究过浙江高等教育的发展历程，也没有体验过双一流背景下浙江高等教育的成功实践，从而只能从一位感悟者的角度来谈谈自己的一个观点，那就是要在高等教育强省林立的竞争态势中胜出，浙江高等教育必须率先走出不合时宜的传统轨道，回到符合世界高等教育变革趋势的快车道上来，抢抓机遇，转换知识生产模式，引领中国高教发展。这就如斯坦福大学、麻省理工学院 20 世纪中后期的改革与发展一样，代表了世界高等教育变革的重要方向，最后不仅成就了这些大学的全球声誉，也给国际高等教育贡献了智慧与思想。那么，浙江高等教育到底要走一条什么样的改革之路呢？为此，我从以下几个方面试作分析。

一、知识生产模式的解读

　　知识生产模式指知识产生和创造出来的方式，是解释知识形成和发展的框架。（黄瑶、马永红、王铭，2016）在我的印象中，我们探讨与运用这个概念，主要是基于英国学者迈克尔·吉本斯（Michael Gibbons）等人的理解。1994 年，迈克尔·吉本斯在《知识生产的新模式》一书中提出知识生产的新模式理论，亦即从"模式Ⅰ"向"模式Ⅱ"的转变。相对于"模式Ⅰ"，"模式Ⅱ"体现出明显的应用取向、跨学科特征、多主体参与、社会综合评价等。也就是说，如果"学科导向或者兴趣导向、学术共同体攻关、学界同行评价"是知识生产模式Ⅰ的基本特征，那么，"问题导向、跨界行动、协同创新、社会问责"就是知识生产模式Ⅱ的基本特征。

---

　　① 2018 年 11 月 23 日，在浙江省高等教育科学专业委员会 2018 年会暨"浙江高等教育改革开放 40 年的回顾与展望"专题研讨会上的讲话。

（龚放，2018）应该说，以上解读能让我们对两种知识生产模式有较为清楚的认识。如果再要运用通俗的语言进一步阐释的话，我们可以对两者再做如下解读："模式 I"是为了知识而知识，"模式 II"是为了应用而知识；"模式 I"是局限于象牙塔；"模式 II"是力争走出象牙塔；"模式 I"以论文、奖项等作为学术目标，"模式 II"以经济效益与社会效应作为学术目标；"模式 I"的知识生产主体较为单一，"模式 II"往往强调跨学科、多主体参与；等等。总之，"模式 I"代表着传统的知识生产观，"学以致知""大学与社会应该保持一定的距离"，正是该知识生产观的集中体现，属于学科知识逻辑；而"模式 II"代表着现代的知识生产观，"学以致用""高等教育必须服务于现代化建设"，则是该知识生产观的集中体现，属于应用知识逻辑。

但是，在"模式 I"与"模式 II"的基础上，学界再次提出了"模式 III"。该概念首先由埃利亚斯·G·卡拉雅尼斯（Elias G. Carayannis）于 2003 年首先提出，随后由 Carayannis 和 Campbell 将这一概念进一步发展。（黄瑶、王铭，2017）所谓"模式 III"，是指在三螺旋（"模式 II"）的基础上，增加了第四螺旋"公民社会"，将"大学"扩展为"学术界"形成私人利益和社会公共利益的新平衡。（黄瑶、王铭，2018）在国内这些研究"模式 III"的学者看来，"模式 II"体现跨学科，而"模式 III"则属于超学科。因此，从"模式 I""模式 II"到"模式 III"，呈现出单螺旋、双螺旋、三螺旋、四螺旋的递增趋势，呈现出单学科、多学科、跨学科、超学科的发展态势。从表 1 亦可以看出，我国学界将这三种知识生产模式予以严格区别。

"模式 I"与"模式 II"可以从新旧知识生产观来进行区分与研究，如果将"公民社会"作为四螺旋纳入进来之后就变成了"模式 III"，那么，以后是否可能会出现"模式 IV""模式 V"？这种逻辑演绎是否有其合理性以及必要性？我们能够否定，"模式 II"就没有或者不能体现参与的广泛性？迈克尔·吉本斯等人是从参与的主体角度提出"模式 I"与"模式 II"吗？……一系列的追问，让我觉得，探讨知识生产模式的问题，在许多情况下，我们没有必要弄得这么复杂，仅仅从"模式 I"与"模式 II"角度进行探讨就可以了。这就像我们探讨高等教育的三大功能一样，文化的传承与创新很难作为一项独立的功能纳入进来，只是人才培养与科学研究等功能的一种体现。如果硬要将此作为一项功能纳入进来，则高等教育

表 1：知识生产模式的演变与比较 [①]

	知识类型	知识存在形式	知识产生环境	知识内容性质	知识形成因素	知识生产目的	动力机制模型	知识生产群体
模式I	编码知识	点状线性	实验室研究室	同知识域的同质性知识	科学的逻辑推理	科学兴趣	单螺旋双螺旋	大学科研机构
模式II	默会知识编码后形成的新知识	非线性	社会实践	同知识域的异质性知识	依托原有学科知识在应用领域延伸	生产、创新需求	三螺旋	学术界政府产业
模式III	编码知识与编码后的默会知识结合形成新知识	多维网状	社会中的重大问题	不同知识域的异质性知识	实现知识的社会公益性回归	社会公共利益下的创新生态平衡	四螺旋	学术界政府产业公民社会

的功能问题便显得有些混乱，缺乏逻辑体系与科学基础。因此，我在此不会采用似乎更进一步的"模式III"概念，而是仅从"模式I"与"模式II"的角度来进行讲述。同时，在座的在读研究生们，可以对这几种模式做进一步的考察，论证"模式III"是否属于一个拉大旗作虎皮的概念，论证三螺旋、跨学科对应"模式II"以及四螺旋、超学科对应"模式III"是否具有学理依据。

二、世界高等教育的演变 [②]

从知识生产"模式I"到"模式II"的转变，这就是要求我们的科学研究，要回应社会发展的需要，走出为了论文而论文的学术生产模式，基于问题研究、

---

① 引自黄瑶、马永红、王铭《知识生产模式 III 促进超学科快速发展的特征研究》，《清华大学教育研究》2016 年第 6 期。

② 该部分内容，自第二段开始，吸收了笔者在《创业型大学本土化的中国模式研究》（中国社会科学出版社 2018 年版）一书中的相关内容。

应用取向、跨学科合作等基本要求形成新的学术生产观与评价观。在此，有两点需要作特别说明：其一，应用取向的知识生产模式，并不排斥基础理论研究，也不否定基于学术兴趣的个人研究，这只是表明，各种研究都直接或者间接指向应用。例如，我们的高等教育研究，不存在不求应用的研究，所有的研究都是指向实践的，只不过有些研究不是直接而是间接指向实践。其二，我们不能将应用取向作庸俗化与简单化处理，应用取向包容实事求是、社会公益等基本内容。例如，"模式 Ⅱ"并不是说我们以后不看论文，而是不将论文作为唯一凭证，更不能以此作为教师福利的利器，论文只是我们研究成果的自然体现。对此，在下文中会有分析。那么，自中世纪大学诞生以来，世界高等教育的演变是否体现了从"模式 Ⅰ"到"模式 Ⅱ"的转变？我认为，自大学诞生以来，大学除了培养高层次人才、研究相对高深学问等从未发生过改变外，以社会需求作为办学起点亦从未发生过改变。这种基于社会需求而开展的知识生产活动，实际上正是知识生产模式 Ⅱ 的重要体现。那么，这是否说明，"模式 Ⅰ"从来没有存在过，两种模式的区分毫无意义？非也。在政府垄断的教育资源供给体制下，或者由学术共同体自主决定的学术生态环境下，知识生产模式 Ⅰ 同样可以存在。在这样的社会环境中，这些大学可以与社会保持一定的距离，亦能生存下来并不断发展壮大。而且，这些大学同样植根于社会的需求，只不过是特殊的社会需要。

也就是说，自中世纪大学诞生以来，大学就一直根植在相应社会的土壤中，从来没有与社会分离过。如果要说明大学与相应社会的关系，我们用鱼与水来形容一点也不为过。只不过，不同的时代有不同的需求。不同的社会形态有不同的人才需求，从而大学提供不同的教育服务。特定历史时期最好的大学，一定是那个时代最需要的大学。对此，我们可以从高等教育历史中找到依据。正如英国兰开斯特大学（Lancaster University）哈罗德·珀金（Harold J. Perkin）教授指出的："一个人如果不理解过去不同时代和地点存在过的大学概念，他就不能真正理解现代大学。"在高等教育的第一个发展阶段，作为最古老的两所中世纪大学，意大利的博洛尼亚大学（University of Bologna）与萨莱尔诺大学（University of Salerno）从来没有远离社会，正是根据社会需求建立起来的。前者的前身属于一所法律学校，后者在 12 世纪成为欧洲医学人才培养的中心。随后诞生的巴黎大学，设置了文学、医学、法律和神学四个学部，成为中世纪学科设置最完整的大学之一。诞生于中世纪的牛津大学与剑桥大学，在办学取向上存在区别，但因具有太多的共性被学界合称为"牛桥"（Oxbridge）。在相当长的时间内，"牛桥"凭借其在英国高等教育中的垄断地位，从社会获取了充裕的办学资源，培养的各种人才也符合社会的需求。但是，在英国成为现代工业社会的 19 世纪之际，"牛桥"依然沉浸在基督教绅士的自由教育中，离现实的英国越来越远，一直不愿与时俱进，最后导致"牛桥"近两个世纪的衰败。[①] 在不断地政治干预以及新大学的激励下，"牛桥"逐渐走向现代化，开始走向复苏。"牛桥"的兴衰史，证明了大学是社会机体的细胞，不能适应并服务相应的社会，其命运只能是衰落甚至消亡。到了第二、三个发展阶段，高等教育的应用取向特征就更加明显了。在这个过程中，尽管有一些淡化专业教育、淡化应用取向、过于强化通识教育的高等教育改革经典案例，例如耶鲁学院 1828 年发布的耶鲁报告主张在四年本科教育不针对任何一种专业，芝加哥大学校长赫钦斯（Robert Hutchins）于 20 世纪 30 年代推行了彻底的通识教育运动，但是，这些改革往往难以推而广之，并且很快被以应用取向的专业教育所取代。史实与现实均表明：有什么样的社会，就有什么样的大学；大学从来不是孤立的，与世隔绝的大学从来都是不存在的。

办得风生水起的大学必然植根于相应社会的需求，不可能成为远离社会的孤岛。这个结论不仅可以从以上史论中获得事实依据，而且让其成为一条规律性结论还具有学理基础。如前所述，大学独特的产品是以知识形态存在的"高深学问"，在知识的梳理、创造与传承过程中，大学并没有直接创造物质资源。然而，就像一个人生存下来必须拥有生活资源一样，一所大学的存在与发展同样需要物质资源。显然，只有政府、学习方，以及社会其他主体，才能为大学源源不断地提供物质资源。一所不为当时社会所需要的大学，自然无法从社会获得相应资源。那种"躲进小楼成一统"的自我发展模式，最终会因其合法性、合理性的丧失而难逃孤立无援的困境乃至自生自灭的绝境。这种逻辑推理，其实与潘懋元先生提出"教育的外部规律制约着教育的内部规律"是一个道理，与马陆亭教授指出的"大

---

① 叶赋桂、陈超群、吴剑平著：《大学的兴衰》，清华大学出版社 2016 年版，第 8—9 页。

学已不可能隔绝于社会而独立存在，学术自由不是没有任何约束"也是一个道理。也许有人会认为，大学不应该被动地适应社会，而应该引领社会。在他们看来，"是大学改变社会，而不是社会改变大学！这是大学存在的意义和价值。"①毫无疑问，大学也可以创造需求，引领社会，但这种创造需求无非就是将潜在的社会需求推出水面，变成现实的社会需求，本质上都是植根于社会的需求。否则，大学就成为孤岛，最终被人遗忘。这种创造需求与满足需求一点也不矛盾，都是基于社会需求的价值指向，都遵循大学依存社会、服务社会的运行逻辑。20 世纪末，12 个国家 22 所大学的教育界人士在美国研讨得出一个结论：改变大学最重要的力量来自外界，即"社会需求"或者说"市场力量"改变了大学。②同时，为本观点提供理论依据的另外一点特别值得一提，那就是我们对美国布鲁贝克（John S.Brubacher）经典著作《高等教育哲学》的解读。该书在国内被广大高等教育专业研究者当成教材研读，但普遍停留在认识论与政治论二元高等教育哲学观的认识上。史静寰教授认为，该书其实提出了"三基础说"：认识论基础、政治理论基础、实用主义基础。③可见，实用主义、满足需求、应用价值等从来都是大学诞生与发展的一条隐线，也是一条主线。只不过，不同的时代有不同的实用、不同的需求、不同的应用，不同的大学满足社会不同的实用、不同的需求与不同的应用。正如德里克·博克（Derek Bok）校长在哈佛大学 350 周年校庆演讲时所言："大学的职责是为养育自己的社会服务的。"

三、中国大学发展的困局

近年来，中国的高等教育在数字上取得了举世瞩目的业绩。例如，高等教育毛入学率大幅度提高，不少省份已经跨越了普及化的阶段；中国大学在世界大学排行榜上不断上升，好些大学不时跻入世界百强；中国大学的科研论文发表数量在全球各国名列前茅，中国的学者活跃在世界的舞台上。但是，如果要问大学内部的教师们，尤其是研究高等教育的学者，他们中有人认为中国的高等教育与中

---

① 郭英剑著：《大学与社会》，外语教学与研究出版社 2014 年版，第 7 页。

② 陈乐群：《美国大学的企业经营取向》，载《世界教育信息》1995 年第 4 期。

③ 史静寰：《构建解释高等教育变迁的整体框架》，载《清华大学教育研究》2006 年第 3 期。

国足球一样。那么，我们为何对中国高等教育的满意度如此不高呢？我们不看别的，只看看三点：第一，大学是为学生而设的，大学及其教师真正做到了以生为本吗？教师们舍得把时间与精力花在学生身上吗？第二，大学及其教师创造了如此多的科研成果，有多少是经得起时空检验的？产生了多大的实际价值与社会反响？有几项不是冲着职称、奖励等功利性目的而炮制的？第三，无论光芒四射的大学知名教授，还是默默无闻的基层教师，他们工作开心吗？有没有从教师职业中找到快乐？可以说，学生从大学教育中所获并不多，大学最应该回馈社会的东西并不多，中国大学在很大程度还只起着人才选拔、社会稳定与传统维护的作用。

那么，中国高等教育为何陷入如此之困局？我认为，最根本的原因有两条。其一便是大学围着政府转而不是社会转的办学逻辑没有改变。如前所述，满足社会某种需求从来都是大学得以生存与发展的活水之源，在政府主导下的高等教育发展模式下，大学的一切活动围着政府转，亦即满足政府的某种需求。当前，我国政府对大学的要求，在指标体系上就是要进入政府设定的各种平台、拿到政府颁发的重大奖项、争取到政府配送的人才帽子等，而这些外在的凭证基本上还是以课题、论文、奖项等作为基础。于是，大学便拼命地争项目、拿课题、发论文等，至于这些成果能否解决实际问题不是最重要的，能获得政府认可就是王牌，就能带来一切资源。显然，这种知识生产模式，仍然是传统的"模式Ⅰ"。其二是各种考评与激励机制进一步加剧了高等教育的功利化。根据政府考评大学的标准、任务与要求，大学已经陷入一个业绩生产工厂，那些无法量化与显现的人才培养实绩、大学精神文化、成果社会反响等都放在一边，而是不断催促教师们又快又多地制造学术GDP。在各种考评压力与激励动力的双重作用机制下，大学教师们也是铆足了劲，甚至不择手段地追求学术GDP。于是，功利化进一步加剧与恶化了知识生产模式Ⅰ。

政府管控大学，既是中国高等教育的特色，也是中国高等教育的优势。这种局面，在相当长的时间内很难完全改变。在此情形下，推动中国高等教育的健康有序发展，就是要去除制造学术泡沫的功利化。去除教育的功利化，并不意味着让大学回归象牙塔，更不意味着大学教师重义轻利。这些带有理想色彩的道德主义，都是不切实际的空想。去除教育的功利化，就是要让大学及其教师围着服务对象转，而不是围着数字业绩转。推动知识生产模式的转变，就是去除高等教育功利化的一剂良药。如果大学教师发表论文、申报课题、争取奖项等，不是为了直接的物质收入，不会全部成为职称晋升、人才帽子等回报的砝码，而是教师表达研究成果、获得学界认可的基本途径，那么，功利色彩就会淡化许多。同时，如果在评价教师时，不再唯学术数字业绩，而是看其成果本身与实际贡献，尤其根据不同学科属性重视学界影响或者社会效应或者经济效益，亦即转到知识生产模式Ⅱ，在此基础上给那些实至名归的教师们颁发各种荣誉称号，那么，高等教育的功利色彩便会大大降低。对此，我结合浙江高等教育的改革与发展，再从具体举措来谈谈个人的粗略思考。

四、浙江高教突破的机遇

如前所述，中国的高等教育仍然在政府的牵引下，沿着知识生产模式Ⅰ继续挺进，偏离了大学对社会的真正需求，制造了大量的学术泡沫，推出了大量名不副实的大奖、大项目、大师与名师。正如陆大道院士指出的："中国科研资金、方向正被西方国家的 SCI 所支配，我们的科研人员贫于创新、贫于思想。"在功利化的漩涡中，人才培养空心化，学术研究表征化，大学教师浮躁化。也正如陈平原教授指出的："到过国外大学的人都知道，校园里很安静。可是回到中国内地，几乎所有大学都是一派热火朝天的景象。校长不断在制定发展计划，系主任也是踌躇满志，甚至每位教授都热血沸腾。这样的画面令人感动，但这样的状态也让人担忧……"这肯定不是理想的高等教育，也不是高等教育的前进方向。浙江具有优良的创新传统与环境，应该在这种困局中率先觉醒过来，通过转换知识生产模式，淡化高等教育愈演愈烈的功利取向。转换知识生产模式，绝不是要放弃传统的学术本位模式，而是让学术回到真正的学术轨道，自然会让有些知识成为基础性知识，有些知识成为应用性知识，也能让大学教师们尽可能有时间与空间推动学术成果转化，为社会改革与发展献计献策。

（一）深化高等教育"放管服"改革，减少政府层面短期学术行为诱导

中国的高等教育属于政府主导型，政府指向哪，大学便往哪跑。如果我们的政府采用各种项目、论文、奖项来评价大学，尤其短期的学术奖励、人才项目以

及平台建设等外在诱导，那么，大学便会跟着这些业绩转，至于其他的事情则是次要的。中国这么多大学，每所大学都不一样，政府能够为每所大学指明方向吗？大学是为社会服务的，为学生服务的，从而要从他们的真正需求出发，体现出各具特色的学科专业属性、人才培养模式、学术价值取向等。显然，如果没有高校充分的办学自主权，就不可能出现多元化的高等教育格局。可以说，政府的"放管服"发展到什么程度，高校的办学活动就发展到什么程度。

（二）不断提升教师的稳定性收入，淡化高校层面额外的学术奖励

大学教师热衷于发表论文、申报奖项等，既源于晋级与考评的压力，也源于奖励与人才工程等的激励。例如，当发表一篇一级期刊论文能够获得超万元的奖励，获得一个省部级一等奖能够拿到几十万元的奖励……还有多少教师愿意去做那些难显成效的人才培养工作，还能让多少教师潜下心来好好做出为社会所需要的成果？当前不少的国家级、省部级大奖，都是包装的结果，不仅第一责任人的学术贡献不多，而且学术含金量、社会贡献度几乎可以忽略不计。出成果、获奖项，是教师科学研究的自觉行为，如果过强地进行外在刺激，会产生许多不良的社会后果。但是，大学教师的收入并不高，如果不对那些学术胜出的教师给予额外的奖励，教师职业的吸引度就会大大降低。因此，我觉得，大学教师的薪酬要由"暗补"转为"明补"，淡化高校层面额外的学术奖励，从基本保障与激励提升两个层面不断提升教师的待遇。一方面，提高不同职称层级教师的岗位津贴，尽可能让更多的大学教师不再为基本的物质生活而发愁；另一方面，对那些科研能力卓越或者深受学生喜欢的教授，可以采用年薪制或者聘为学校的终身教授，在享受较高的稳定收入基础上安心从事教学育人与科学研究。

（三）倡导学术成果的多元化标准，让各种人才荣誉经历时空检验

从外部评价转向内在评价，我们就应该淡化刊物的过度分级，同时坚持学术成果的多元化标准。例如，在业绩类型上，教师可以选择论文、专著等基础性成果，不一定非得拥有纵向课题等扩展性成果才能晋升职称等；在论文评价上，不应先入为主地将文章质量按其所在等级区别对待，而是根据论文本身的质量与价值来衡量，甚至正如教育部科技发展中心主任李志民先生所言："鼓励中国科研人员将研究成果第一时间在网上发表，改变目前唯期刊高大上的导向。"为探索与鼓

励人文社科研究成果呈现方式的多元化，浙江大学甚至允许优秀网络文化成果、小说等大众作品等同传统的高层次期刊论文。同时，设置人才"帽子"，毫无疑问是有意义的。这不仅是对功勋科研工作者实至名归的一种奖励，也是对广大科研工作者积极正向的一种激励。但是，当抢"帽子"变成科研工作者最终的奋斗目标之际，当科研工作者对照数字业绩目标就有可能抢到"帽子"之际，我们的"帽子"工程就偏离了最初的设计轨道。人才"帽子"应该更多属于荣誉称号，而且由于科学研究成果验证的滞后性，"试玉要烧三日满，辨材须待七年期。"我们应该尽量像诺贝尔奖的评选一样，让更多的重大奖项、人才称号在更长的时间内经历千锤百炼并被社会实践验证，然后在同行、单位或者区域等推荐下，再来根据外部评价与内在评价相结合等方式以及相应程序予以确认。

总之，无论中国建设世界一流大学与一流学科，还是浙江高等教育的弯路超车与领跑全国，都要关注知识生产模式的转变，不再执念于以 SCI 为主导的论文挂帅，不要沉迷于学术业绩 GDP 的数字游戏，把大学与教师的活力释放到真正的科学创新上来，释放到一载一载的人才培养上来。德国的柏林大学因率先实现教学与科研的合一而名垂青史，美国的威斯康星大学因较早倡导并践行社会服务的办学理念而彪炳史册，浙江高等教育如果在国内最先转变知识生产模式并且做出成效，也将同样在中国高等教育史上留下浓墨重彩的一笔，并引领整个中国高等教育的转型与发展。

（2018 年 11 月 21 日）

转换知识生产模式的大学治理路径

2018 年 8 月 11 日，中共浙江省委、浙江省人民政府印发了《关于全面实施高等教育强省战略的意见》（浙委发〔2018〕36 号），提出要到 2022 年基本建成高等教育强省，2035 年全面建成高等教育强省。这是贯彻落实党的十九大报告、开启高等教育强国建设的浙江行动。于是，我在思考，到了 2035 年，当中国成为世界高等教育新中心之际，浙江高等教育在中国处在什么位置？浙江能为高等教育强国建设贡献什么样的浙江智慧与浙江方案？我能否结合当前正在研究的学术创业主题，通过省社科联向省领导提交一份政策建议，为浙江建设高等教育强省提供个人的思考？在我看来，浙江要建设高等教育强省，一定要摒弃现有传统的知识生产模式，向 MIT、斯坦福大学等注重知识应用的大学学习，建设一批能够服务浙江现代经济、引领浙江科技发展的现代大学。如果大学教师继续拿钱向国外买论文、在国内凭关系发论文、围着政府要项目、各种人才帽子满天飞、人才培养空心化，这样的大学真的"大"不起来，高等教育强省也"强"不起来。于是，我准备以"转换知识生产模式 建设高等教育强省——开启高等教育强国战略的浙江行动"为题，写一篇社科要报。

为了写好这个社科要报，我花了些时间查阅了相关数据，同时理出了全文的框架。全文分三个部分：高等教育强省的关键指标、浙江高等教育的主要短板、高等教育强省的浙江路径。当前，高等教育强国的指标体系尚未正式出台，浙江省的指标体系亦正在研究当中，但是，无论有什么样的指标体系，其中有一些指标是不会缺少的，也是最为重要的，可以称之为关键指标。我认为，这些关键指标主要有三个：一是从规模角度或者说数量角度而言的大学生密度、高等教育毛入学率等；二是从水平、质量角度而言的一流大学数量、一流学科数量、一流师资数量、一流实验室数量等；三是从社会各界尤其是在校师生的获得感、满意度来评价，全国乃至全球的学生主动愿意来这里求学、企业等社会组织主动愿意购买我们的科技成果或者教师的服务等。理顺这些关键指标之后，我们要以此来寻找浙江高等教育存在哪些短板。确实，尽管近年浙江高等教育毛入学率比较高，但大学生密度在全国仍处在尾端，这就表明我们还要扩大高等教育规模。不过，这倒不是最重要的，最重要的是提高高等教育质量。因为，以现有的高等教育毛入学率来发展，若干年之后，浙江的大学生密度会显著增加。但是，浙江的高等教育质量如何提升，尤其是如何真正提升，而不只是一流学科、一流师资、一流实验室等数字的提升。要知道，国内顶端的一流大学，这种体现水平和质量的数字业绩是非常让人羡慕的，但是，大学的声誉、教学的质量、社会的反响并不突出，只不过是聚集了最好的生源、最多的经费、最高层次的人才与项目等。这就像一堆优质资源的拼合，但并没有产生化学作用，从而达不到最佳的效益与反响。

那么，怎样才能形成真正的高水平大学？从目前功利日炽、追求数量、无视育人、学术泡沫等严重的问题来看，浙江高等教育一定要摒弃当前传统的学术生产模式，在全国率先启动高等教育体制改革，把大学及其教师从追求数字业绩转移到潜心钻研、人才培养、成果转化等方面上来。以我自身为例，我越来越觉得我现在的学术工作，继续沿着既定的研究领域深耕，无论对社会、对学生以及对个人，都没有太大的益处。至于这些观点，我用一篇文章就能把它们说清楚，而我却写了几本著作几十篇文章。把80%以上的工作精力与时间投入到没有多少人关注的"论文""论著""奖项""课题"等方面，牺牲了我们的自由探索、自由表达以及对学生的培育与指引。尤其让教师缺乏幸福感的是，我们在学术道路上的每一点进步，都牵扯到大量的人事关系，远远不再是大学教师放飞心灵的学术创作。这样的教师，还有幸福吗？教师不幸福，我们的学生能够幸福吗？师生不幸福，大学还有一流大学的自信吗？

在我看来，大学教师成长应该有这样三个阶段。第一个阶段，属于通过学术业绩证明自己的阶段。大学教师应聘之际，一般都具有博士学位，经历了相应的学术检验。博士毕业之后，通过学术业绩初步证明自己的阶段就应该结束了。第二个阶段，属于通过社会声誉证明自己的阶段。这种社会声誉，有大学内部与大学外部两个层面。从大学内部来说，主要是指学生与同事的评价。确实，评价一个人，身边的人是最清楚的。例如，推荐省优秀教师，一定是受学生喜欢且能给学生帮助的人，可是，我经常看到那些不愿意为学生多浪费一分钟的教师，因为科研业绩突出或者从功利目的角度让学生参与了某些科研，就理直气壮地评上了省优秀教师。如果由这些教师身边的师生来评，他们无论如何也不能获得此项桂冠。从大学外部来说，至少有两个圈子：一是学界同行，一是社会各界。一位学者的学术水平到底如何，经常在一起切磋交流的同行最有发言权，这个时候，同行们根本不会关注谁的论文多、获奖高，而是会看他的实际水平与贡献程度。建设一流大学，我们也需要那些仍然关注象牙塔的大学教师。这样的教师，只有在这样同行的圈子里，他们才是最能真实评价的。如果能被同行推出来，他们的学术水平自然也应该得到认可。还有更多的大学教师，他们的成果应该能够走出来，被社会各界接受。例如，研究教育的大学教师，连自己的学生、家庭以及社会人士都不认可，或者不能成功地施行教育，我们还能指望这些教育理论有多大的作用？研究临床医学的教授，连治病救人都做不了，我们还能指望他的那一套说教有多大的生命力？大学教师成长的最后一个阶段，就是通过社会贡献证明自己的阶段。例如，潘懋元先生培育了这么多学生，学生们大都钦佩他，爱戴他。且不说他对高等教育学科的重大贡献，仅从人才培养的社会贡献，就足以证明潘先生是一位优秀的大学教师。

然而，当我想要沿着现有思想来写政策建议的时候，我发现我根本找不到更好的语言方式来表达。因为我所要表达的，不是现在高等教育管理体制能够改变的。试想，有这么多政府机构来管理大学乃至管理与评价大学教师，如果要让大学面向市场、面向学生办学，让大学教师面向行业认可、学生认可、社会认可来从教，那么，现在这么多管理与评价的政府机构如何办？既定的高等教育管理体制尤其这种惯性如何办？也就是说，不用政府确定的奖项、人才称号、圈定的期刊级别、发布的各种项目、入选的人才工程等来评价大学教师乃其大学，而是我前面所说的几个阶段，那政府不就只承担拨款与惩罚的职责了吗？向政府部门提建议，在很大程度上还是从政府的立场上出谋划策，通过优化现有的管理体制来达到办学效益的最大化，绝不是要让管理机构放弃手中的权力与否定既定的管理取向。因此，这个政策建议最后没有完成，也很难完成。不过，从这次转换知识生产模式的角度来思考，让我看到我国大学的改革任重道远。可以说，如果不在大学治理问题上进行深层次的体制改革，大学及其教师们还是围着数字业绩转，要建成国际认可、社会认可的高等教育强国是不太可能的。

近来，我有一篇即将发表的论文《创业型大学学术平台建设的现状、经验与路径》，一位同行审读了之后，认为在第二部分谈国外经验时，是否可以不谈"淡化科研业绩考核，鼓励教师自由探索"，因为这与学术平台建设的关系不大。为此，我回复如下：

"淡化科研业绩考核，鼓励教师自由探索"对推动学术成果转化非常重要，从而对学术生产平台建设等非常重要，它们是具有相关性的。中国大学现在最大的问题是什么呢？我个人认为，就是功利化、数量化、外在化的学术考评体系，把大学教师的所有精力与智慧都集聚在论文、著作、课题与获奖等传统学术业绩上，这种考评体制导致没有几位教师关注这些成果到底有什么用，只要能够获得高校与政府认可，便可获得一切，教师的收入差距，亦体现在这些传统学术业绩上。如此这般，就没有几位教师能够沉下心来研究一些推广应用、服务社会的成果。当前建设创业型大学或者应用型大学，哪怕建设一流大学，都必须破除这种学术生产模式，避免过度的功利的量化的学术业绩考评，给教师们松松绑，让他们能够自由探索一些问题，寻找一些有利于转化与应用的课题，并致力于推动成果应用。一位博士毕业的教师，学术业绩不再需要通过论文课题等来证明了，而是要真正让学生认可他，让同行们认可他，让相应行业或者企业从他那里得到有用的东西。总之，我将这点排在第一位，你就可以知道我对这个问题的想法有多强烈！可以说，这个问题不解决，如果教师们还这样来从教，中国大学是不可能发展的。你是否知道，现在某些国内"一流大学"不看国内论文了，看国外的，许多教师都在花钱从国外买文章。就美国来说，教师评价差异很大。

最后，将我前段时间理出的大学改革五项建议抄录如下：第一，高校领导原则上在校内产生，改变自上而下的单向任命体制，实现学校推荐与政府任命相结合的体制；第二，大学校领导岗位砍掉一半以上，校领导待遇增加五倍以上；第三，教职工收入每个人在其现有基础上翻一番，取消所有课题配套经费，取消对课题、论文、论著、奖项、专利等各种成果的奖励；第四，在职称评聘问题上，基础学科实行代表作制度与送审制度，应用学科重点关注成果转化与实际应用；第五，在招聘年轻教师时，重点关注应聘者的学术水平；在考评在岗教师时，重点关注同行尤其学生对其的教学反响。能把这五点做好，我们就行进在一流大学建设的征途上，浙江就有可能率先建成高等教育强国，中国也有望成为国际生源企盼的高等教育强国。

（2018 年 9 月 11 日）

理顺做大做强的向度　突破高教强省的瓶颈

——浙江建设高等教育强省的思路刍议 [①]

以"做大与做强：高等教育强省的赶超之路"作为本章的标题，体现了我们对浙江高教发展之殷切期望、长远谋划乃至忧患意识。确实，经济发展与社会进步，教育是基础；教育强大与教育振兴，高教是关键。纵览古今，放眼全球，高等教育最能衡量一个国家或者地区的教育水平指数。从这一点看，本章体现了浙江高教的引领作用与战略地位。本章的每一个部分，基于史实与现实，肯定成绩，剖析问题，探讨理论，提出对策，不乏真知灼见；通过本章的条分缕析，70年风霜洗礼的浙江高等教育，筚路蓝缕，砥砺前行，最终艰难玉成，一幅波澜壮阔的画卷跃然纸上。在此基础上，笔者针对"做大"与"做强"两个关键词，从浙江高教政策下一个70年的价值取向出发，试作如下初步思考。

一、做大浙江高等教育，"大"在哪里？

大，一般指规模与数量。大与小相对应，需要比较来定性。从纵向比较而言，毫无疑问，浙江高等教育成绩有目共睹。例如，普通高等学校数量从1949年的4所发展到2018年的109所，普通高等学校在校本专科生人数从1949年的3112人发展到2018年的101.94万人，另有在学研究生52525人。[②]但是，体现发展现状，更要注重横向比较（详见表1）。在浙江省情研究上，除了从全国的视角来分析外，

---

① 本文应浙江教育70年编纂小组邀请而作，该文详见陈峰、蒋国俊主编的《历史的回声——浙江教育70年》（浙江教育出版社，2020年版）一书第328—336页。

② 1949年数据参阅《中国教育年鉴1949—1984》，湖南教育出版社1986年版，第526页。2018年数据参阅《2019年浙江统计年鉴》，详见 http://zjjcmspublic.oss-cn-hangzhou-zwynet-d01-a.internet. cloud.zj.gov.cn/jcms_files/jcms1/web3077/site/flash/tjj/Reports1/2019%E5%B9%B4%E7%BB%9F%E8%AE%A1%E5%B9%B4%E9%89%B4%E5%85%89%E7%9B%98/indexch.htm（2020年1月14日）。

我们常常拿经济发展水平大体相当的江苏、广东与浙江进行个别比较。由于在高校总数（包括原来入选 985 工程、211 工程的高校数以及近年来进入双一流的高校数）、在校生数（包括博士、硕士授权单位、授权点数量）等许多方面，浙江比江苏、广东要小，甚至比许多经济欠发达省份都要小，从而浙江被认为不属于高等教育大省。但是，我们要看到，相对于江苏、广东而言，浙江的面积小、人口少，高等教育规模与数量自然就小（详见表2）。因此，高校规模与数量是有限度的，这与人口结构、总量等密切相关，如果我们将浙江高等教育大省定位规模与数量排到全国第一，那显然是不符合客观实际的。例如，上海毫无疑问属于高等教育强省（市）甚至大省（市），由于其土地面积不及浙江的 1/17、人口不及浙江的 1/2，上海高校总数、在校大学生数等都远远比不上浙江。那么，这是否意味着我们不要强调做大高等教育？若要成为高等教育大省，又在哪些方面"大"起来？

表 1　浙江、广东与江苏三省高教规模比较

省份	高校总数	985 高校数	211 高校数	双一流高校（一流大学／一流学科）	在校本科生数	在校博士生数	在校生规模全国排名
浙江	108	1	1	3（1/2）	357799	10027	12
广东	154	2	5	5（2/3）	639478	13533	6
江苏	167	2	11	15（2/13）	670225	24824	2

注：根据 2018 年各种相关统计数据整理而成。

表 2　浙江、广东与江苏三省人口等资源比较

省份	人口总数（万）	人口全国排名	土地面积（平方公里）	土地面积全国排名	GDP 总量（亿元）	GDP 全国排名
浙江	5737	10	10.18 万	25	56197.15	4
广东	11346	1	17.98 万	15	97277.77	1
江苏	8029.3	5	10.26 万	24	92595.40	2

注 1：根据 2018 年各种相关统计数据整理而成。

　　2：中国国土面积约 960 万平方千米，下辖有 34 个省级行政单位，其中包括 23 个省、5 个自治区、4 个直辖市和 2 个特别行政区。

要成为高等教育强省，必须做大高等教育。只不过，这种"大"不能简单地从高校数量、在校生规模、研究生授权点总量等比较得出，而是要重点考虑高等教育毛入学率或者净入学率、高等教育财政投入、每十万人口在校大学生数、各类高水平大学数量等内涵建设点（详见表3）。从毛入学率而言，浙江高等教育于2002年突破15%，在全国32个省（自治区、直辖市）中率先进入大众化阶段，当前浙江高等教育已经达到60%，从大众化进入普及化发展阶段，与北京、上海、江苏等进入全国第一方阵，但是，浙江高等教育毛入学率还有很大提升空间，也必须继续扩大高等教育毛入学率。事实上，中共浙江省委、浙江省人民政府对此已有充分认识。例如，2018年发布的《关于全面实施高等教育强省战略的意见》提出，到2022年，高等教育毛入学率超过65%。从财政投入而言，浙江对高等教育支撑力度不够。例如，2016年，全国普通高等学校生均公共财政预算18747.65元，北京为55687.68元，上海为30292.80元，广东为20398.26元，江苏19057.20元，而浙江为18289.20元。[①]浙江近年高等教育生均公共财政预算落后于全国平均水平，远远落后于北京、上海、广东、江苏等地，与浙江在全国的经济地位不相称。要知道，高等教育大省不仅体现在高校数量与在校大学生数量上，还体现在教育经费总量以及人均教育经费数量上。从每十万人口在校大学生数而言，浙江的高等教育还有大幅度的提升空间。例如，2017年全国为2576人，北京为5300人，上海为3498人，江苏为3045人，广东为2454人，浙江2345人，浙江每十万人口高等学校平均在校生数不仅低于北京、上海、江苏、广东，而且低于全国平均水平。[②]又如，正如前文指出的，浙江省的劳动力人口受高等教育的比重约为15.2%，远远低于江苏的25.8%、北京的40%、上海的35%。从高水平大学数而言，浙江明显要比上海逊色，以致容易让人产生上海高教更大的错觉。这说明，浙江只要让各具特色的高水平大学多起来，哪怕在高校总量、在校生数量比不上兄弟省份，同样也能让大家认可其高等教育大省的地位。

---

① 详见"教育部　国家统计局　财政部关于2016年全国教育经费执行情况统计公告"（教财〔2017〕6号）http://www.moe.gov.cn/srcsite/A05/s3040/201710/t20171025_317429.html（2020－01－14）。

② 详见教育部网站"每十万人口各级学校平均在校生数"http://www.moe.gov.cn/s78/A03/moe_560/jytjsj_2017/gd/201808/t20180809_344840.html（2020－01－14）。

表3　浙江、广东与江苏三省内涵建设点比较

省份	高教毛入学率	生均公共财政预算（元）	每十万人口在校大学生数（人）	双一流（一流大学／一流学科）
浙江	60.12%	18289.20	2345	3(1/2)
广东	42.43%	20398.26	2454	5(2/3)
江苏	58.3%	19057.20	3045	15（2/13）
全国	45.7%	18747.65	2576	140（42/95）

注1：高等教育毛入学率根据2018年各种相关统计数据整理而成，全国普通高等学校生均公共财政预算根据2016年数据整理而成，每十万人口在校大学生数根据2017年数据整理而成。

2：双一流数据根据2019年统计，由于中国地质大学、中国矿业大学、中国石油大学3所学校在北京和其他地区两地是独立办学，故双一流高校总数为140所。

二、做强浙江高等教育，"强"在何处？

强，一般指层次与质量。我们对高等教育强省的基本判断，往往基于政府认定的高水平大学数量。例如，人们普遍认可北京、上海、江苏、湖北等为高等教育强省（市），依据则是985工程高校、211工程高校或者双一流建设高校数量的多少。由于过去浙江只有一所985工程高校，而且没有第二所211工程高校，2017年实行的双一流建设高校亦只有3所，这与北京31所、上海13所、江苏15所、湖北7所、四川8所、陕西7所等形成巨大反差，从而自我定位为高等教育强省的追赶者（详见表4）。如前文所述，某些第三方评价机构认为浙江高等教育的竞争力位居全国第9位，这与浙江经济发展指标在全国排到第4、5名的位置不匹配。我们既不能妄自尊大，也不能自轻自贱。理性客观地认识自己，实乃科学发展与锐意进取之前提。那么，浙江的高等教育竞争力当前在全国到底偏强还是偏弱呢？应该说，浙江高等教育的总体实力在全国并不弱，与其经济地位大体相当。例如，"上海交大中国最好大学排行榜"2016年首榜发布，浙江进入全国百强的高校数为8所，列全国第4位。事实上，浙江虽然只有一所985工程高校，但该校是由浙江大学、杭州大学、浙江农业大学3所211工程高校与已经通过"211"预审的浙江医科大

学共 4 所高校强强合并，拥有全日制在校大学生 5 万多人，组成了我国高等教育的"航空母舰"，属于当前双一流建设高校的排头兵与领头雁，在高等教育竞争力上具有强大的显示度与影响度。

表 4　浙江高水平大学与兄弟省份比较

省份	985 高校数	211 高校数	双一流高校数 （一流大学 / 一流学科）
浙江	1	1	3（1/2）
广东	2	5	5（2/3）
江苏	2	11	15（2/13）
北京	8	23	31（8/23）
上海	4	9	13（4/9）
湖南	3	3	3（2/1）
湖北	2	7	7（2/5）
陕西	3	6	7（3/4）
山东	2	3	3（2/1）

注：根据 2019 年数据整理而成。

个人认为，基于师资队伍的整体素质而言，浙江已经进入全国高等教育强省行列，只不过，就像作为经济强省的浙江仍存在许多问题与发展空间一样，浙江高等教育同样存在许多问题与发展空间。做强是一个没有尽头的高远目标，是一种永不停歇的奋发图强。当前，做强浙江高等教育，既要遵循既定的制度逻辑，继续扩大政府认定的高水平大学数量，也要跳出单一的评价模式，从体现高等教育的社会贡献度出发，建设越来越多被社会与市场认可的高水平大学。对于按照国家标准推进高水平大学建设，让更多的高校进入双一流、全国百强、各种国家工程等，这是浙江省委、省政府、浙江所有高校以及关注浙江高教的学者们都会想到的，在此不再赘言。但是，中国具有重点大学建设的思维传统，又有区域平衡的政策惯性，在这种背景下浙江要涌现更多被政府圈定的高水平大学是很困难的。因此，对大量的地方院校、高职院校、民办高校等，必须寻找、开发并打造自身的比较优势，力争通过赢得社会各界的欢迎与支持而成为另一种形式的高水平大学。如此这般，浙江不仅有一批面向类似"双一流"冲锋的高校，成为中国政府重点扶持的好大学，也会有更多面向市场经济、获得民间尤其校友赞誉乃至资助的好大学。这两个面向，正是做强浙江高等教育的方向。做好了这两个面向，不仅能够做强浙江高等教育，而且能为兄弟省份提供浙江经验，在中国高等教育史上闪耀"干在实处、走在前列、勇立潮头"的开拓精神。

三、建设高等教育强省，"瓶颈"是啥？

通过以上分析，得出如下结论：做大浙江高等教育，不是单纯地瞄准高校数量、在校生数量，而是重点关注高等教育的毛／净入学率、高等教育财政投入、每十万人口在校大学生数、各类高水平大学数量等内涵建设点；做强浙江高等教育，不只是对接政府评估与资助大学的指标，建设越来越多的双一流高校等，而且还要对接社会需要与市场需求的指标，鼓励更多的地方院校、高职高专等办出特色，建成一大批市场认可、学生满意与社会欢迎的高水平大学。做大与做强，不仅你中有我，我中有你，而且两者相辅相成，相得益彰，相互促进，共同推进浙江高等教育强省建设。只要明确做大做强的方向，也就不难抓住做大做强的内容，难的则是建设浙江高等教育强省的体制瓶颈。那么，我们开展什么样的体制创新，最有可能不断推进浙江高等教育强省建设？

在论及中国高等教育最大的问题上，华中师范大学前校长、我国著名的历史学家章开沅先生一语中的，他指出："教育改革，千头万绪。当务之急，则是两个回归：一是回归大学主体，一是回归教育本性。"所谓回归教育本性，就是要让大学回归人才培养的天然职责；所谓回归大学主体，正是强调高校办学自主权问题。对上文提出的第一个面向，这里的两个回归其实不是最大问题，因为要办什么样的大学、如何去办大学，政府已经为我们指明了方向与路径，而且在功利化、数量化与碎片化的评价体制下，高校及其教师都知道哪个最为重要，哪个更为根本。但是，要实现上文提出的第二个面向，这两个回归就是决定性的要素。可以说，不解决这两个回归，面向市场办学、面向学生办学、面向社会办学就难以真正实现。

而且，在这两个回归中，回归大学主体是第一位的，能够带来第二个回归。浙江能让更多的地方院校、高职高专等实现两大回归，则必然激发这些院校的办学活力，呈现高等教育类型与模式多样化，在做大与做强浙江高等教育上谱写不朽的篇章。其在教育领域的意义与价值，绝不亚于小岗村当年开创的家庭联产承包责任制。在省级层面上的这种改革，其成功经验会推至全国，推动"第一个面向类"高水平大学的改革，进而推动全国高校实现两大回归，最后成就浙江的教育故事乃至教育神话。那么，如何实现地方院校等高校办学自主权的回归？这需要继续发挥浙江"敢为天下先"的创新精神，在高校领导遴选与配备、大学教师晋升与评价等关键环节上大胆改革，最终使高校能够真正依法独立自主地面向社会、面向市场、面向学生而办学。达此目的，浙江高等教育的下一个 70 年，将不再只是浙江研究的一段历史，而是全国研究的一个样本。

总之，风风雨雨的浙江高等教育 70 年，在其进程中难免有过挫折与坎坷，但是将其置于特定的社会环境，再考虑全国各地的发展状况，这些都是不应该苛求的。回望过去的 70 年，浙江高等教育不断进步，而且比众多兄弟省份进步更快，尤其在体制创新方面走在前列。例如，属于最早在全国创建民办高校的省份之一，成立了第一所中外合作大学，在全国率先开展下放项目评审权等管理体制改革，最早将创业型大学等新型办学模式确立为省级教育体制改革项目，创办了第一所由社会力量举办、国家重点支持的新型研究型大学，等等。当前，走出高等教育洼地的浙江，需要继续充分发挥浙江精神，突破高等教育发展的瓶颈，围绕"两个回归"做好"两个面向"，迎接下一个由量变迈向质变进而受到全国乃至全球瞩目的 70 年。[①] 正如美国教育家约翰·杜威如此评价蔡元培一样——"把世界各国的大学校长比较一下，牛津、剑桥、巴黎、柏林、哈佛、哥伦比亚大学的校长之中，在某些学科上，有卓越贡献的不乏其人，但是，以一个校长身份，而能领导那所大学对一个民族、一个时代，起到转折作用的，除蔡元培而外，恐怕找不出第二

---

① 美国杜克大学商学院教授李志文在《漫谈二流大学》的长文中将世界好大学分了四个层次：顶级大学（普林斯顿、哈佛、耶鲁、加州理工、斯坦福、MIT、芝加哥），全是私立；一流大学、二流大学、三流大学（东京大学、清华大学、北京大学、浙江大学、台湾大学、首尔大学等，基本上都是公立大学）。

个。"我们也要力争在 70 年以后有人如此评价浙江高等教育，"浙江省的高等教育在全国不是规模最大的，甚至在层次上也不是最强的，但是，以一个省域的身份，而能引领全国各地高等教育体制变革、推动教育进步与社会发展，除浙江外，恐怕找不到第二个"。

（2020 年 1 月 14 日）

浙江高校破除"五唯"的五步走战略 [①]

中共中央、国务院近期印发《深化新时代教育评价改革总体方案》（以下简称《总体方案》），围绕破除"五唯"的中心目标而展开，要求各地区各部门结合实际认真贯彻落实。这是国家破除"五唯"系列重磅文件的继续、升华与总结，是我国教育综合治理中的"关键一役"和"最硬一仗"，将成为我国"十四五"时期教育改革的行动指南。浙江教育体制创新长期以来走在全国前列，我们应该利用此次"攻坚战""持久战"契机，在全国率先推动高校破除"五唯"，顺利实现2035年全面建成高等教育强省的战略目标。高等教育不仅体现国家或者省域的教育水平指数，而且最能凝聚高层次人才与推动经济转型升级。针对浙江高校破除"五唯"的思路与策略，本课题组提出了"五步走"战略，体现国家意志，彰显浙江精神，具有启发作用。

第一步，研读文件，把握国家教育评价的方向

国家近年密集发布的高教政策文件，在学术创业、破除"五唯"等相连主题上特别显著。2020年国家多个部委针对前期破除"五唯"的专项治理计划，出台一系列显实招硬招的应对性政策（教科技〔2020〕1号、国科发监〔2020〕37号、教科技〔2020〕2号），力争破除"五唯"，促进成果转化。2020年科技部等9部门印发《赋予科研人员职务科技成果所有权或长期使用权试点实施方案》（国科发区〔2020〕128号）指出，要"树立科技成果只有转化才能真正实现创新价值、不转化是最大损失的理念。"梳理国家政策文献发现，破除高校"五唯"，实现科技成果转化，鼓励高校学术创业，提高人才培养质量，促进高校办出特色，是

[①]　2021年1月，本政策建议在第一个环节就被拒稿，不录用理由在于：破"五唯"选题可以，但文稿无针对性，这本是一项政策性研究，无什么战略可言，无修改基础。

近年亦将是"十四五"时期国家高教政策的一条主线。国家高教政策的关键点与新动向，反映在这次专门针对教育评改革的《总体方案》中，集中体现在破除"五唯"的改革行动中。

第二步，引导舆论，认清高校"五唯"的实质

高校中"唯论文、唯帽子、唯职称、唯学历、唯奖项"的"五唯"现象，是在长期的历史进程中形成的，有着广泛而又深层的社会根基，不可能在短期内彻底治理，这正是国家文件采取"顽瘴痼疾"指称"五唯"的原因所在。在这种背景下，知其所以然比知其然更重要，我们需要加强研究与宣传，剖析"五唯"的实质与危害，形成破除"五唯"的合力与决心。高校"五唯"的实质，是单一化、绝对性的"唯外部评价"。在"唯外部评价"的指挥下，学术水平的评价就变成一个学科专业领域之外的人都可以进行简单的数字运算工作，或者按照人才称号的等级、大小、有无将评价对象直接从第一名排到最后一名。我国政府清理"四唯""五唯"的专项活动，不是要否定外部评价，而是要否定"唯外部评价"。这种"唯外部评价"只能带来中国学术泡沫化的表面繁荣，扼杀科研工作者的本源性学术兴趣与创新活力，尤其进一步营造了浮躁的功利化的学术环境。

第三步，先立后破，确立大学教师的行动指南

破除"五唯"的指导思想不仅科学正确，而且显得尤为紧迫。但是，去"唯论文"不是不要论文、去"唯分数"不是不要分数，我们不能操之过急，从一个极端步入另一个极端。同时，中国是个熟人社会，如何避免"破旧唯"后"立新唯"，如何推动从"唯"到"维"的转变，都需要我们坚持"先立后破，不立不破"的原则。那么，我们"立"什么呢？大学教师从哪些方面体现自己的学术使命呢？对专任教师而言，主要在于两个方面。一是在人才培养上的工作数量与质量。一位大学教师能够开出多少门课程，每门课程的水平与效果如何，在学生成长上投入的时间如何，同事以及选课学生的满意程度如何，等等，这些属于评价大学教师的第一向度。二是在学术生产上的影响与贡献。对学术生产者而言，论文、著

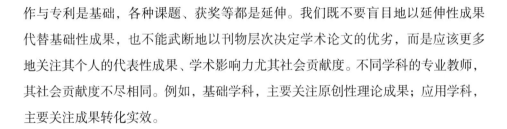

作与专利是基础，各种课题、获奖等都是延伸。我们既不要盲目地以延伸性成果代替基础性成果，也不能武断地以刊物层次决定学术论文的优劣，而是应该更多地关注其个人的代表性成果、学术影响力尤其社会贡献度。不同学科的专业教师，其社会贡献度不尽相同。例如，基础学科，主要关注原创性理论成果；应用学科，主要关注成果转化实效。

第四步，抓住关键，加快教师评价改革的推进

明确了大学教师的行动指南，接下来就是要通过评价制度，推动大学教师按照行动指南前进。科学有效的学术评价制度，既是客观评判大学教师学术贡献的重要工具，也是持续推动大学教师积极进取的激励机制，还是全面培育良性学术生态环境的基本保证。当前中国大学面临的诸多问题，都与学术评价制度直接相关。在破除"五唯"问题上，我们要做到看准步，迈小步，踏稳步，不停步；同时，抓住学术评价改革的三个关键环节。其一是分类评价，分类是评价的前提与基础，不同类型与层次高校、不同学科与专业教师，考评标准应该有所不同。其二是淡化奖励，去"五唯"，首先要消除其甚嚣尘上的生存土壤，那就是对学术业绩的过度且重复激励。对此，国家在2020年已经发布若干针对性文件。其三是薪酬改革，在淡化学术业绩的奖励之际，不同高校针对不同教师，可以在提高岗位津贴的基础上，探索高校年薪制、高级职称长聘制等方法，保证教师的薪酬待遇不做"减法"而是"加法"。

第五步，总结宣传，推广高校改革的浙江经验

我国哲学社会科学已经从翻译介绍与理论援引的初级阶段，转到中国气派、中国特色学术体系、话语体系与学科体系的打造阶段。在高校学术评价制度改革上，中国同样要走出自己的道路。但是，教育评价改革是一项系统工程，牵一发而动全身，属于教育改革与发展中"最难啃的硬骨头"，破除"五唯"的艰巨性决定了改革的持久性。正如《总体方案》所言，要用5至10年时间的努力，到2035年基本形成富有时代特征、彰显中国特色、体现世界水平的教育评价体系。在攻坚克难、久久为功的教育变革面前，浙江高校应该率先行动起来，积极稳妥地推

动学术评价改革，力争在全国做出榜样与示范，然后为中国贡献浙江智慧与浙江方案，最后也成就了中国气派、中国特色的高校学术评价体系。这是浙江高等教育发挥"重要窗口"作用的历史选择，而且是从根本上影响中国高等教育现代化进程的关键一战。

校外培训躲猫猫　双减政策有准招[①]

2021 年 7 月 24 日，中共中央办公厅、国务院办公厅印发了《关于进一步减轻义务教育阶段学生作业负担和校外培训负担的意见》，亦即"双减"政策。8 月 31 日，浙江发布《浙江省进一步减轻义务教育阶段学生作业负担和校外培训负担实施方案》。应该说，"双减政策"是国家贯彻落实长期以来义务教育阶段"减负"方针的持久与深入推进。这个政策的亮点之一在于对校外培训市场的整治采取了更加严厉的举措，从源头上阻断大量资本向学科类教育培训领域的不断注入。但是，在补习教育需求依然坚挺的前提下，校外培训从前台"摇旗呐喊"转入后台"暗地运作"，家长们依然面临"输在起跑线""学业负担过重影响孩子身心健康"等多重焦虑。更严重的问题在于，让校外培训在政策之外的阴暗处滋生与壮大，更容易危及教育公平，激发教育焦虑，助长培训乱象，导致双减失效。可见，对校外培训"躲猫猫"的行为，绝不能睁一只眼闭一只眼。那么，我们如何才能让校外培训走向全面规范并且逐步降温呢？从目前来看，我们首先需要把握地下校外培训的形式，然后寻找市场强大需求的原因，最后探索综合治理的有效举措。

一、地下校外培训形式有几种

在双减政策出台之后，不少本应终止的校外培训依然"外甥打灯笼——照旧（旧）"，只不过在改头换面后重新"粉墨登场"，让人们不易察觉或者雌雄难辨。地下校外培训的形式多种多样，在"默许"之后还会不断涌现。粗略归纳一下，针对线下活动，当前至少有这么四种。一是关门营业。乍一看，培训机构关门大吉，歇业整改，而暗地里依然我行我素。当然，在取得家长的同意后，要把已经缴费的课业授完，这也是可以理解的。但是，不少属于在双减政策出台之后再续的课程，

---

① 2021 年 8 月 27 日，应浙江省教育厅双减政策研究课题小组邀请撰写的时评文章。

而且培训方与家长是"周瑜打黄盖——一个愿打一个愿挨"。二是新瓶旧酒。培训机构很快就响应了政府的号召，注销了原来的培训机构名称，更改为不受双减政策约束的其他培训机构名称，但在培训内容与形式上依然走老路。三是场地转移。无论法人还是个人举办的相应培训，都有可能转战民宅等隐蔽场所。尽管该类一对多的培训不难被发觉，但是只要不扰民，周边群众一般不会做"坏人"。四是精准对接。这种一对一的校外培训，时间与场地都可以灵活选择，哪怕在被发现后接受调查，只要学习方与培训者双方"攻守同盟"，各种政策与法规也是无能为力的。

对以上四种"违规"的教育活动，产生的后果与治理的难度不尽一致。例如，对"关门营业"的问题，这个肯定不会持久，也比较容易处理。对"新瓶旧酒"的问题，在完成校外培训机构分类管理与转登工作之后，将成为培训机构"违规"运作的主要形式。对"场地转移"的问题，这应该成为个体举办培训的重要形式之一，且"一对多"的模式可以带来较大的规模效益，具有较大的市场潜力。对"精准对接"的问题，这应该是最难应对的培训形式，而且没有"之一"，以致有人认可其存在的合理性与必要性。可是，如果任其发展，那么家庭有偿私教就会甚嚣尘上，养育教育成本不减反增，孩子的课后自由时间更难以保证，教育的起点公平受到更加严峻的挑战。

二、校外培训需求高涨是为何

民众热爱学习，孩子沉浸书海，资本投入教育，学习型社会跃入眼帘，这本是一件好事情。但是，国家为何重拳出击，一而三再而四地倡导"减负"尤其这次加大力度整饬培训市场呢？关键原因在于这种培训已经走向"育人"的对立面，进一步加剧了"唯分数""唯升学"等顽瘴痼疾，导致全民的"教育焦虑"与"教育内卷"，让本该"深深的水静静地流""慢工出细活""静待花开"的教育事业，在基础教育阶段就变成了"争先恐后""弱肉强食""资本聒噪"的多方拼杀舞台。这与从"大家都坐着看戏"到"个别人站起来看戏"，再到"所有人站起来看戏"，最后演化为"大家都站在椅子上看戏"的"剧场效应"，在本质上是一致的。产生的后果不仅导致大家疲惫不堪，而且会出现更多的人无法看戏。问题在于，这

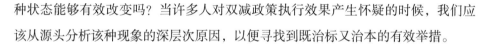

种状态能够有效改变吗？当许多人对双减政策执行效果产生怀疑的时候，我们应该从源头分析该种现象的深层次原因，以便寻找到既治标又治本的有效举措。

在这些校外培训活动中，是"需"决定了"供"，"需求侧"决定了"供给侧"。也就是说，政府屡禁不止，培训如火如荼，家长趋之若鹜，根本原因在于教育市场中培训需求量巨大，太多的家长想让孩子接受校外培训，这才是主要矛盾或者矛盾的主要方面。只要需求减少，供给自然减少，市场必然降温。如果我们继续追问，又是什么导致培训需求如此高涨？显然，这要从我们的考试制度、升学制度以及学历社会说起。"多考一分，干掉千人"的"唯分数""唯升学"等"五唯""N唯"评价机制，才是校外教育培训飞速膨胀、乱象横生的根源所在。正因为"一切为了分数""一切为了升学"，以致学校基于"减负"目的提前放学的做法，反而导致教育培训市场以"增负"的结果高调介入。

三、整治校外培训务必抓源头

整治地下的校外培训市场，紧紧依靠群众举报、行政处罚等打压举措，依然是扬汤止沸，治标不治本。例如，如果外在打压严厉而内在需求旺盛，那么即使出台《校外培训机构黑白名单》，家长也会选择地下培训，一对一的"精准对接"将成为地下培训的主要形式。要让炽热的校外培训冷却下来，让各种学习回归正向的育人轨道，治标又治本的办法则是要抓住"需求侧"这个牛鼻子，从深化教育评价体制改革出发，来一场全面、系统与深入的教育改革，这才是整治教育培训市场的釜底抽薪。中共中央、国务院于2020年10月13日印发的《深化新时代教育评价改革总体方案》，已经吹响了这场改革的号角。这场改革如果能够取得胜利，校外培训乱象也就可以得到较好的治理；反之，这场改革如果成为一阵风，那么校外培训必定禁而不止，甚至只会越来越隐蔽，加剧教育焦虑，影响教育公平。但是，这场改革既是攻坚战，也是持久战，作为积重难返的顽瘴痼疾，没有五至十年难以有所实质性的变化。为此，我们可以将此称为治理校外培训市场的长期战略。

导致教育培训市场疯涨的源头性问题，既有来自作为主要矛盾的需求侧方，也是作为次要矛盾的供给侧方。学校是义务段孩子知识增长与能力提升的主战场，不能把学校的中心工作与教育责任转嫁给家长以及校外培训机构。从这次双减政策看，国家以及地方政府充分考虑到了这点。例如，要求学校推迟孩子们放学回家的时间，尽可能将作业及其相应辅导留在学校；禁止在职教师在外面开展有偿补课，严禁校外培训机构聘用在职教师；等等。某些地区甚至提出，"校外培训机构不得聘用体制内教师，体制内教师不得开展各种形式的地下有偿补课，若被举报投诉则予以开除处理。"这些举措实在而又有力，体现了党和政府的决心与信心。校外培训的优秀教师，往往以体制内教师为主，如果体制内教师能够坚守本职岗位，让孩子们在校内"吃饱""吃好"，那么校外培训也就没有那么大的市场，校内教育质量也就会蒸蒸日上。同时国家规范治理了校外培训市场，不再审批新的学科类校外培训机构，现有学科类培训机构统一登记为非营利性机构，让教育不再成为生意，赚钱不再成为办教育目的；官方确定培训机构收费项目和标准，让教育主线紧紧握在政府手里；通过第三方托管和风险储备金等方式加强预收款监管，要求校外培训机构全面规范使用《中小学生校外培训服务合同（示范文本）》，降低学生家长教育成本与风险；规定了校外培训时间，保障未成年人保护法赋予学生的休息权利，还给学生休息、娱乐和体育锻炼的时间。校外教育从强化应试走向必要补充，校外教育质量从资本乱象走向精益求精。当有这样一天的到来，学校回归"育人"的主体，地下培训市场门可罗雀，孩子健康快乐自然成长，中国教育就迎来了胜利的曙光，成就了基础教育改革的中国新篇章。

评价改革开启中国教育事业新篇章①

新中国成立以来，国家出台了若干具有划时代意义的教育政策文件。中共中央、国务院于 2020 年 10 月 13 日印发的《深化新时代教育评价改革总体方案》（以下简称《总体方案》），是国家破除"五唯"系列重磅文件的继续、升华与总结，正是这样的教育政策文件之一。《总体方案》之所以有如此重要的历史地位与战略意义，至少取决于以下五个方面的因素。

其一是关键性。教育改革千头万绪，评价机制则是关键之关键，是我们要抓的"牛鼻子"。正如《总体方案》开篇所言，教育评价事关教育发展方向，有什么样的评价指挥棒，就有什么样的办学导向。事实上，评价机制既是"路标"，还是"动力"，更是"环境"。办教育，其实就是营造环境，营造那种百舸争流而又从容有序的祥和环境。如此专门针对评价改革的教育政策，无论我们如何强调其重要性都不为过。

其二是及时性。改革开放以来，如同经济领域的改革成就一样，中国的教育事业获得长足发展，国民素质在整体上大大提高，这一点我们一定要认识到。但是，过于功利、过度竞争的教育环境不断强化，国民的教育满意度与获得感随之下降。近年来借用描绘教育现状的热词"内卷化"，形象地揭示了中国教育的症结所在，也是国家文件采取"顽瘴痼疾"指称"五唯"的原因所在。真正释放教育活力，唯有深化评价改革；这项改革迫在眉睫，舍此之外别无他策。

其三是全面性。《总体方案》正文字数仅仅 6386 个，却囊括教育事业的主要主体，涉及评价对象的重要方面。《总体方案》的主体内容"重点任务"，从党

---

① 2020 年 12 月 24 日，应浙江省教育厅相关部门之邀，针对《深化新时代教育评价改革总体方案》发表学习体会文章。公众号"教育之江"于 2021 年 1 月出陆续推出"深化新时代教育评价改革"专栏系列笔谈，宣传解读科学教育理念和评价改革政策。

委和政府、学校、教师、学生、社会用人单位出发，既全面概括了教育评价改革的五大主体，也全面指出了正确的教育观、办学观、业绩观、成长观与用人观。针对每一类教育评价改革的主体，《总体方案》关注到了重要事项、主要内容或者紧迫任务。例如，针对学生评价改革，强调德、智、体、美、劳五育并举，突出体育、美育与劳动教育的时代价值。

其四是创新性。《总体方案》较好地吸收了近年教育学术界的研究成果，例如"改进结果评价，强化过程评价，探索增值评价，健全综合评价"，也集中体现了国家近年的评价改革新动向，例如"不得将国（境）外学习经历作为限制性条件"，更是在破除"五唯"、培育良好教育生态上进行了探索性思考，例如"落实中小学教师家访制度，将家校联系情况纳入教师考核""教师成果严格按署名单位认定、不随人走"，等等。

其五是稳妥性。《总体方案》围绕破除"五唯"的中心目标展开，力争将教育评价改革举措落在实处。高校与中小学的"五唯"，具体内容不尽一致，但精神实质并无区别。去"唯论文"不是不要论文、去"唯分数"不是不要分数，去"唯"只是强调我们不要"以偏概全"、不要"无视其他，以此决定一切"，不能从一个极端步入另一个极端。同时，我们不能操之过急，有破有立，甚至先立后破。中国是个熟人社会，如何避免"破旧唯"后"立新唯"，如何推动从"唯"到"维"的内在评价、专业评价与综合评价，正如《总体方案》所言，要用5至10年时间的努力，到2035年基本形成彰显中国特色、体现世界水平的教育评价体系。

总之，教育评价改革是一项系统工程，牵一发而动全身，不愧为教育综合治理中的"关键一役"和"最硬一仗"。这场改革成功了，教育事业也就走出"深水区"与"瓶颈期"，最终建成人民满意的社会主义现代化教育强国，在全球范围里"彰显中国理念，贡献中国方案"。对此，我们要有"千难万难，也得攻坚克难"的韧性精神，还要有"久久为功，做好打持久战"的思想准备。可见，《总体方案》不可能成为过眼烟云，至少在"十四五"时期成为我国教育改革的战斗檄文。

第四部分　教学改革

从课题评审看大学教学改革的风向标

每次参加各种项目的评审，我总觉得我不是在评别人，而是从别人那里学到东西。例如，看到写得很好的申报书，我就会想到，下次我申报课题时，应该如何提高本子的撰写质量；有些题目或者设计思路，具有创新性或者启发性，让我打开了思路，开阔了视野；在如此多的申报书里选择那么有限的几份，让我想到要提高命中率需要注意哪些问题；……近日，参加学校组织的省级、市级课题评审，我看了近百份申报书，还听了市级课题申报者的口头汇报，感觉个人收获多多。在此，我仅将这些教改课题普遍探讨的几个主要主题梳理出来，这些代表了中国大学教学改革的基本方向。

一、利用网络技术推进教学改革

翻阅这些教改课题，相当一部分是利用网络技术开展教学改革。例如，基于移动学习平台的"智慧博雅"课堂的构建——以××课程为例、基于 can-do 模式的××课程线上线下混合式教学的研究、互联网+××专业教育改革研究，等等。这些教学改革课题，主要是利用现代网络技术，优化课程教学组织，或者完善课程教学内容，达到传统课堂教学所不能达到的效果。在评审中，几位评委对一位教师申报的项目非常感兴趣。该教师主要是利用现代网络技术，将各种仪器设备的操作程序图案化，老师在上课前，让同学们扫一下这些仪器设备的二维码，就可以看到这些图案了。在这里，该教改课题的最终成果就不是传统的学术论文，而是如何将操作程序图案化，如何将它们编入二维码。显然，这对纯粹人文学科的教师而言，都是具有挑战的。这就不难发现，近年来我校成功申报教学改革课题的教师，多数是理工科类的教师。放眼望去，在竞争激烈且不分学科的教学改革项目评审中，一位人文学科的教师仅凭优美的语言与深邃的思辨很难获得专家的认可。

二、实践取向的基本方向从未改变

当前中国大学教学现状，偏重理论灌输，理论与实践联系不足，在理论学习上，思辨能力培养亦显不足。这些问题，严重降低了人才培养质量，甚至浪费了大学生的宝贵时间。对此，学界都能认识到。于是，在申报教学改革课题时，许多大学教师均从提高针对性与实践性角度切入。例如，地方院校××专业师范生教学技能培养的实践研究、基于"工作室模式"加强××专业实践教学环节的改革探索、新工科背景下地方应用型大学人才培养的路径研究，等等。这些课题要解决的核心问题，就是实践性与针对性不足的问题。从某个角度来看，该类课题本身已经没有一点新意了，因为大家都知道这是教学改革的方向。如果一个课题能在路径策略上寻找到更加具体有效的办法，那么这样的教学改革课题就成功了一半。正如在评审时坐在我旁边的一位评委对我说："教学改革的关键，在于实现启发式教学。我现在对这些新名词新概念，一点也不感兴趣。"确实，不少课题还是在炒一些新概念，在标题上标新立异，但实际上属于新瓶旧酒，无法在路径、举措或者策略上予以突破。最后，这些课题也就只能发几篇文章，对实际教学并没有任何改进。

三、学生的主体地位予以充分体现

以教师为中心的传统教学观一直遭到批判，但这种现象在中国大学课堂尚未得到改变。当前中国高校的课堂教学，学生就像一个被动接收的容器，老师将那些教条性的知识往里装，等考试一结束，容器里的东西也就全部倒空了。由于缺乏学生的主动思考与体验，这就不是爱因斯坦所说的那种教育观，即"所谓教育，就是在学校里学过之后遗忘之后留下的东西"。更加严重的问题在于，由于学生没有一种"为我教学、我要学习"的主体精神，以致他们根本没有去听那些枯燥无味或者意义深远的知识，而是"关闭容器"拒绝一切学习，安然理得地享受悠闲。确实，如果我们解决了学生学习主动性的问题，许多教学改革都能开展得较为顺利。在这种情况下，无论我们是否运用现代网络技术，还是过于强化实践取向，许多教学改革都能取得较好的效果。从某个角度而言，我们借用现代网络技术，或者突出实践取向，也还是为了强化学生的主体地位问题。

四、课程资源建设容易体现实际成效

拿什么东西来教学生，这其实是非常关键的，需要教师们长期积累。一门优秀的课程，首先要有优秀的教学资源。在这次课题汇报中，有一位教师申报某门课程的教学模式设计与实践研究，理论前提都是大家熟悉不过的"以学生为中心""实践取向""基于互联网"等，这些在理论本身上并不让我感到有什么新奇的或者重要的，但是，该教师提出，该门课程长期以来被认为是枯燥无味的，于是他将相应的理论讲授，通过生活中的实际案例来阐释。例如，为了让教师们对管理学中的某个理论产生兴趣，他编制了一个这样的案例，即国庆长假等时期高速公路免费问题，形成了各种不同的意见，让同学们参与讨论。在我看来，像这样的一门课程，如果大部分理论讲授环节都有一些生活实例来支撑，会让课程变得更加有趣有效，老师也更加轻松自信。这一次，还有一位教师申报了"××专业大学生学术创业案例库建设研究"（当然，原题目不是这样表达，这是我根据该申报书所要揭示的问题而加工创造出来的）。应该说，这样的研究主题非常好，能够让我们看到，经过一轮的教学改革实践之后，这些教师相对于以前有一些实实在在的进步、业绩或者贡献。但是，该课题在研究内容、方案设计等都写得不好，最后未能获得立项资助。

五、具有某种创意的课题都是好课题

听申报者汇报时，我特别希望能够听到对方的思想，而不是照着申报书或者课件滔滔不绝地"念"下来。越是优秀的研究者，越能站在评委的立场，在最短的时间呈现课题的亮点、奇点与贡献点。如果一位申报者让评委发现，他的课题具有某些一时不为别人想到的有价值的东西，那么，这个课题立项的可能性就大大增加了，在茫茫的一片课题中就会脱颖而出。例如，有位老师申报的题目是"基于新高考背景下新生预修课程运行模式的研究与实践——以××课程为例"，该课题的新意在于，高中毕业生在接到大学入学通知书之后，离上大学还有一个月的空档期，如何利用这个空档期来引导学生学习某门课程，显得非常有必要。应该说，该课程的价值不在于学习该门课程的创新，而是在利用这个空档期的意识问题上有创新。有了这个意识，一所大学要引导即将入学的准大学生好好地利用这个空档期，就会从一个专业出发，或者从整体的发展出发，而不是单从某门课程出发。但是，无论如何，这个空档期的引导与利用是我们没有想到的，评委们一致给了他较高的评价，支持这个课题获得立项。

总之，只要想学习且善于学习，随处都可以获得学习的机会。以专家身份参加的各种评审活动，既是本着良心履行专家职责，更是满怀感激虚心向大家学习。

（2018 年 10 月 12）

走进儿童的世界　摘取幼师的王冠

好几个月以前，我听了某个学前教育班 42 位同学的说课。当时，将一些感想要点记录下来，总共超过十条。原计划，利用当晚或者某个周末将他们展开，成为一篇随笔。可是，由于后来事务太多，而且要么就是让人无法沉下心来的家务事，要么就是每周要撰写多少字数的课题研究任务，根本挤不出时间阐述这些感想。今晚，课题研究的阶段任务已经完成，新的研究工作难以挺进。于是，想到这个未竟的话题，准备将他们略作梳理。应该说，或许难以进入当时的意境，达到见微知著的表达效果，但至少不会将这些重要的几点感想淡忘。

一、幼儿的世界，是动物的世界

不知其他几位评委有没有注意到，反正我在听的过程中，最明显的感受之一就是，几乎每位学生的说课内容，都与小动物有关。为何在幼儿教师的讲课内容中，都是那些小猫、小狗、小马、老虎等之类的动物呢？应该说，绝不是因为偶然，而是带着必然，蕴含着一定的规律。因为无论是学前教育的教科书，还是大人们无意识地给小朋友们讲故事，大都从某某动物开始。而且，每次看到各种动物，小朋友们都非常兴奋。这就表明，幼儿的心理世界，是一种动物的世界。

如果这是一种规律，我想对这种规律试作简要的解释。其一，动物是现实的、直观的，从而你可以给小朋友们讲各种动物，包括身边的小朋友，但不宜讲太多的规则、理念等看不见、感受不到的东西。就是要讲规则，也应该以小朋友们能感受到实物或者个体作为载体。例如，你要小朋友懂礼貌，与其说规则，不如说另一位能起榜样示范作用的小朋友。其二，动物是可爱的、有生命的。我观察过，小朋友们都喜欢能够动的东西，包括各种小玩具在内，那些一动一动的表现，牵动着小朋友稚嫩的心，也跟着一动一动起来。其三，小朋友们有交流的欲望，他们看到活蹦乱跳的小动物，就想问候他们，与他们交朋友。而且，在小朋友眼里，这些小动物是他们保护与爱抚的对象，就像爸爸妈妈关爱自己一样。当然，规律的背后潜伏着更丰富、更深刻的联系，以上几点只是自己随意想到的粗浅看法。

二、小朋友首先学会画画，在表达情感时倾向于用图画来表达

我的脑海中冒出这句话，现在想起来，不知受到什么样的触动而产生。或许几十位学生在说课时，力争用图表来呈现内容，而不是通过文字或者更多的语言来说明。不过，虽然我个人所受的教育，是先从学会认字写字开始，再在小学高年级甚至于初中阶段才开始学画画，且也从没认真学过画画，但我同样认为这句话是有道理的。理由在于：不论是成人，还是小孩，他们对图画的记忆能力乃至关注度，都比对文字的记忆能力与关注度要强得多；而且，先从图画开始，既符合人的认知逻辑，还可以开发孩子们的智力尤其是想象力。我在教育自己几岁的儿子时，发现他对图画非常敏感，对汉字就没有太多兴趣。每次认字时，先看图，再猜字。当我将图画蒙起来时，他有时就弄不清楚了，甚至故意要用他的小手去掀开我的那只按着图画的手。

三、幼儿老师最重要的是童心、爱心、细心、耐心，而不是教学表演

42 名学生登台说课，有些学生，尽管教学技能娴熟，但我能够断定他们对小朋友缺乏童心、爱心、细心或者耐心；有些学生，虽然表现略显笨拙，但我觉得他们将是一位可以信赖、可以寄托、可以胜任的幼儿教师。对于前者，若我是招聘幼儿教师的，我肯定不会录用；对于后者，我会优先录用。这些，正与幼儿教育的特殊性有关。在大学，选聘教师，重点关注科研能力与教学技能；而对于幼儿教师，则重点要关注他们的童心、爱心、细心以及耐心。这是因为，幼儿们的正向学习与发展，需要积极的有效引导，要走进他们幼小的心灵世界；幼儿们属于被保护对象，他们对自己行为的危害缺乏认识，需要得到老师们细致入微的关心与爱护；幼儿小朋友们，做任何事情都缺乏足够的耐心，你说的话，他马上就会忘记，你教的事情，他也不会在意，特别考验教师们的耐心；幼儿小朋友们，主要是培养好习惯、长身体的时期，而不是学习知识文化的阶段，何况对于他们

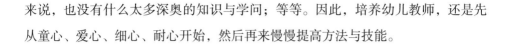

来说，也没有什么太多深奥的知识与学问；等等。因此，培养幼儿教师，还是先从童心、爱心、细心、耐心开始，然后再来慢慢提高方法与技能。

四、幼儿教师上课不需要过于关注结果，而应重在过程

在听学生说课过程中，我发现有不少学生，有点赶时间或者急于公布答案的感觉。例如，在呈现出一张极有教育或者启发意义的图片时，有些学生不会在此多停留一会儿，急于进入自己想要讲的主题。应该说，这种选择性过于明显的教育方式，不适于小朋友。事实上，你完全可以让小朋友来观察一下，听听他们看到了什么，让他们想想有什么，然后再来讲解后面的话题。课堂教学，本来就是一个过程，对于幼儿教育来说，更是一个不需要最终答案的过程。在这个过程中，培养小朋友的观察能力、思维能力与表达能力乃至合作能力。

五、这些未来幼儿教师普遍没有把握说课的实质

说课与上课是有明确区别的，两者最大的区别之一在于：说课是面向同行、专家的讲课，特别关注你为什么要这么上课。但是，这里的学生普遍没有做到这一点，大多是讲教案或者说教案的式样。看来，以前我们在给学生讲授理论课时，虽然在"说课"的名词解释上通过考试了，但在具体运用时却仍然一知半解。这不是学生们的错，是我们教师的错。作为"教育学"理论课程的老师，我也是需要自责的。事实上，如果把他们的教学，称为微格教学，则似乎更合适一些。

六、面向幼儿园小朋友的教学特别需要道具

我们尤其是小朋友，对实物的感受最为强烈，从而在教学过程中，要激起小朋友的兴趣，最好使用相应的道具。从这42位同学的说课来看，基本上都做到了。但是，在使用道具的过程中，老师要做到道具只是手段，而不是目的，从而不能老是围着道具转，反而对自己要讲解的内容都变成次要的内容了。有一位同学，在讲某种小动物找家时，先后拿出近十种道具，在有限的十分钟内，我们都被他摆弄的这些道具弄糊涂了，小朋友们哪还能知道这节课到底在做什么呢？

七、幼儿教师要有控班能力，但时刻不能忘记调动小朋友的天性、主动性与积极性

几十个小朋友们在一起，若不好好规范一下，他们会吵成一锅粥。而且，小朋友们最没有耐性，安静不了几分钟，就会本能性地捣蛋起来。这样的一个群体，要对他们进行有效的引导，确实需要较强的控班能力。但是，这种控班，绝对不是"管死"。如果约束了孩子们的天性，则是一种负向的反教育。对儿童来说，最重要的是引导他们在具有"普适价值"的规范道路上自由飞翔，开启他们的创造潜能，让他们的手、脚、眼、鼻、脑等全部解放出来。因此，当你看到小朋友在将水倒到别的小朋友身上，你应该立即制止并批评；当你看到小朋友将水倒在一棵小树下并且用手去摸平时，你不应该批评，视情况来加以鼓励、引导或者教育。

八、有些同学很活跃，但有时只顾表演

真正善于观摩教学比赛的，会发现哪些教学只是表演，哪些教学是真正的教学。我听过不少的课堂教学，有些课确实上得很活跃，体现了讲课者高超的表达能力与教学技能，但是，我能感受到他们的眼睛里没有学生，心里更加没有学生。如果要说他们眼中有人，那也只是评委或者自己，没有听课的学生。这在给幼儿园的小朋友们上课中，体现得更加明显。例如，讲课者只顾表达自己要讲的内容，体现自己的才气，全然不顾学生的接受能力，这样的课堂只能是看起来轰轰烈烈，实际上达到教学效果。小朋友们的课堂，其实不需要这么活跃的，更不需要高强度的展示，他们的思维本来就没有那么敏捷。在轻松欢快的教学中，慢慢地培养孩子们的学习兴趣，养成平和却又大方的性格。

九、方方与圆圆找朋友，同样的就是好朋友，这容易制约小朋友的情感发展

有一位同学在讲形状时，最后采取以找朋友的方式来让小朋友找到同样的图形。那位老师指着几个图形说："小朋友们，我们来找到方方与圆圆的朋友"。教师的这句话，实际上蕴含着同样形状的图形就是好朋友，不同样形状的图形就

不是好朋友。在我看来，这种导引方向不正确。对小朋友来说，不要让他们将与自己不一样的对象视为非朋友。例如，女生只将女生视为朋友，男生只将男生视为朋友，成绩好的只将成绩好的视为朋友，……如此这般，对小朋友们的情感地带是有负面影响的。

十、脱稿讲课，老师千万不能背稿子

在我上大学时，有些老师就是照着稿子念，学生们在下面做笔记。现在想起来，那种教学真是乏味。殊不知，我现在教的学生，居然还有不少人同样照着稿子念。就我上课来说，如果幻灯片上的内容过多，我往往很难讲好课，内容越少反而讲得越好。为什么不能照着稿子念呢？讲课讲课，肯定要讲出来，而不是念或者背出来。这种讲课，体现了老师的思维过程，能够与学生们一起进行思考；同时，也能让学生们感受到教学的魅力，否则，还不如将教材发下来让学生自己看好了。对讲课者来说，应该记住核心观点与基本思路，在讲的过程中，随时变换，这样讲起来才流畅。另外，教学不是表演，不是展示，而是为了教学对象。对小朋友们来说，要注意速度，教学进度要以小朋友们普遍能够跟进为基调。

最后，有一位同学在课堂提到了"越是民族的，越是世界的"。对这句话，我一直有不同看法。在我看来，"越是民族的，越是世界的"，这代表的只是那种欣赏性的世界文化，如果仍然成为这些民族的生活方式与价值追求，这往往意味着落后、保守与愚昧。未来世界文化的发展走向应该是：越是世界的，越是民族的。也就是说，一个民族越为其他民族所效仿与跟随，对世界的贡献越大，其在世界的影响力就越大，从而越体现民族特色。可以说，越是开放与现代的民族，其只属于个体的特色就越少。

（2015 年 9 月 10 日）

教学反思（上）

　　大学教师教学质量评价，谁最有发言权？我向来认为，从教学水平来看，专家的意见最为权威。但是，我们评价教师教学质量，并不是完全根据其教学水平，而是其教学效果，即学生所获。从这个角度来看，大学教师教学质量的评价，学生最有发言权。他们是学习的主体，教师是为他们而上课的；他们听取了教师完整的一门课，而不像专家那样只听取一堂课或者一次课。正因为我向来坚持这种理念，我对学生的评价还是在乎的。然而，本学年的学评教，让我一个中午没有睡着。虽然这个对我没有任何影响，但我非常在乎学生对自己教学的认可。于是，中断争分夺秒的专著撰写进程，我想花费一个小时左右的时间，对本学年的课程教学进行一次粗浅反思。

　　本学年上下两个学期，我承担的课程是一样的：一是自己创造性提出来的校本特色课题《大学生成长专题》，教材正是自己撰写的《理想的人生——人生编号论》；二是师范类本科生的必修课《教育学基础》，教师教育学院有多位教师同时开设。本院共有 22 位教师在上个学期均承担了教学任务，可以从这里寻找自己的学评教位次。在上学期，我排名第 10；在下学期，我排名倒数第 2。从《大学生成长专题》这门课程的学评教来看，上下两个学期的学评教分数都很低，在第二个学期有一位学生的评语甚至写道："老师根本没讲东西，全是我们讲，定了教材一次都没用过，原来写书的人就是这老师，开选修课跟卖书的一样。"从《教育学基础》这门课程的学评教来看，上个学期的学评教较高，而本学期却非常低，大大出乎我的意料。

　　两个学期的学生都对《大学生成长专题》评价不高，原因何在呢？在第一个学期，由于学校统一购买的教材没有如期而至，我还免费给 90 位学生每人赠送了一本书。在第二个学期，由学校统一购买教材，虽然教材是我撰写的，但这与我一点儿利益关系都没有。从我自己的感受出发，假如我处在他们这个年龄段，深刻地领会书中所讲，或者遇到像本人一样的老师来指导，我或许会少走许多弯路，在事业、家庭诸多方面会有更大的丰收。同时，在我看来，要讲的都变成了文字，学生们都看得懂，没有必要花更多的时间来重复讲一遍，重点梳理一下思路与要点，关键是让这些内容入心入脑，转化为学生的个体素质。虽然没有讲解书上的，且主要让学生自选其他相关主题来讲，但每次学生讲完后，我还要组织学生一起来点评，最后老师点评与总结。可以说，在每一堂课，老师都是全身心投入的。那么，为何学生不认可呢？我觉得，不是这门课程不重要，不是学生不需要这些知识，而是老师教的方式不对头。这就像当前经济领域的供给侧改革理论一样，我们要从供给方找原因想办法，因为我们无法改变学生，只能改变我们教师自己。于是，从下个学年第二个学期开始（我特意问了教务处，他们回答，下个学期的课程已经选完了，退不了，只能在下下学期提前告知学院教学秘书），我决定要么取消这门课程，要么控制选修人数；同时，尽管教师要讲的内容都写出来给了学生，但是，如果这门课程继续开设，教师系统讲授的环节还是不能缺少。

　　《教育学基础》在第二个学期的学评教如此之低，这是我万万没有想到的事情。要知道，这是我对本院学生小教专业163、164班87位学生开设的必修课，164班正是我作为班主任所带的班级。我向来以为，在学评教方面，学生就像二三岁的娃娃，他们的哭闹、不乖等都是没有错的，这些都是他们本能的反应。尽管你出于好心为了孩子，但他们仍然不接受，也不能怪他们，只能由我们改变方法。那么，这次163、164班学生对《教育学基础》评价如此之差，原因何在呢？应该说，主要原因在于新的教学方法改革。这个学期，我尝试以练习来带动学习，在老师讲解完每章课本后，让学生们自我编题，然后同学们一起来讨论，对持之有故的异议者给予记优，对那些题目编制较好的学生予以记优。每一次练习题，老师都要逐一把关，将不合适的题目删除掉，最后形成每章的练习题库。自以为本院的学生，而且一半属于自己带班的学生，基础较好，学习热情较高，这种外力推动式的阅读学习会让他们接受。同时，我还将自己阅读到的某些优秀教育微文发给学生，让他们与同学们一起分享，然后再由老师组织交流与讨论。还有一件给同学们增加负荷的工作便是，让每位学生看了一篇中学校长的工作文章，然后要求每位同学写一篇读后感，在三天之内交稿。针对每篇中学校长的工作文章，我把写得较好的一篇读后感收录进《中学校长的办学理论与实践》（2018年5月浙江工商大学出版社出版）。没有收录进来的读后感，再让同学们变成一段话，简要点评相应的中学校长文章。应该说，这对他们是一件大好事，老师掏钱帮他们把这些读后感组织出版，或许是他们第一次看到自己文字进入书本。但是，也许我把他们逼得太紧了，也许还有大量同学的作品没有全文刊出，仍然留下许多遗憾。总之，我个人觉得，这些方式，学生们或许不太乐意接受。在教学过程中，我们既要让学生感受到知识的力量，又不能让学生产生逆反心理，重要的是不能给他们太大的学业压力。人生路上没有捷径，学生们该走的弯路，该受的挫折，任何人都难以完全帮他们豁免。

诚如叶澜教授所言："没有教师的生命质量提升，就很难有高的教育质量；没有教师精神的解放，就很难有学生精神的解放；没有教师的主动发展，就很难有学生的主动发展；没有教师的教育创造，就很难有学生的创造精神。"可以说，没有教师的反思，就不可能有教学的进步，不可能有学生的成长。每个人，都要敢于正视自己的不足乃至错误，我将这些反思随笔写出来，是因为我认为自己在当今中国大学还算一位有教学良心的教师。在不断的探索与实践中，我会把握学生的需要，遵循供给侧改革理论，不断调整自己。明年这个时候的学评教，会不会有较好的改观，我拭目以待。这也是写完这篇反思之后，就在题目"教学反思"之后加上"（上）"的原因。至于"教学反思（下）"的情况如何，就待一年之后再来梳理。

（2018年1月11日）

教学反思（下）

　　早在两年前，我就计划连续跟踪五年本院教师的学评教情况。这些教师的教学水平、教学风格在我心中有数，学生评教反映是教学效果，初步感觉两者差距相当大，亦即教学水平高的教师不一定能够获得较高的学评教，教学水平不高的教师有时会获得较高的学评教。为什么存在如此大的差距？影响学生评教的因素到底是什么？各占多大权重？带着这个课题任务，我已经收集了两个学年的学评教信息。这一次，直到近日，我才从教务科索取了过去一个学年本院教师的学评教成绩。与此同时，我也正好利用这些信息，来一次个人早就准备开展的教学反思。很遗憾，他们这次发给我的信息，只有冷冰冰的数字与排名，没有学生的评语了，再加上我对过去一年的上课情况有些模糊，从而很难有针对性地开展教学反思。但是，根据一年以前撰写的"教学反思（上）"以及近期《大学生成长专题》课程的学生反馈，再结合过去一年的学评教，我可以对自己的教学作出如下判断与思考。

一、不要指望教学投入不足就能获得学生好评

　　过去一个学年，本人在学院的教学排名为第 30 位，上课教师 42 人，这说明本人的学评教成绩不理想。对此，如果从推脱责任的角度出发，我确实可以找出许多理由。例如，以《大学生成长专题》为主的校选修课，学生学习的积极性与归属感本身就不高，这在这次教学反馈中也有多位学生提及；每个学年都给书法专业的学生上课，他们对理论课程普遍不感兴趣。但是，这应该不是最主要的原因。例如，有一个学年给书法学院的学生上课，该门课程的学评教排到学院前十名。排名靠前的原因其实很简单，那就是我已经给他们上过一个学期，在第二个学期，师生较为熟悉，甚至能够叫出不少同学的名字来。这说明，要让学评教获得较高

的位次，对本科生的课堂教学而言，必须与学生们打成一片。这也可以理解，在我的印象中，那些承担专业课程的某些年轻教师，尽管他们的教学内容浮光掠影，但是由于他们能够与学生们形成较好的互动，以不同的魅力与学生打成一片，最后能够赢得学生的高评。

那么，就我个人的教学而言，未能获得学生高评的原因主要归咎于什么呢？应该说，第一主因还是教学投入不足。除了在课堂上全身心投入，课后基本上没有花什么时间了。作为一位有经验的教师，我近两年基本没有投入较多精力备课，甚至三句话我都可以讲上一堂课。过多的讲授，对本科生而言，尤其人文社科课，那是教学的大忌。例如，在这次自我评价的教学反馈意见中，多位学生提出如此建议，"由于只是选修课，应该尽量减少纯粹讲授式的课程，多变换形式，例如讨论课、演讲课等，让学生参与。"要精心准备问题，要真正了解学生，课后得花大量时间。像我这样，课后基本没有什么教学投入，能让连学生名字都叫不出来的学生有多大印象？能让那些还没有什么社会阅历的学生如何知道你的苦口婆心？如果说教学投入不足是第一内因，那么教学表现力不足、声音不够洪亮等教学技能方面的原因则可列为第二大内因。有些教师上课，幽默风趣，声音响亮，能够抓住学生的专注力，这样的教师往往能够给学生留下较深的印象。像我这样的教学方式，在讲的过程中，注重分析与说理，声音不是那种特别响亮的类型，也不会严令学生认真听讲，自然无法把要么沉浸在专业课本要么沉湎在轻松享受的学生争取过来。前两年针对自己带班的学生，由于要求较为苛刻，尽管师生相互认识，结果学生评教普遍较低。如果要从外因角度而言，学生人数太多便是第一外因。近两年所教课程，每次上次基本上在90人左右，尤其需要个别指导的课程，很难达到理想的效果。多位同学提出建议，大大减少班级规模，控制选课学生数量。总之，学生评教不高，既要找外因，更要找内因，我更倾向于找内因。

二、不要指望某种教学风格赢得所有学生认可

《大学生成长专题》这门课程，已经开设了12年，积累了许多宝贵的经验。该门课程，确实具有开设的必要。对此，学生们也普遍认可。例如，一位学生写道："当今大学生普遍感到迷茫，对于未来的发展毫无头绪，这种课程很有必要。"

有一位同学还提出："这门课程很重要，甚至可以开出《小学生成长专题》《初中生成长专题》《高中生成长专题》。"但是，我也能够感受到，有一部分学生认为这样的课程就是"心灵鸡汤"。在他们看来，任何人都无法影响到他们的人生观、世界观与价值观。"这些案例，我都太熟悉了，没有太多兴趣去听；讲解书上的内容，上课无新意，无法引起我们的关注度；学生讲的名人故事，要么没有听说过，要么我对他们没有兴趣。"对这个问题，我会毫不迟疑地否定后者。这只能说明这些学生，在人生阅历上还属于坐井观天式的自信，或者做任何事情都很难沉下心来的那种。要知道，从这门课程可学的东西，绝不只是人生经验，还有分析方法以及经典故事。何况，这些人生经验，学生们尚未有太多的体验，他们还无法理解这些老生常谈的话题背后，蕴藏着丰富且智慧的内容。但是，学生们某些天壤之别的看法，我还不能马上做出判断。对此，可以从该门课程的教学模式来分析。近两个学期的《大学生成长专题》课程，除了前三周由老师讲授外，后面每周两节课都抽出一节课由学生们来讲解，主题都是"我最欣赏的人"，采取了学生讲解、学生互评、教师点评三段式教学。无论学生讲解还是学生互评，我尽可能让学生自愿进行。对这种教学模式，我认为是非常可取的，可以提炼出许多理由。但是，学生们对该种教学模式的评价，在许多问题上形成了两个极端，值得我好好梳理。

一是学生讲解的主题单一问题。许多同学提到，"同学们只分享我最欣赏的人，讲解的主题有些单一，有些同学演讲这个主题时，并不是出自内心想法的，其实可以分享一本好书、好电影等亦可以。"甚至包括这种三段式教学模式，亦有同学提出不同意见，"学生汇报主题都是我最欣赏的人，并且形式基本都是学生汇报加点评，显得过于单调。我认为可以隔一段时间更换主题，增加新鲜感。其次，形式可以不仅仅是汇报和点评，可以是简易的辩论形式或其他形式，增加观点的碰撞。"还有学生提出，"建议来点实训活动，走出课堂，去生活中寻找大学生的成长之道，去感悟生活中所隐藏的道理，例如登上高峰、医院志愿者活动等。"但是，也有同学提出，"每次上课，我都很期待听到班里同学介绍他们最欣赏的人。"在我看来，一门课程的教学形式，没有必要五花八门，稳定下来形成特色很好，要变的是思想内容与学习资源。

二是学生讲解的主动性问题。由于班级规模较大，不可能让每位学生都有机会上台汇报，从而由学生自愿报名来讲解。事实上，学生报名的热情还是不算高，有时还必须采取"点将"的办法。对此，学生们形成了两种不同的意见。有人认为，老师做到了以学生为主体，给予学生自我展示的机会，而且没有强迫学生发言，这种做法非常可取。但也有学生反映，建议能让每个人都有发言的机会，尤其理工类学生，缺乏上台讲演的能力，希望老师主动安排同学，把他们这些胆小的"逼上梁山"。甚至在学生互评时，有同学反映，如果让同学们主动发言，那么就只有那么几个同学举手发言，建议采取随机提问加分的方式，让更多学生参与进来。至于鼓励学生主动表现自己的问题，主要还是学生人数太多的缘故。同时，对这种方式本身，有一位学生的观点颇有代表性。"听到这个课程名称，以为是'灌鸡汤'。但是，从第一节课开始，我就改变了这种带有偏见的第一印象。老师让我们主动报名讲课，最初我是反感的，因为要让我准备 PPT，要让我在台上面对台下近百位陌生人。但是，后来发现这种方式能让我在许多方面获得提升，慢慢地也有勇气了。"

三是课堂活跃与否的问题。多位同学在总结上课的优点时均指出，该门课程教学氛围活跃。例如，有学生写道："整体课堂氛围很轻松，算是各种繁重课程中的一股清流，老师授课方式蛮有趣。"有学生写道："第二个优点便是课堂氛围和谐。老师在上课时生动形象，平易近人，语言幽默风趣，将课本知识和现实案例相结合，经常以经典故事与时事热点作为例子，寓教于乐，极大地激发学生学习兴趣。老师十分注重讨论式、启发式教学，调动学生积极性。"但是，也有学生认为课堂氛围不活跃。例如，有学生指出："课堂氛围不够活跃，多讲些学生感兴趣的话题。""课程创新形式很好，但学生参与度不高，可以以热点话题进行观点陈述作为平时考核，在之后的课堂中增加辩论环节，让课堂不那么枯燥沉闷。"我认为，参与情况不一样的学生，自然会有不一样的活跃评价，但是，在我主讲的一节课中，确实需要增加点互动元素，毕竟本科生学习的自觉性还不是那么高。正如一位学生指出的："老师在上课时，要关注学生听课状态，采取随机讨论或者提问的方式吸引学生注意，激发学生参与课堂教学的积极性。"

四是要不要严格管理的问题。不少同学认为，这门课程有较高的自由度，作

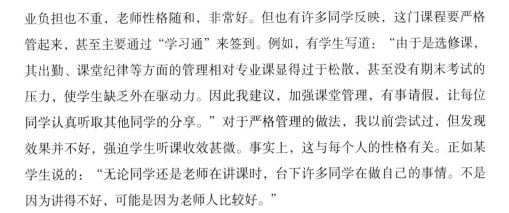

业负担也不重，老师性格随和，非常好。但也有许多同学反映，这门课程要严格管起来，甚至主要通过"学习通"来签到。例如，有学生写道："由于是选修课，其出勤、课堂纪律等方面的管理相对专业课显得过于松散，甚至没有期末考试的压力，使学生缺乏外在驱动力。因此我建议，加强课堂管理，有事请假，让每位同学认真听取其他同学的分享。"对于严格管理的做法，我以前尝试过，但发现效果并不好，强迫学生听课收效甚微。事实上，这与每个人的性格有关。正如某学生说的："无论同学还是老师在讲课时，台下许多同学在做自己的事情。不是因为讲得不好，可能是因为老师人比较好。"

三、尽可能在教学过程中找到乐趣与价值

应该说，同学们的意见反馈很有帮助，让自己更好地看到了教学的不足。结合学评教成绩，从下一个学年开始，我准备做以下几个方面的调整：

第一，《大学生成长专题》班级规模控制在40人以内。从经济效益而言，一个班的学生数越多，课酬会更高。但是，若要打造一门金课，则应该适当降低班级规模。如果是一个讲座，就那么两个小时，听众越多可能效果越好。然而，这是一门本科生选修课程，一个学期连续上下来，没有与学生个别化的交流与互动，没有针对性的指引与帮助，要让学生留下较好的印象并不容易。

第二，该种三段式的教学模式不会改变，只不过在学生讲解的主题上可以丰富一些。例如，既可以分享某个人物，也可以分享某本好书或者电影等，甚至可以分享某次经历。主题的丰富，给予学生更多的空间与自由。其教学目标无非是三个：一是展示同学们最精彩的一幕，这是个人素质提高的重要途径，不只是表达能力，还包括材料整理与分析能力、控场能力以及交际能力等；二是共享每位同学最想与别人分享的故事，给人以知识、启迪或者鼓舞，实现共同进步；三是接受同学以及教师的点评，既要寻找自己的亮点，也要发现自己的不足，在师生的帮助下不断进步与发展。

第三，作为金课，要能做到与每位同学有效交流，要让每位同学有效参与。根据以往经验，学生们与老师走得近，他们在老师的课堂上就表现得越活跃，老师的谆谆教诲更容易入脑入心，对老师的印象也会越来越好。对我而言，提升学

生的参与度主要不是为了博得他们的好评，而是享受教学过程中的乐趣。有时候，一堂课下来，学生们精心准备，积极发言，课堂"活"起来了，下课之后都是美滋滋，甚至萌芽过如此的宏伟计划：把这门课程打造成金课向外推广。

第四，课外要花时间，不仅备课程，还要备学生。学生的讲课，要让他们认真准备；教师的授课，更要认真准备，不能是几年不变的课件。在讲课过程中，确实要改变一言堂、满堂灌的方式。就如同学们建议的，将提问、小视频、讨论等穿插在其中，提高学生专注度，激发学生听课热情。正如有学生建议的，"老师授课时，还平淡了一些，少有波澜起伏，可以更加幽默风趣。"同时，要了解整体的学生，了解学生的差异。例如，有位学生的建议非常细致，"在课间播放音乐时，要放一些迎合大学生口味的歌。"

第五，严肃与活泼相结合，纪律与自由相结合，做到松弛有度、乐教乐学。对本校的本科生，他们总体上不喜欢激烈的竞争，不喜欢有太大的压力，不喜欢打破舒适区。有一位同学写道："现在大部分大学生状态低迷，只想混吃等死，两耳不闻窗外事。"此话虽然偏颇，带有讥讽之意，但反映出学生整体上喜欢待在舒适区。根据以往经验，对他们不能逼压得太紧，毕竟只是给他们讲授一门课堂，这门课程或许能够改变那些追求进步的学生之命运，但不能指望能把所有不思进取、不求改变甚至有些愤世嫉俗的学生拉回奋发图强的轨道，因此，既要正向引导他们，又不能让他们过于反感，在一个双方都感到轻松快乐的环境下不断进步，共同发展。

（2019 年 6 月 20 日）

小班化与个别化：学评教高分之秘

大学教师的基本职责，应该是教学育人。虽然科学研究非常重要，但如果连教学育人都没有做好，那么他还称不上一位优秀的教师，最多可以称为优秀的研究工作者。教学育人做得好不好，评价标准其实很简单，那就是学生反响好，培养效果好。由于培养效果较为滞后，从而主要还是看学生的反响。因此，我向来重视学生评教。虽然学生评教的好坏高低，与我个人的待遇甚至成就没有多大关系，我依然关注学生的反响。也许，这就是教师的良知。

本学期我承担了三门本科生课程教学，其中《教师职业修养》与张老师共同开设。今年，教师可以自己查阅学生评教的情况。我从网上系统发现，学生对《教育概论》这门课程的评价不高，而《大学生成长专题》意外获得高分。在此，先将学生评教概述如下：《教育概论》的学评教成绩83.06分，在 A 至 E 五段评价中，某些指标项出现 D 甚至 E，例如，在"课程目标清晰，学习态度端正[①]，学有所获"上[②]，有 1 位学生评 E（否定这门课程的开设价值），2 位学生评 D，约占 72 位选课人数的 4.17%，约占 54 位有效参评人数的 5.56%。当然，6 位学生评 A、39 位学生评 B，合计占选课人数的 62.5%，说明学生在课程目标达成上总体认可度还是可以的；[③]《教师职业修养》的学评教成绩88.25分，只在"评课程"那里的"本课程开设价值评价"指标[④] 中出现一个低评 D，该门课程只有 1 个学分，针对教师

---

① 在评价任课教师时，"学习态度端正"作为一个要素放进来，是否妥当？

② 这个评价系统有"评教师"与"评课程"两个类别，每个类别都有 3 至 4 条评价指标。有必要这样设置吗？开什么样的课，不能由学生说了算；哪些方面讲得不够好，学生具有发言权。学评教，应该主要针对教师教学情况。如果学生感觉这门课程没有必要开设，也可以放在评语汇总那里另行填写。

③ 最后得分不知根据有效参评还是总选课学生来计算，但是在系统上显示的则是总选课学生的评价，因为每个栏目的数字相加不是有效参评人数，而是总选课学生数。

④ "评课程"这个部分确实有问题，共三个指标项，另两个都与课程教师教学有关。例如，"本课程授课教师教学水平整体评价""本课程学习收获评价"，都针对教与学本身，与前面"评教师"重叠。

教育学院大一新生，后四周由张老师承担，互动性较强；《大学生成长专题》的学评教成绩 89.553 分，没有 DE，只有几个 C，这是近几年该门课程最好的评价。

为何《教育概论》比我预期的评价更低，而《大学生成长专题》比我预期要好得多呢？

针对《教育概论》这门课程的教学，我后来让学委统计班上每位学生的评教意见，不要署名，不说优点，只指出教师的不足与缺点，为下次教学改进服务。学委把学生评教的主观意见发我后，我梳理了一下，根据意见反馈的多少，合并相同观点，主要依次存在以下问题：一是声音太小，后面学生听不清，需要配麦克风；二是每章的练习不要让学生抄写，可以发送电子稿让学生打印出来做，既节约课堂时间，又减少学生劳作；三是理论性太强，容易让学生感到枯燥无味；四是多讲些书本上的内容，结合书本来讲；五是在第二堂课时讨论较多，有个别同学甚至认为针对教育问题的枚举与讨论没有必要，还不如老师直接讲解一些教育问题与教育现象，同时不要针对一个问题，可以多设些问题；六是不要延伸太多，与课程相关性不强的话题可以不讲；七是分数设置太复杂，表示看不懂。从学生的评教来看，我发现许多学生（主要是后面几排）上课没有认真听课，或者根本没有听进去。这当然有教师个人的原因，我首先要从自身找问题。例如，每章讲完之后，我课外花时间专门设置了一些题目，让学生抄一遍也是为了加深理解，原以为属于颇具创新之举，但学生认为增加负担，甚至认为浪费一节课时间。如果发给学生，全部让他们课外完成，甚至我再批阅，我能有这么多时间应对吗？总之，学生的意见，就是教改的方向，需要我在后续教学中不断完善。

《大学生成长专题》课程获得好评，在我的意料之外。因为该课针对全校选修学生，不少属于毕业班同学，往年普遍反响不高。仔细分析，该门课程获得好评的原因，主要有两个：一是该班学生人数较少，选课人数 32 人，有效参评人数 21 人，由于班级规模小，每位同学基本上都与老师有过正面交流；二是我有意识地力争认识每位同学，开展个别化辅导与指引。当然，该门课程这次之所以能够获得好评，还与以前的自我教学反思不无关系。例如，吸取以前教训，每周我会讲一个专题，剩下的时间才用来开展三段式的学生讲解；力争记住每位同学的名字，与每位同学有一对一的交流，让学生能够充分了解与熟悉教师；等等。

结合多次学评教的反思，我觉得要让学生满意，以下三点特别重要：第一，认识每位学生，与学生打成一片，而不是高高在上的"神坛之师"；第二，本科教学不用太深太广，以书本知识为主，最好有如像数理公式或者定律一样的知识点，让他们感到学有所获；第三，教学是艺术，能有多生动就可以有多生动，体现独特鲜明的教学魅力。从未来发展计，力争在退休之前，精心打造一门本科课程、一门研究生课程，同时争取一项国家级教学成果奖。50岁以后，工作的重心或许会转入教学育人工作，这才是大学教师灵魂的归宿。

（2020年1月4日）

课程思政的育人意蕴 ①

2017 年 4 月 5 日，教师教育学院陆仲坚书记在学院向教师们传达夏宝龙书记的讲话精神。在听完陆书记的传达后，我很快就抓住了引发我思考的两句话，其中一句便是实现由"思政课程"向"课程思政"转变的提法。这种新提法，是我第一次听到。但是，这种提法蕴含的办学理念，却有着悠久的历史。自 19 世纪初德国教育家赫尔巴特提出"教学永远具有教育性"这句话之后，"课程思政"就有了学理的依据。其意就是，任何教学，都具有教育的作用。要知道，在赫尔巴特时代，这个教育，更多地归属于德育。在我们教育学关于"教育"概念界定中，就有三层含义。广义的教育，指一切外在影响，包括家庭教育与社会教育；狭义的教育，仅指学校教育；更狭义的教育，则指德育。例如，一位大学生没有给老人让座，旁边的老人就会说："你没有受过教育吗？"这里的"教育"，就是指德育。可见，赫尔巴特所说的"教学永远具有教育性"，实际上就是指任何教学、任何课程，都具有思想政治教育的功能。

那么，如何贯彻落实每门课程的德育功能呢？或者说，如何发掘每门课程的思政元素呢？在我看来，主要有两个方面。其一，课程内容是思政元素的载体。任何一门现代课程，都是人类文明成果的结晶，代表着积极、正向、科学与进步，这本身就包括了德育的元素。只要能把这种课程内容有效地传授给学生，就能较好地发挥课程的德育功效。现在的问题是，一些老师对某些科学知识的内容理解不透彻，讲出来没有趣味，甚至没有讲到精髓，从而就难以达到课程思政的效果。这表明，教师的学科专业素养，还是第一位的。其二，教学情操是思政元素的外显。一位教学态度端正、仪表端庄大方、语言文明礼貌、待人热情诚恳的教师，在课堂上就是思想政治教育的一面镜子，能够对学生起着很好的榜样示范作用。因此，

---

① 2017 年 12 月 26 日，在校级课程思政试点二级学院座谈会上的讲话。

当我们的教师能够做到心中有学生，像对待自己的孩子一样对待他们时，每门课程的德育功能，就会"随风潜入夜，润物细无声"，达到赫尔巴特所言的"教学具有教育性"。

当然，我们特意发掘每门课程的思政元素，包括思政内容、德育方法等，亦是未尝不可的。但是我以为，最重要的还是以上两点。

第五部分　他山之石

高等教育不能装在民生工程的盒子里

——参加两次高级研修班学习心得

　　"选择了学习，也就选择了进步。"这句话好像是中央国家机关工委常务副书记杨衍银女士最早提出来的。确实，当一个人能够沉下心来学习时，他就少却了许多躁动与凌乱；当一个人能够将知识与智慧当成精神食粮时，他就成了一个高尚的人、一个有情趣的人。当然，我们千万不能钻牛角尖，将这种学习视为那种急功近利尤其是危害人类利益的学习。不知从什么时候开始，我成了一位爱学习的人。如果不是迫于支撑家庭的压力以及世俗社会的眼光，我是不想从书本中读出"千钟粟""黄金屋""颜如玉""车马簇"来的。于是，只要能够挤出自由时间，我会参加各种学术研讨会，尤其喜欢聆听知名学者的报告。8月16日到8月18日，我参加在浙江省委党校召开的2017年省151人才工程培养人员高级研修班活动，听取了省发改委宏观经济研究所所长朱李鸣先生"我省当前经济发展形势和重大发展战略"的报告、浙江大学管理学院院长（兼任浙江大学全球浙商研究院院长）吴晓波先生"范式转变：从追赶到超越的创新战略"的报告、浙江省委党校（浙江行政学院）公共外交中心主任方柏华先生"国际环境新变化与中国特色大国外交战略"的报告、浙江大学人文学部主任黄华新先生"高层次人才的人文素养与思维创新"的报告、省知识产权局专利保护处调研员李建民先生"科研创新中的知识产权保护"的报告。8月31日到9月2日，我在杭州参加了2017年浙江省"之江青年社科学者"培训会，听取了浙江省社科联党组书记盛世豪先生"担当起构建中国特色哲学社会科学的历史责任"的报告、浙江大学余逊达教授"认真学习习近平治国理政思想，树立理论自信，推进思想创新"的报告、中国社会科学院文学研究所原所长陆建德研究员"于不疑处有疑"的报告。前后两次会议共约一个星期，对于处在科研黄金年龄阶段的我们来说，确实是一种巨大的付出，许多青年学者舍不得这些时间。因为把这些时间用在听报告而且不少属于跨学科跨领域的报告，体现不出直接的或者明显的科研效益，如果用来从事学术创作，倒还可以留下一些东西。但是我认为，这种付出是值得的。在我看来，每一个报告都有值得我学习的地方。我现在想不起来每个报告具体讲了什么，但是，这两次会议给我带来的以下内容，值得我好好收藏。

一、科学技术是社会经济发展的加速器

在研修指南手册上第一次看到吴晓波的名字时，我还以为是那位财经作家吴晓波。不过，听完吴教授的报告，我觉得此吴晓波与彼吴晓波一样的优秀。吴教授站着讲课，语言不急不缓，显得沉稳持重。在报告中，他将大家熟悉的三次产业革命描绘得栩栩如生。发生在 18 世纪晚期的第一产业革命，那是机器代替人力，体现了人力的极大延伸；发生在 20 世纪初的第二次产业革命，那是电气自动化时代，体现了能源的即插即用；发生在 21 世纪初的第三次产业革命，那是人类进入互联网时代，体现了智慧的即插即用。我们错过了第一次工作革命，抓住了第二次工业革命的尾巴，在第三次产业革命中表现较佳。听完介绍，我在思考人类下一次工业革命什么时候来临，又会是什么样的工业革命，人类到底往何处发展。吴教授比较了一个产业甚至某个企业在引进先进科技时，相对于传统产业或者没有引进先进科技的企业，在某个时间段或许会发展慢一点，效益差一点，但只要走出科技创新的瓶颈期或者说沉潜期，其效益就会大大体现出来（如下图所示，抛物线代表传统产业或者没有引进先进科技的企业，上扬的直线代表新兴产业或者引进先进科技的企业，两线与虚线分别交叉的那一段代表沉潜期。当然，这是我听报告的感受，不一定完全代表吴教授的思想）。这也是华为等许多创新型企业不断赢得市场的常胜武器，因为这些企业有一支强大的科技创新团队，能够让企业不断跟上社会发展步伐甚至引领一个产业的发展。正如华为董事长任正非所言：企业发展进入无人区。

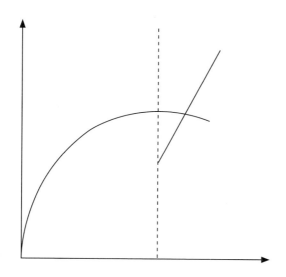

　　吴教授在报告中引用了现代管理学之父德鲁克先生的两句话："中国最迫切的问题是培养一批卓有成效的管理者，""管理者不可能依靠进口。"我觉得这两句话非常在理。管理体制改革的攻坚战，在我国最关键的问题，还是需要远见卓识且胸怀宽广的领导。中国不缺优秀的管理者，缺乏让这些管理者脱颖而出的环境。我是研究高等教育的，在我看来，中国不缺能够办出世界一流大学的优秀领导，但在政府管得过多过死的情况下，这些领导也很难有所作为。李德（原名奥托·布劳恩）是共产国际派驻中国的军事顾问，在看电视剧《刘伯承元帅》时，我对初来中国的李德领导中国工农红军突破国民党军队第五次围剿的坚守战略极为震惊，一位不熟悉中国战场实际情况的国外人士，居然胸有成竹、蛮横武断地指挥中国革命。当然，有学者指出，第五次反"围剿"的失败，并非李德、博古等人之过。我不是研究历史的，不会对这件事情的真假寻根究底，同时，我理解影视剧也会有些夸张，但我能从这件事中强烈感受到，"管理者不可能依靠进口。"北京大学梁小民教授说过一句话，"不要觉得留学的人就一定优秀。以色列有一句话，'到过麦加的驴子也是驴子'。"这句话听起来，让许多人觉得不舒服，但绝对是真理。我们判断一个人，绝不能从他披着什么外衣来看，而要从他真正拥有什么样的知识与智慧来分析。在最后提问环节，有人提到现在的经济学博士都愿意去做金融，制造业与金融到底哪个前景更好。吴教授指出："当前最有实力的企业家，还是做实业的，'皮之不存，毛将焉附'？"我坚信，只有实业才能实现中国梦，只有科技才能实现中国梦，金融风险远比金融手段更应该值得我们关注。

二、国际关系主要是大国关系

在读大学本科期间，我特别喜欢听一位研究国际关系的专家作报告。事实上，不只是我喜欢听，其他同学乃至许多教师都喜欢听。因为每次我去听他作报告，讲堂里从始至尾都是座无虚席。在母校连续六年本硕阶段的学习，我只记得有两位教授的讲座有这种盛况。自那个时候起，我就不觉得教授头衔有多么了不起，但富有真才实学的教授确实了不起。这次听了方柏华先生谈国际关系，同样趣味横生，把我带入想象的世界格局中溜达一圈。国际关系虽然错综复杂，但主要体现在大国之间的关系，几个主要大国决定了国际交往的内容与形式。这印证了我们挂在嘴边的那句话："弱国无外交。"随着国力的不断强盛，正如习近平主席指出的"中国人民经历了由站起来——富起来——逐步强起来的发展历程"，我国开始谋划新的全球治理观，承担人类命运共同体的职责与使命。不过，在处理国与国之间的关系上，我国一直奉行"对话不对抗，结伴不结盟"的原则。

第二次世界大战过去才几十年，我们不能幻想世界永远太平。要知道，下次若真要发生世界大战，那就是地球的毁灭，比以往两次世界大战带来的后果要严重得多。而且，当前国际关系远远不只是国家之间的关系，一些跨国公司都可以左右一个国家的发展，影响到国与国之间的交往。方先生指出："一个跨国公司有时候能够打败一个国家。"这种打败，在我看来，不只限于"富可敌国"的理解上，而是扩展到关键能源、关键技术、关键环节等方面，让一个国家无法与一个企业对抗，或者说，一个企业可以左右一个国家的生死存亡。例如，当前的信息安全，其危害性与迫切性超过了领土安全。看来，维护国家主权是永恒的主题，而且越来越具有挑战性。在方先生的报告中，我还是第一次听说用红色与黄色来表示中国特色的提法。方先生指出："中国特色＝红色＋黄色。红色代表中国共产党，黄色代表中国传统文化。"中国共产党完全有能力领导全国人民迎接这种新挑战，维护国家主权与民族尊严。

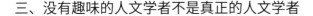

三、没有趣味的人文学者不是真正的人文学者

黄华新教授的报告妙趣横生，颇接地气，让一位坐在我旁边的理学教授不得不放下手中的活来听黄教授作报告。报告结束后，这位年轻的理学教授对我说："被他忽悠了半天。"在我看来，能够把理工科的教授博士们忽悠半天，不得不说这是人文学者的骄傲。黄教授从人文素养的三个维度，即知识体系 K（knowledge）、价值体系 V（value）、实践体系 P（practice），谈到如何提升人文素养以及激活创新思维，娓娓道来，轻松愉快，体现了他在报告中提到的两个"H"——health与 happy。黄教授的报告，以下几点让我印象深刻，也让我悟出这样一个道理，"没有趣味的人文学者，不是真正的人文学者。"

一是结合故事，引经据典。例如，从"己所不欲，勿施于人"（出自《论语》）到"己所欲，施于人"（有时成为西方列强侵略借口）、"计利当计天下利，求名应求万世名"（书法家于右任于 1961 年赠蒋经国的条幅）、"天之道，利而不害；圣人之道，为而不争"（摘自《道德经》）、从胡适先生的"大胆假设，小心求证"到竺可桢先生的"只问是非，不计利害"。黄先生的课件有一句话，"上海：上善若水，海纳百川。"为此，我特意在网上查了一下，发现上海有时借此来打造城市的品牌。"上善若水"已成一个成语，语出老子的《道德经》，其意是"像水的品性一样，泽被万物而不争名利。""海纳百川"语出晋代袁宏的《三国名臣序赞》，"形器不存，方寸海纳。"李周翰注："方寸之心，如海之纳百川也，言其包含广也。"在网上，我们还看到这样的概括，"智者上善若水，海纳百川；仁者高山仰止，厚德载物。"

二是顺乎人理，大众语言。黄教授作报告，始终带着微笑。在许多学者尤其领导看来不屑于说的生活或者工作话题，黄教授并不忌讳。例如，黄教授会说他在北京住酒店会充分利用自己作为二级教授的享受待遇，会透露他每月获得的讲课报酬以表达自己对当前物质生活的满足与对精神生活的追求，等等。在谈自己、谈人生、谈学问的过程中，黄先生也善于用大众语言概括。例如，他结合中国古代史学家程千帆的"两种生命观"，亦即"自然生命靠儿子，学术生命靠学生"，提到作为大学教师的主要任务就是："把课讲好，文章写好，成为同学们的良师益友。"确实，我们不仅要贯彻"名师出高徒"，更要领悟"高徒出名师"。又如，黄教授概括指出："讲课要诀：有理有味有用"；"相互补台，好戏连台；相互拆台，一起垮台"；"上任不等于胜任，到岗不等于到位，做完不等于做好，眼界不等于境界"；等等。

三是募捐文化，创新思维。我觉得，世界各国大学的排名，与大学获得社会捐赠排名大体相当。在美国著名大学，办学经费相当一部分来源于社会尤其是校友的捐赠。在我国，越来越多的大学获得越来越多的社会捐赠。在报告中，黄老师先后三次提到浙江大学的捐赠。第一次提到的是汤永谦先生。我在网上查证，汤先生 1940 年本科毕业于浙江大学化工系，先是留校任教，后赴美深造创业。1967 年，创建特克里公司并任总裁，曾被评为美国新泽西州 50 家发展最快的企业之一。自 1997 年以来，汤先生与夫人姚文琴（1940 年毕业于浙江大学教育系）先后为浙大捐资设立和兴建了一系列项目，诸如"永谦活动中心""文琴艺术总团""永谦化工大楼"等，总金额近亿元。2013 年，作为浙江大学校友总会名誉会长的汤先生在杭州辞世，享年 95 岁。据黄教授介绍，汤先生之所以心系母校，与汤先生在读三年级时，感念校长开车送他去教室密切相关。第二次提到的是段永平先生。我从网上查证，段先生于 1982 年从浙江大学无线电系毕业，在北京电子管厂工作一段时间后，进入中国人民大学经济系攻读硕士学位。后来，段先生以创立"小霸王"和"步步高"两个知名品牌而闻名全国。2011 年，浙江大学是全国接受校友捐赠最多的大学，高达 5.24 亿，其中双料校友段永平先生最让人瞩目，累计向浙江大学和中国人民大学捐赠 4.47 亿。据黄教授介绍，段先生如此慷慨地捐赠浙江大学，与他在高考入学之际的体检关照有关。第三次是黄先生讲自己因工作职责需要而到寺院募捐的故事。黄先生幽默风趣地讲到自己如何打动灵隐寺主持，从他们那募捐到 200 万元，让我们捧腹大笑。

四、既无思想又不实用的研究是没有意义的

如果不是先看盛世豪先生的个人介绍，仅凭听盛先生的报告，我也能判断出盛先生既是一名学者，又是一位官员。确实，盛先生是一位学者型官员。他是经

济学领域的博士、教授，曾任中共浙江省委党校（浙江行政学院）软科学研究所所长、浙江省人民政府研究室副主任、绍兴市人民政府副市长。盛先生指出，社会科学是历史的产物，在19世纪之前没有社会科学，甚至没有社会科学这个概念。盛先生认为，哲学社会科学研究一定基于本位利益，超民族、超阶段、超政治的哲学社会科学是不存在的。从而，我们的哲学社会科学研究需要"立足中国、借鉴国外、挖掘历史、把握当代、关怀人类、面向未来"。对张维迎与林毅夫两位经济学家，盛先生进行了比较。在盛先生看来，张是解构性的，仅关注批判，却没有提出建设性的意见；林是建构性的，基于现实，侧重解决实际问题，更为务实。

不过，在这个报告中，我更多地看到学者的一面。例如，盛先生指出："一个地区的发展，最终取决于人及其相关的制度。非洲、中国东北之所以发展缓慢，归根到底在于人的观念。东北人创业的不多，创新的更少。""浙江由最初的'三无'（无资源、无产业、无政策优势），发展到今天的经济强省，靠的正是拼搏与创新。"盛先生最后提到了经济学论文研究范式存在重大问题，为了模型而模型，为了数据而数据，不用看这些繁杂的过程，就能知道最后的结论。作为一位经济学教授，都这样批评经济学论文，那么我们教育学领域出现的实证主义研究热潮，问题就更大了。听说，袁振国先生等一批学者大力推动中国教育研究走向实证，我在华东师范大学听过袁先生的一次报告。还有一些我非常熟悉的学者，也在大力提供实证论文，好像思辨的论文都是伪文，只有实证的才是科学的。对此，我的观点非常明确。思辨与实证，都是研究手段，没有高低之分。该用实证的，需要用实证；能用或者该用思辨的，再用实证就是多此一举。最重要的是，我有与盛先生同样的感受，许多实证在证明一个我们一看就知道的常识问题，而且这些论证过程是否科学、数据是否真实都值得怀疑。同时，"时代是思想之母，实践是思想之源。"我们不能只在文献里面做文章，要回到现实中来。盛先生说："记者在品评经济，创业家在谈论经济形势，所谓的经济学家在捧着年鉴做模型。"这样做出来的论文，对社会有百害而无一利。经济学家在社会上的声誉，与教育学家在社会上的声誉一样，没有几个人被大众知道，甚至还比不上其他领域的社会名流。作为一门社会科学，怎么能不与社会大众发生关联呢？国外学者要比中国学者更接地气，哪怕发发牢骚也是好，但中国学者只是埋头写理论文章。这是为什么呢？答案我是知道的，许多人也知道，但就是很难扭转。

五、高等教育不能装在民生工程的盒子里

余逊达先生主要讲述习近平主席的治国理念，对习近平主席的治国理政思想从若干个方面进行了概括与分析。不过，他人的谋篇布局以及非我研究对象的整体思想，都不是我要关注的主题，我只关注引起我思考的思想碎片，经消化吸收后变成自己的知识或者素养。余先生开场就向我们提出了一些问题，没有经济危机的国家调控是如何做的？一个没有经济危机的体制，其周期性的危机是如何表现的？这些问题，挺有意义的。凭自己的生活经验，我都觉得商品经济的无限发展，必定会导致产品的极大过剩，引发经济危机。市场机制要在我国的资源配置中起决定性作用，从而我国也可能出现经济危机。但是，我国确实没有出现过让老百姓感到恐慌的经济危机。那么，这种危机是否转变成另一种危机，从而让老百姓察觉不出这是披着不同外衣的经济危机？经济在我国发生之后，具体会有什么样的不同表现呢？

余先生认为，民主政治、主权国家、全球化三者处在不同立场，难以兼顾。就全球化来说，这已经成为一种必然趋势，挡之者亡，顺之者昌。在全球化时代，仍然属于资本驱动性，所有要素在世界范围内流动。余先生指出："全球既大发展、大融合，又大分离、大动荡，呼唤全球发展方式的更新。"在顾及全球化的前提下，我们如何来发展民主政治、维护主权国家呢？是否可以由此推导出，中国共产党领导的社会主义制度是最为理想的，从而我们要树立理论自信，推进理论创新？从前面的理论假设来看，确实是这样的。例如，2018年初当选的美国总统特朗普先生，对所有的多边组织都不感兴趣，我能感受到，越是自由国家，在全球化背景下面临的危机就越大。从这一点来看，我与余先生同样认为："中国崛起不可阻挡。"

杭州不仅是一座历史文化名城，也是一座创新活力之城。在这个报告中，余先生不止一次介绍杭州与浙江的魅力。例如，余先生指出："杭州上城区人均86岁，

人均 GDP4 万美元。""广东：只跑一个门；江苏：一次都不跑；浙江：最多跑一次。"最让我印象深刻的是余先生指出："习近平主席在国计民生的许多问题上都有论述，在教育领域却给我们留下了讨论的空间。而且，教育放在民生工程上并不恰当，因为教育需要创新，放在民生工程显得层次太低。"教育该不该装在民生工程的盒子里呢？这个问题看起来无关紧要，但我认为非常值得讨论。其讨论的意义，远远不只是涉及教育的地位，更重要的牵引力在于让政府与人民看到教育的价值。教育，尤其是高等教育，远不只是民生问题，更是社会经济与民主政治的发动机。在报告中，余先生还提到了美国前副总统拜登："他认为中国不可能成为世界一流，因为该国的大学没有达到世界一流。"① 从这也可以看出，大学远远超过民生工程的范畴，成为国家综合实力与创新水平的重要标志。

六、质疑是学者精神的灵魂

这两次培训学习，每位报名者的讲座都是半天时间。三个小时左右的报告，确实可以呈现许多内容。陆建德先生没有使用课件，以讲故事的形式，来论证他倡导的"于无疑处有疑"的学者精神。陆先生开场白讲的第一个故事，便是从《鲁宾逊漂流记》的作者引申出我们对"孝"的反思。陆先生认为："《鲁宾逊漂流记》的作者②，也许不是一位很好的孝子。试想，在中国，孝子能够一个人外出漂流吗？"在陆先生看来，"养老不能下放给个人，应由社会来承担。现在虽然养老机构多起来了，但大多是商业性的。"对这个观点，我是极为赞成的。有些人认为，忠孝是中国社会的传统美德。对此，我是不会这么看的。若干年以后，待我有更多的自由时间，再来好好梳理我对"忠""孝"的看法。陆先生从历史研究的角度，为学者们提供了一个研究的领域，那就是庚子赔款的去向。总之，陆先生的这个

---

① 事实上，美国第 47 任副总统拜登对中国向来不满。2013 年 5 月 13 日，美国宾夕法尼亚大学举行毕业典礼，以"大嘴"著称的拜登在会上称中国是不能"另类思考"或者"自由呼吸"的国家，招致在场中国学生的反对。后来，该校中国学生起草一封信，数百人签名，要求拜登正式道歉。

② 该书作者丹尼尔·笛福(Daniel Defo)，是英国启蒙时期现实主义小说的奠基人，被誉为欧洲的"小说之父""英国小说之父"和"英国报纸之父"等。

报告，其目的是让学者培育质疑的精神，同时给我们带来许多有趣的故事。

七、要把学者组织起来依赖组织力

这两次会议，举办方都非常重视。省社科联副主席邵清全程参与学习，并主持两位学者的讲座。邵主席还要求之江社科青年学者，每出一篇文章，力争引领一个方向，若干年之后，能在人文社科各个领域成为旗帜性的人物，成为浙江省人文社科领域最重要的力量。邵主席说："不管是纯理论研究，还是应用研究，没有视野、格局、境界，做不出一流的研究，成不了将才、帅才。"一个爱学习的领导，自然带出一批爱学习的同志。省社科联规划办主任俞晓光、副主任董希望、副调研员叶德清，还有徐丹彤、王慧等同志都全程参与学习，与我们一起听报告。有位报告者介绍，浙江大学的教授读书会，省社科联的领导也会参加。

在我的印象中，省151人才工程侧重在选拔，之江社科学者行动计划重在培养。这一次，省专家与留学人员服务中心主任陈华良介绍指出，"151人才培养对象的定位发生变化，从选拔到培养的转变，从服务学校或单位向服务浙江转变。"省人力社保厅专技处处长程爽分析了当前151人才工程存在的问题，"传统企业传统人才偏多，新兴产业新兴人才偏少；中小学、会计师、律师等还没有进入我们的体系；重论文的倾向还很明显。"他指出，以后选拔权重放在地方、单位，行业更加齐全，企业与基层的人才将大大增加，同时，要改变论文导向，不只选业绩，还要看贡献与潜力。我觉得，这些变化，都是从选拔到培养的转变。而且，随着选择范围的扩大，这种变化还会导致竞争越来越激烈。

（2017年9月5日）

"我在故我思"

——参加张楚廷先生从教 60 周年纪念暨学术思想研讨会

人文社会科学，关键在于思想。思想的深浅和高低，与表达形式无关。一篇写得晦涩深奥的恢宏论文，其内涵有时不如一篇短小随笔。而且，对一个问题悟得越透彻，越能用简明句子表达。因此，我常常将自己的所学所获付诸随笔。但是，自 2014 年以来，我很少撰写随笔。至于原因，主要还是没有更多自由时间，不得不亲自承担的家务活动以及获得学校认可的学术工作，就几乎占据我基本休息之外的全部时间。不过，近日在参加湖南师范大学张楚廷教授从教 60 周年纪念暨学术思想研讨会之后，我觉得至少要把我在那两天有所感想的几句话记下来。

一、"我是一个坏了的水龙头"

张先生 1937 年出生于印度尼西亚，祖籍湖北天门，在武汉念完中学后，就在湖南师范大学读书并留校任教。从 1982 年起任湖南师范大学行政负责人 18 年，后又在湖南涉外经济学院任校长、名誉校长 12 年，共计 30 年校长生涯。在如此繁忙的行政事务中，张先生至今出版著作 140 部（其中 110 部为独著）、诗集 8 部，发表论文 1500 余篇、诗作 1500 首，写作总字数 3600 万字。与许多著作等身的中国校领导不同，张先生的论文与独著确为他个人独立撰写，别人所做的主要工作无非是将写在纸上的文字输入电脑。事实上，从严格意义而言，当前许多署名为"著"的学术专著，其实都可以将"著"改为"主编"，因为这些成果都是多人的集体成果，封面上的（第一）作者不过写了一个序或者拟了一个纲而已。人文社科研究成果，别人帮不了多少忙，因为思想是最重要的，也是最独特的。那么，张先生为何能够独立撰写如此丰硕的成果呢？从张先生的介绍来看，我感觉他一直都在思考问题，一直都在推出思想，正如他自己所说的，"我是一个坏了的水龙头"，思想源源不断地流淌出来。他的行政工作，是他产生思想的沃土；高效的行政工作之余，没有非学术性的其他应酬，致力于思想金库的挖掘。几十年如一日，形成了今天他人难以企及的学术"珠穆朗玛峰"。杨德广教授在报告中一语中的："笛卡尔提出'我思故我在'，张先生是'我在故我思'。"

二、"当教师比当校长幸运，当校长比当省长幸运"

张先生介绍，他曾经被约请担任副省长，但他果断放弃了，他觉得当校长要比副省长更好实践他的办学理念。确实，他在湖南师范大学担任校长期间的改革是富有实效的。在谈话中，张先生提到了许多位知名学者，都是因为他而来到湖南师大，最终也因张校长退休而离开湖南师大。湖南师范大学入选国家"211 工程"，这是张先生办校成功的重要明证，也是张先生非常得意的实践成果。全国这么多地方师范大学，入选"211 工程"的只有三所，除了湖南师范大学之外，还有南京师范大学与华南师范大学。在座谈时，针对这三所师范院校进入"211工程"，有人提到，华南是有钱，南师是有权，湖师是有人。为了进一步具体到什么样的人，我还补充了一句，"湖师是有校长"。因为有了张校长这样的人，才会聚集众多的优秀学者。这就像蔡元培校长成就的北京大学一样，张楚廷校长成就了湖南师范大学。先生如果再晚 30 年出生，还能当大学校长吗？当了大学校长，还能出这么多学术著作吗？还能做出满意的实践成果吗？这些疑问，我不想去追问。但是，如果没有当校长，张先生的学术影响依然光彩夺目。因为只要是金子，都能发光，只不过放在不同平台，会发出不同的光。从某个角度而言，说不定光彩更加夺目。这就正如张先生所言，"当教师比当校长幸运"。于我而言，这句话很励志。

三、"我比较喜欢思想家的称呼"

布鲁贝克的《高等教育哲学》以高深学问为基础，张先生的"高等教育哲学"以人为基础；张先生是一位数学教授，但他的教育学不是统计学、不是建模，而是人文学科；张先生作为体制内里的大学校长，却在学术世界中倡导大学自治与学术自由；等等。这些，是我以前对张先生思想的基本判断。事实上，作为数学教授，张先生同时在数学、教育学、心理学、管理学、文学、哲学、体育学、音乐学八大学科领域均有研究。我原来以为，在人文社科的众多研究领域纵横驰骋并不困难，无非是语言表达方式的切换，其思想内涵是差不多的。这几天听张先生的讲话，发现他确实在众多领域均有独到的见解，我原有的认识与判断是不恰当的。例如，张先生不愧为一个演说家，他讲话幽默风趣，许多理论大师做不到，张先生还提到某教授试图学习他的讲话风格；张先生作为一位成功的大学校长，当然可以称之为教育家、改革家；张先生在教育论述上著作颇丰，甚至在许多人那里以一个教育学家的形象呈现出来的；张先生也有鲁迅的批判精神，只是能够做到对事不对人，无愧于有智慧的批判家。其实，相较于前面的这些帽子，张先生更喜欢哲学家的称呼。他在哲学研究上的广度与深度，远远胜过国内众多知名的哲学教授；他对哲学的推崇程度，是我至今见过最为强烈的人。在他看来，"哲学决定一个人的生命品质，决定一所大学的办学水平，决定一个民族的全面繁荣兴旺。"他指出，哲学刊物以及知名人物，65%以上在美国。这里，体现了他的价值判断与精神追求。他说，他接下来准备撰写《哲学大辞典批判》《论怀疑主义》等著作。试想，当前有哪位哲学大师敢向这个思想高地开炮？

　　这样的一位学者，毫无疑问是一位哲学家。但是，有没有包容力更强的称呼呢？张应强教授做了一个报告，题目是《高等教育研究的三重境界——基于张楚廷教授的个案考察》，正是准备采用一个概念来体现张先生的思想广度与深度。张应强教授指出，高等教育研究有三种境界：首先是工作境界：基于实践的经验总结；然后是学者境界，进入理性分析；最后是教育思想家境界。听完这个报告，我觉得有几点值得商榷：其一，教育学家与教育思想家的界限并不能严格区别；其二，基于工作境界的研究，上升为经验与感悟，不能说就是低境界的；其三，学者与教育思想家，哪个属于更高层次还真说不清楚；其四，将"教育思想家"的帽子戴在张楚廷先生的头上，并没有提升到较高的境界，甚至不能概括张先生的学者特征，采用"思想家"的称呼更加贴切。果然，张楚廷先生随后指出，"教育思想家"这个称呼较窄，采用"思想家"的称呼更准确。张先生还提到，第一次用

"思想家"来称呼自己，是一位国外学者。不过，在会议指南的小册子上印着这样一句话："华中科技大学教育研究院张应强教授称张楚廷是为数不多的一位思想家。"在大会报告上，张应强教授再在"思想家"前面加上"教育"两字，是不是只是为了突出张先生在教育领域的贡献？

四、"我还是一个吹牛家"

张先生多次强调，人要骄傲，但不要傲慢。在张先生看来，骄傲能让人快乐与成功。从我的判断来看，张先生所谓的骄傲，相当于自信，是对自己而言的，而傲慢相当于轻视别人，是对别人而言的。"人是独一无二的存在，我们要向自己学习，从别人那里是学不来的。"这个观点，张先生在座谈中多次强调过，可以成为我们自信的理论基石。其实，不用与张先生正面接触，只需看看他的著述，我们就能感受到，张先生很自信。时至今日，我的论著有两次写到张先生。一次是早年在厦门大学读书时，我负责全程接待与陪同张先生，他那次担任博士生论文答辩委员会主席，两三天的相处，我写了一篇随笔"用平缓的方式表达奔涌的理念——我从张楚廷教授那里学到的"，后纳入拙著《成长的代价——一位大学教授的生活手记》（浙江工商大学出版社 2013 年版）一书中；另一次是在有针对性的阅读计划中，我看了张先生的一部著作，写了一篇读后感《自由是大学之魂，哲学是自由之根——读〈校长·大学·哲学〉》。在写过这两篇随笔之后，我对张先生的思想与文笔略知一二，至少能够看到其自由的思想与奔放的感情。在这次座谈中，张先生还笑着说："别人说我是这个'家'那个'家'，其实我还有一个'家'，那就是吹牛家。"张先生说自己"吹牛"，在我看来不是贬义的"吹牛"，只是先生诙谐幽默的语言而已。而且，张先生毫不掩饰自己的失败，这反而正是自信的表现。例如，张先生提到，他写了一篇关于"高教 145 问"的论文，被某期刊拒稿。这让我想起某期刊编辑的话，该刊不愿刊发张先生过于率性自由的文章。

五、"当得不像校长就好了"

张先生在谈到他当大学校长的感悟时指出："当得不像校长就好了。"为此，在自由交流环节，有位教师还特别强调张先生这句话的正确性与深刻性。不过，我对这句话有不同理解。我认为，这句话代表当校长的较高境界，对许多正在步入校长岗位的年轻学者并不适用。在中国目前的政治体制下，当校长至少有三个阶段：第一个阶段，要像一个校长，该有的气场与磁场，最好能够自然显露出来，环顾周围那些在行政上做得"好"的学者，往往"口气"很大，威严有加，而那些有思想、做实事、守本分的优秀学者被视为"不适合做行政"；第二个阶段，可以不像一个校长，在这个阶段，他应该在校长岗位上坐得很稳固了，获得上级领导以及师生员工们的赞赏与信任，从而可以随心平和地对待任何一个人，让第一次接触他的人根本看不出他就是这所大学的行政一把手；第三个阶段，又像一个校长了，这里的校长，他有魄力但又平易近人，他有担当但又不受制于体制约束，这样的校长，是全体师生员工公认的优秀校长。

六、"我相信有来世"

在座谈会上，与会来宾向张先生提问。我本来想向先生提一个问题，"人是怎么来的？"没想到，张先生在回答别人的其他问题时，先把这个问题解说了一番。张先生说："人是怎么来的，这是至今没弄明白的一个问题。但有一点是确定的，人类诞生于 382 万年前的非洲。"确实，一个人死后的思想、名誉等会永远跟着这个人流传下去。看来，先生的来世，是不朽的思想。同时，张先生认为生命受之于父母，属于我们永远的父母，他至今都在父母遗像下写作。正因为心中有信仰与敬畏，先生才会永不停息地追求与奋斗，永远保持高昂而又谦逊的姿态。

总之，张先生是一个值得我们敬仰、学习的人。他不仅有思想，而且很真实。例如，他活在自己的思想王国中，从这里寻找永恒，当被问及人工智能等问题时，他笑着说："下辈子再用电脑吧。"他说除了两位年幼的孙女外，家里的三代人都瞧不起他，他夫人建议他搁笔，他说"放下笔之后可能人就没了"，于是他夫人说"那你还是继续写吧"。虽然只有短短的两天时间，但我好像看到了一个全面、真实、完整的先生。正如湖南师范大学高晓清教授所言："张楚廷教授是一个非常纯粹的人。他做事高调、为人低调，在我个人心中，他是神一般的存在。"

（2019 年 6 月 28 日）

人世楷模，高山仰止

——从蔡元培七辞北大校长说起 [①]

　　我是历史学硕士、教育学博士，但讲教育人物的故事，并非我的特长。不过，如果要与大家分享蔡元培的故事，我很乐意。这是为什么呢？因为我来绍兴工作之后发现，许多人来绍兴旅游，从文化名人之旅的角度而言，好像奔鲁迅故居而来。这就可以看到，鲁迅故居那里，人来人往，络绎不绝。但蔡元培故居那里，游客不多，甚至有点冷清。为此，我经常思考一个问题，为何在今天鲁迅（1881—1936）的影响力比蔡元培（1868—1940）还要大呢？要知道，论学习经历，蔡元培16岁中秀才，22岁中举人，25岁中进士，28岁授翰林院编修，在那个时代的绍兴地区没有几人能出其右；论社会地位，蔡元培担任中华民国第一任教育总长、中央研究院院长等许多重要职位。1927年蒋介石与宋美龄结婚时，蔡元培还被邀请担任主婚人，在那个年代蔡元培绝对称得上当时绍兴地区位高权重、声名显赫的标杆性人物；从德性修养而言，蔡元培可谓中国近代最为完美的人之一。1940蔡元培辞世时，蒋介石在重庆主持公祭，毛泽东在唁电中称其为"学界泰斗，人世楷模"，蒋梦麟的挽联是"大德垂后世，中国一完人"，吴稚晖的挽联是"平生无缺德，举世失完人"。论互助关系，我们不能说没有蔡元培对鲁迅的关心就不会有今天的鲁迅，但可以肯定地说没有蔡元培无私帮助，鲁迅的生活与事业不可能如此顺利，事实上，那个时期绍兴出现的一大批名士都得到过蔡元培的培养、奖掖、帮助乃至营救，这种绍兴人才群的出现被学界称之为"蔡元培现象" [②]。那么，在作为旅游城市的今天，为何蔡元培故居反而显得冷清呢？我想，主要原因还是我们对蔡先生的认识与宣传不够。同时，针对一位伟大的人物，我们研究他、推广他本身

---

　　① 2019年7月6日，应王阳明研究院邀请面向社会大众所作的一场"绍兴故事"讲座。

　　② 详见苏莉莉、徐嘉恩《蔡元培与近代绍兴人才群》，载《绍兴文理学院学报》2001年第1期。

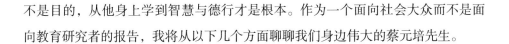

不是目的，从他身上学到智慧与德行才是根本。作为一个面向社会大众而不是面向教育研究者的报告，我将从以下几个方面聊聊我们身边伟大的蔡元培先生。

一、七辞北大校长显示其刚毅正直秉性

蔡元培是伟大的教育家、革命家与政治家，他在许多领域都为社会发展作出了重要贡献。但是，他给我们留下来的最大精神财富，则是他担任北大校长时期的办学理念及实践。应该说，这是蔡先生始料未及的。1916 年 6 月，袁世凯在一片讨伐声中病逝，黎元洪继任大总统，北洋政府教育总长范源濂（1875—1927，湖南岳阳湘阴县人）力邀蔡元培担任北京大学校长一职。蔡元培接到电报后，于 11 月从国外到达上海。他先到达家乡绍兴，然后再次回到上海，听听同盟会其他成员的意见。多数人建议蔡元培不要赴任，认为北京大学已经腐烂透顶，去那里任职有损蔡公名节。不过，孙中山极力主张蔡元培担任北大校长，因为这有利于在北方传播革命思想。蔡元培态度坚决，以"我不入地狱，谁入地狱"的担当与责任，接受了黎大总统于 12 月 26 日发布的任命状。那个时候的北京大学，是个什么样子呢？与其说这是大学，不如说这是"衙门"。学生多为"官二代""富二代"，上课都有听差跟班，校工见到学生要称"老爷"。上体育课时，老师要恭敬地喊"老爷向右转，大人开步走"。课余时间，大批师生花天酒地。当时，地处北京最大红灯区"八大胡同"的妓院，都认为"两院一堂"是他们最好的上帝。所谓两院，即参议院与众议院；所谓一堂，即京师大学堂（1898 年维新运动的产物，原名京师大学堂。1912 年，改为国立北京大学）。1917 年 1 月，蔡元培到达北京大学，以"学术自由，兼容并包"八字方针，正式着手改革北京大学。关于蔡元培的北大改革方略，我在此不想多讲，因为今天不是讲授他具体的办学理念。在蔡元培第一轮十年的精心治理下，北京大学焕然一新。至于其贡献与意义，作为教育思想坐标式人物——美国教育家约翰·杜威有过如此评价："把世界各国的大学校长比较一下，牛津、剑桥、巴黎、柏林、哈佛、哥伦比亚大学的校长之中，在某些学科上，有卓越贡献的不乏其人，但是，以一个校长身份，而能领导那所大学对一个民族、一个时代，起到转折作用的，除蔡元培而外，恐怕找不出第二个。"

北大之大，首先是蔡元培之"大"。[1] 北大之父，中国高等教育之父，蔡元培先生当之无愧。但是，蔡元培先生前后两次担任北大校长，第一次从 1916 年 12 月至 1927 年 7 月，实际在校时间不足五年，其间七辞校长而不准；[2] 第二次出任北大校长，是从 1929 年 9 月至 1930 年 12 月，任期较短，而且不参与北大具体管理工作，做了一位"遥领"校长，相当于北京大学的"精神领袖"。[3] 那么，蔡元培为何在十年之际七辞北大校长呢？为此，我们不妨具体看看因何而辞职。根据相关论述，我绘制一个表格，可以更好地了解七辞校长的相关信息。

表 1：蔡元培十年七辞北大校长一览表

次序	时间	原因	经过	评价
第一次	1917 年 7 月 3 日	抗议张勋拥宣统废帝复辟	蔡元培提出辞职，并且离京到了天津，12 天后复辟闹剧结束，蔡先生随后返回北大	反对封建专制，追求民主进步
第二次	1918 年 5 月 21 日	反对学生运动未果而表现出来的无奈	北大学生为反对某个中日军事协议，准备去北洋政府请愿，蔡元培劝说不成，当天请求辞职	关爱学生，维护教育独立
第三次	1919 年 5 月 8 日	抗议政府逮捕学生	五四运动期间，北洋政府抓了许多游行的北大学生，蔡元培奔走要求释放，在学生于 5 月 7 日释放出来之后，他于第二天就公开通电，引咎辞职	以辞职表示与北洋政府的不合作
第四次	1919 年 12 月 31 日	与教职员一道对教育部投不信任票	北京教职员因为不信任教育部，全体停止职务，他作为校长宣布辞职	以辞职表示与北洋政府不合作

---

[1] 赵恺：《北大校长蔡元培》，载《教师博览》2002 年第 6 期。

[2] 傅国涌：《蔡元培为何七辞北大校长职务》，载《同舟共进》2007 年第 6 期。

[3] 详见肖伊绯《1930 年北大挽留蔡元培始末：曾组建"挽蔡"工作组》，载《北京晨报》2016 年 2 月 29 日。尽管是"遥领"校长，蔡元培后来仍坚持辞去校长职务，为此，北大师生组建了"挽蔡"工作组，极为挽留其"精神领袖"。不过，尽管工作组非常努力，蔡元培最后还辞去了北大校长职务。如果加上这次，前后两轮任期内，蔡先生应该是八辞北大校长。

续表

次序	时间	原因	经过	评价
第五次	1922年10月19日	不满意学生为讲义收费而闹事	北大学生因为对讲义收费不满而引发学潮，蔡元培对此非常愤怒，甚至对学生说："我是从手枪炸弹中历练出来的，你们如有手枪炸弹，尽不妨拿出来对付我。"蒋梦麟记得他还说"我和你们决斗"。这次风潮由胡适调停解决	这次辞职取向虽然有争议，但亦体现蔡先生爱莫能助的无奈。
第六次	1923年1月17日	抗议教育总长彭允彝干扰司法	曾在北大任教、时任财政总长的罗文干被冤枉逮捕，司法机关已将其释放。但是，教育总长彭允彝在国务院会议再次提案要将他抓起来。为此，蔡元培向总统和教育部提出辞职，并通过多种媒体披露。这次辞职反响巨大，导致彭的下台，总统黎元洪出面挽留。自此，他不再到北大工作，由蒋梦麟代理。尽管如此，政府始终没有免他的职	以辞职表示与北洋政府的不合作
第七次	1926年7月8日	没有直接原因	三年半以后从欧洲回国，再次辞职，但没有获准，加上北大师生与北京9所学校的挽留，最后没有辞成。一直到1927年7月，由于张作霖取消北大，改为京师大学校，他的校长名义才取消	以辞职表示与北洋政府的不合作

　　十年内七辞大学校长职务，而且没有一次获批准，这在中外古今历史上少见，在未来也不可能较多地出现。从历次辞职情况来看，原因主要体现在对政府某些行为的抗议，同时也有对学生某些行为的失望。一位老师因为不满意或者不愉快而撂挑子的人，会是一个什么样的人物呢？在我看来，这样的人往往属于理想主义，倾向于坚持自己的想法，同时，如果不向强权低头，从位高权重处下来，这样的人往往较为正直刚毅。据不完全统计，蔡先生一生的"公开辞职"就有24次之多。其中在民国初年请辞教育总长一职，最能说明蔡元培的人物性格与价值取向。1913年，袁世凯窃取了辛亥革命的胜利果实而称帝，义愤填膺的蔡元培毅然

辞去教育总长一职。当时，袁世凯极力挽留，说道："我代表四万万人坚留总长。"蔡元培亦强硬地回应："元培亦以四万万人之代表而辞职！"

二、仗剑天涯体现其追求民主与侠气冲天

从另一角度而言，因为不满意或者不愉悦而辞职也体现个人的无奈与软弱。那么，这是否说明蔡元培只是一个胆小怕事、不敢揭竿而起的文弱书生吗？如果这样认为，那我们就大错特错了。蔡元培还有许多不为人知的一面，例如他曾经是暗杀团的团长，亲自研制液体毒药，后来改为制造炸药，组织策划过多次暗杀，其目的是针对清朝大员尤其慈禧太后。事实上，1902 年蔡元培等人在上海创办的中国教育会，就带有武装革命的性质。早年两次刺杀慈禧太后未果的陶成章（浙江绍兴人），亦是会员之一。蔡元培任会长的中国教育会，以"改良教育，以为恢复国权之基础"为宗旨，创办新式学校，印发革命刊物，组织学生义勇队，进行军事训练，而且研制炸药，准备暴动。据说，1905 年吴樾身绑炸弹炸出国考察的"制宪五大臣"，遭到盘问后引爆身亡，就是采用了蔡元培他们研制的炸弹。后来，蔡元培又担任爱国学社总理，协助陶成章、章太炎（浙江余杭人）等人于1904 年创立光复会，并被推为会长，成为东南地区革命者的领袖人物。[1]1905 年，由兴中会、华兴会、光复会合并而成的中国同盟会成立，光复会成为中国同盟会的"三驾马车"之一，以蔡元培为首的一大批光复会成员加入同盟会。以暗杀为手段的仗义性斗争，是光复会武装革命反抗清朝的重要形式。1907 年 7 月 6 日，徐锡麟在安庆刺杀安徽巡抚恩铭[2]，随后被捕牺牲，殃及光复会发展武装力量的绍兴大通学堂，鉴湖女侠秋瑾英勇就义，陶成章再度流亡日本。1908 年，陶成章到南洋筹款收获甚微，后来公开谴责孙中山"贪污革命经费"等 12 项罪状，引发双方矛盾，并宣布脱离同盟会。此后，蔡元培与光复会的关系日渐疏远，最终离开了光复会，成为同盟会的要员。1910 年，章太炎、陶成章等人重组光复会，章太炎为会长，陶成章为副会长。1911 年武昌起义胜利后，同盟会与光复会的矛盾愈

---

[1] 蔡元培为会长，陶成章为副会长。在后期活动中，主要还是陶成章、徐锡麟、秋瑾在负责，被称为"鉴湖三杰"。

[2] 恩铭是徐锡麟的恩师，对他极为欣赏，只因主义不同，最后割舍恩情。

发尖锐。1912年1月，同盟会元老级人物陈其美（浙江湖州人）[①]命令部下蒋介石[②]将陶成章在上海杀害，后葬于杭州，年仅34岁。对于陈其美其人，蔡元培曾称其可与历代侠士齐名列传，盛赞其为"民国第一豪侠"。陶成章死后，章太炎于1月28日在《大共和日报》发表《致孙中山公开信》，谴责同盟会与光复会之间相残。陶成章死后，光复会就解体了。作为光复会成员的鲁迅，最初还是勇敢地拿起了笔，对蒋介石口诛笔伐。

从蔡元培早期的革命活动可以看出，他并非一个只读圣贤书的书生，而是一手拿着笔，一手拿着剑，可谓侠气冲天。他的革命活动，与其他许多绿林好汉的革命不同，不是为了个人温饱，不只是为了改朝换代，而是为了心中向往的民主社会。要知道，他本属翰林院编修，进入士大夫阶层，在看到清政府的腐败无能无助之后，果断弃官返乡，兴办学校，乃至参与革命。可以说，以翰林弃官而闹革命，走上武力反抗清王朝的道路，蔡元培是中国历史上第一人。但是，我们一定要看到，蔡元培先生的革命，是资产阶级天赋人权式的革命。这就可以理解，他最后离开光复会，而完全选择了同盟会。因为同盟会的政治目标是要建立民主共和的资产阶级政体，而光复会定位于推翻清王朝，建立另一个封建王朝，致力于改朝换代式的革命。追求民主共和的理想信念，贯穿蔡元培先生一生。例如，蒋介石于1927年反共清党之际，蔡元培与蒋介石亲密合作，在道义乃至实际行动上对蒋予以重大支持。但是，在1928年之后，蒋蔡关系开始出现裂痕。例如，自1928年至1929年，蔡元培多次向蒋介石请辞监察院院长等之职。1929年8月，蒋介石还专程去上海拜访，希望他继续担任监察院院长，但蔡元培还是坚决推掉了。不过，国民党没有批准其辞去国民政府委员。此后，他们二人的关系越来越疏远，仅仅维持表面的和气。1932年，蔡元培加入了由宋庆龄、杨杏佛等组织的中国民权保障同盟，其意旨在于抗议蒋介石的独裁统治。1933年，杨杏佛被暗杀，实际上是对宋庆龄与蔡元培先生的警告，随后该组织也被迫停止了活动。1935年，蔡元培与鲁迅谈及国事，蔡认为蒋介石是袁世凯第二，万不可信任。[③]从蔡蒋的关系

---

① 在辛亥革命初期，陈其美与黄兴同为孙中山的左右股肱。1916年，袁世凯派人将陈其美杀害。

② 在《事略稿本》中，蒋介石自言成功暗杀陶成章，是获得孙中山信任的开始。

③ 详见罗永荣《反目成仇：蒋介石与蔡元培关系的演变》，载《绍兴文理学院学报》2015年第2期。

演变可以看出，蔡先生一生都在致力于民主共和，追求自由平等。

三、从兼容并包与乐于助人体现其宽厚仁爱

敢于与政治强权叫板，敢于辞职以示抗议，敢于以大无畏的勇气执剑闯天下，这样的人物形象总体上呈现"强硬""冷峻"的一面。但是，如果我们把这些当成蔡元培先生性格的全部，那又是大错特错了。相对于"硬"的一面而言，蔡先生其实更多地呈现了"柔爱""仁慈""善良""宽容""体谅"的一面。若要综合考虑，"侠骨柔情"用在这里最为恰当。正如冯友兰先生所写："有一天，我从这位新校长身边走过，觉得他蔼然仁者、慈祥诚恳的气象，使我心里一阵舒服。我想，这大概就是古人所说的春风化雨吧。"[①]

蔡元培担任北大校长期间，贯彻"兼容并包"指导方针，广揽人才，不论政见，不论出身，将各派优秀人才引入北大，这是蔡先生在北大大刀阔斧进行改革的重要环节。对于其"兼容并包"的指导方针，学界从办学理念角度肯定其价值与意义。毫无疑问，这是非常正确的。"大学者，乃研究高深学问者也。"因此，只要具有真才实学，在不同学科领域出类拔萃，我们就应该不拘一格，把他们引进来，提供尽可能优越的环境与待遇，让他们潜心于教学育人与科学研究。这既是高等教育的内在规律，也是社会发达的必由之路。但是，"兼容并包"指导方针的倡议与践行，我从这里更看到了蔡先生的人物性格，体现了他的豁达大度与仁爱之心。不具备这种性格的人，叫喊"兼容并包"一万遍，也很难在实践做得好。例如，蔡元培聘请陈独秀（1879—1942）到北大担任文科学长，可谓一个永远值得传颂的美谈。1917年蔡元培主政北大伊始，便想聘请《新青年》主编陈独秀到北大担任文科学长。不过，陈当初不是很愿意，原因在于编辑部在上海，妻小在安徽，如果自己去北大，往返多有不便。但是，最终还是被蔡元培先生的诚恳与仁厚打动了。在这个过程中，不仅刘备"三顾茅庐"的故事再度重演，而且蔡元培"虚构"履历，在报送教育部的报告中将陈独秀说成日本东京大学毕业、曾任芜湖安徽公

[①] 详见冯友兰《我所认识的蔡孑民先生》，该文是冯先生于20世纪20年代写的一篇记人散文，资料来源于百度百科。

学教务长、安徽高等学校校长，事实上，陈独秀既无"学位头衔"，也"没有在大学教过书"。[①] 试想，缺乏雅量与大爱，位高权重的蔡先生不可能去如此接近一位当时尚未形成影响的知识分子。而且，陈独秀先生虽然"学识渊博，懂日、英、法三国文字，工宋诗，写隶书，对旧学很有功底。新学造诣尤深。他才思敏捷，笔锋锐利。他待人处事，胸怀坦荡"，但是"脾气暴躁，喜怒形于色，也难以容人"。[②] 这样的人，蔡先生一点也不忌讳，以己宽容之心化解一切。正如陈独秀后来回忆说："这样容纳异己的雅量，尊重学术自由的卓见，在习于专制好同恶的东方人中实所罕见，这是老先生可令人敬佩的地方。"[③] 又如，他聘请坚持君主专制的辜鸿铭[④]（1857—1928）担任英国文学教授，当时许多人反对。但是，蔡元培依然力排众议。确实，到了民国时期，在北大讲台上还拖着长辫一边讲课，一边抽烟，旁边还有一个仆人伺候泡茶，没有几位民国大学校长能够容忍。蔡元培先生宽容大度也最终打动了辜鸿铭，1923 年蔡先生辞职后，辜也随即辞职。正应印了辜鸿铭自己总结的那句话："全中国只有两个好人，一个是蔡元培，另一个就是我。"再如，梁漱溟报考北大没有考上，但蔡元培却大胆聘请只有 24 岁的他担任北大教授，这也是中国近代教育史上的一段佳话。据说，当蔡先生要聘请他在北大任教之际，他不仅感到意外，而且不敢应聘。要知道，没有考上北大的人来当老师，教与他一起参加考试却考上北大的学生，这对老师而言会有无形的压力。蔡先生却如此鼓励与安慰他："你不要是当老师来教人，你当是来共同学习好了。"这不仅体现了蔡先生慧眼识珠的能力，也体现了蔡先生慈祥宽厚的品性。

蔡元培乐于助人，只要力所能及，且是正确的，他从不退缩。除了一大批知名人士例如陈独秀、鲁迅三兄弟、胡适（1891—1962）、梁漱溟、许寿裳（1883—

---

① 参阅祁文斌《蔡元培"造假"，让陈独秀进北大》，《文史博览》2018 年第 2 期。

② 转引自吕腾飞，魏兆锋《蔡元培的人生经验》，载《文史天地》2018 年第 11 期。

③ 转引自吕腾飞，魏兆锋《蔡元培的人生经验》，载《文史天地》2018 年第 11 期。

④ 辜鸿铭学贯中西，号称"清末怪杰"，精通 9 种语言，获 13 个博士学位。1927 年，日本人推荐他担任张作霖的顾问。张作霖惊诧地看着这位身着清朝服饰、蓄着小辫的老古董，直截了当地问，"你能做什么事？"辜看了张一眼，找不到当前张之洞总督待人如宾的影子，便拂袖而去。1928 年，辜鸿铭被奉系军阀张宗昌约请担任山东大学校长，但还没有正式下文便染病身亡。个人觉得，有趣的学问人，辜鸿铭绝对算一个，他的故事实在太多太精彩。

1948，浙江绍兴人，鲁迅一生最好甚至唯一的挚友，经常批评国民党的法西斯教育改革，1948年于台北被暗杀）、刘开渠（1904—1993，江苏徐州人，雕塑家，为了缅怀蔡先生早期对他的无私帮助，他在上海三次为蔡元培塑像）外，还有许多未在史册上留下名字的帮扶对象，都得到蔡元培先生的无私帮助。例如，1932年，陈独秀因谴责蒋介石卖国独裁被捕入狱，蔡元培先生亲自奔走呼号，还于1933年前往苏州监狱看守所探望陈独秀，并且为《独秀文存》撰写序言，以示对逮捕陈独秀行为的抗议。[①] 又如，晚年移居香港期间，广东籍诗人廖平子时常给蔡先生寄送自己的作品，在得知该诗人家贫如洗却又不屑钻营之际，蔡元培在自己生活拮据的条件下，每月给他赠法币10元，连续数年没有间断。再如，蔡元培大力扶植在美国获得博士学位的胡适，使他融入中国主流学术领域并逐渐获得广泛认同。他不仅为胡适的著作《中国哲学史大纲》以校长身份亲自作序大力推介，而且就像为陈独秀造假履历一样，误把徽州"解经三胡"说成胡适的老祖宗，以便让他获得"家学"的资格与影响。[②]1921年，胡适公开发文质疑蔡元培在红学研究上的某个观点，同时，为了论证蔡元培的论述属于"大笨伯猜笨谜"，胡适到处寻找有关曹雪芹身世记录的《四松堂集》。正在胡适求而无果、准备放弃之际，蔡元培托朋友将书送给了胡适。将炮弹送给对手，对知识分子而言，是需要度量与胸怀的。其实，在这里最值得提的，应该是蔡先生的老乡鲁迅。蔡元培对鲁迅的帮助，那是"没世不渝"的。尽管如此，鲁迅时有微词与怨言，蔡元培却从未在乎。郭沫若曾说过："影响到鲁迅生活颇深的人应该推数蔡元培！……鲁迅进教育部乃至进入北京教育界都是由于蔡元培的援引。一直到鲁迅的病殁，蔡元培是尽了没世不渝的友谊。"鲁迅在教育部任职，同时又在北大兼课，再于1927年底起受聘"大学院特约撰述员"职位，乃至在鲁迅去世之后帮助出版《鲁迅全集》，蔡元培的身影无处不在，作用非同小可。在《鲁迅全集》即将付印之际，许广平希望蔡元培作序。蔡元培花了一个多月时间浏览鲁迅的主要作品，不仅为《鲁迅全集》写了序，而且为纪念本题了字。今天，如此作序的学者，恐怕再也找不到几位了。"大

---

① 赵恺：《北大校长蔡元培》，载《教师博览》2002年第6期。

② 详见李浴洋《蔡元培帮胡适"造假"的一段往事》，载《南方教育时报》2016年3月11日。

学院特约撰述员"这个职位，可谓天底下最好的岗位，不用上班，月薪300圆大洋。鲁迅端着这个饭碗达4年多，共收获大洋1.47万元，折合黄金490两。"特约撰述员"被裁撤时，蔡元培设法阻止，但未能成功。晚年之际，蔡元培在国民党执政时代的各种兼职达23项，由于前来上门求助的人太多，还要应付各种题字、稿约、写序等，他终于在1935年坚辞所有兼职，专任中央研究院院长，还在报上登了一个"三不启事"：一不兼职，二不写稿，三不介绍职业。[①]

越读蔡元培，越觉得他宽厚仁爱。他的两次落泪，再次呈现他慈爱形象。"五四运动"时期，当被逮捕的学生获释后，蔡元培率领北大全体师生迎接。当学生们禁不住哭起来之后，他劝同学们不要哭，应该高兴才对，而自己也流下了眼泪。"九一八事变"后，汪精卫邀请蔡元培共进西餐。席间，蔡先生苦口婆心地劝汪改变亲日政策，坚定爱国立场。语至恳切处，潸然泪下，泪水滴入汤盘中，蔡先生将汤泪一并咽下。除汪精卫外，现场之人无不动容。[②]

四、从行为规范与家庭生活体现其高度自律

北京大学郑也夫教授说过一句话："人的一生，不外乎追求三种状态：舒服、刺激与牛×。"我觉得，这句话非常经典，概括了芸芸众生的普遍追求。从以上几点来看，蔡元培先生追求民主自由、大学独立、人间友爱，时而烈胆豪情仗剑闯天下，时而满腔温情怀柔天下，更多的是从国家、民族、社会、朋友等对象考虑，就是很少从自己的舒服、刺激与牛B来考虑。也许，心怀天下，就是他的"舒服"。这种"无我"的境界，还可以从他的行为规范以及家庭生活体现出来。

1918年蔡元培在北大成立进德会，该会成员根据所戒的内容分三种类型：甲种会员，不嫖、不赌、不娶妾；乙种会员在前"三戒"的基础上，加不作官吏、不作议员；丙种会员在前"五戒"的基础上，加不吸烟、不饮酒、不食肉，共"八戒"。该会成立3个月，甲、乙两种会员合计达437人，而丙种会员只有24人。其中，马寅初、胡适等人选择甲种会员，蔡元培和傅斯年等选择乙种会员，李石

---

① 傅国涌：《蔡元培为何七辞北大校长职务》，载《同舟共进》2007年第6期。

② 详见孟祥海《蔡元培的两次落泪》，载《杂文选刊（下半月版）》2014年第2期。

曾、梁漱溟等选择丙种会员。"平生无多好，只近绍兴酒"[1]，这也许是蔡先生没有选择丙种会员的主要原因。蔡元培先生从 1909 年之际始，有过 12 年的素食生活，后来由于身体原因，其夫人规劝他放弃"素食主义"。在家庭婚姻方面，蔡元培虽然一生有过三次婚姻，但仍然较好地履行了他的约定，这与胡适先生不断传出风流逸闻形成鲜明对比。蔡元培的第一任妻子叫王昭，与鲁迅的原配夫人朱安一样，都属于父母包办的封建旧式婚姻。但是，随着他们两个孩子的相继出生，蔡元培努力改善了与王昭的关系，甚至还起草过当时轰动一时的《夫妻公约》，让他们有过一段美满的婚姻。然而好景不长，与蔡元培相伴 11 年的王昭于 1900 年因病去世。那一年，蔡元培 32 岁，孩子还年幼，家庭需要有人照顾。由于蔡元培的地位与影响，前来说媒的人踏破了门槛。鉴于此，蔡元培写了一则征婚启事，贴在墙壁上。该启事提出了五个条件：第一，是不缠足的女性；第二，是识字的；第三，是男子不得娶妾、不能娶姨太太；第四，如果丈夫先死，那么妻子可以改嫁；第五，意见不合可以离婚。在那个年代，不缠足的女子很少，识字的也不多，再加上允许离婚，也就没有哪个人敢来提亲了。后来蔡元培在杭州办学，无意中发现江西某名士之女黄仲玉符合自己的择偶标准，便主动请人做媒求婚。1902 年，他们在杭州举行婚礼，两人幸福相伴 18 年。1921 年 1 月，相伴 18 年之久的黄仲玉因病去世，蔡元培悲伤不已，写了一篇《悼亡妻黄仲玉》，成为抒情散文的典范，后来被收入中学课本。两任妻子先后因病辞世，蔡元培一度怀疑自己"天生克妻"，不打算再娶。但是，面对繁重的工作以及众多的子女，此时 54 岁的蔡元培再次打出一则征婚广告，提出三个条件：一、具备相当的文化素质；二、年龄略大；三、熟谙英文，能成为研究助手。有人调侃，这不是征婚，而是招助手。但是，一位蔡元培曾经的学生、33 岁仍属于单身的画家周峻走了进来。1923 年 7 月 10 日，蔡元培与小他 22 岁的周峻在苏州留园隆重地举行了婚礼。婚后，周峻为蔡元培先生再添 3 个孩子。1940 年，蔡元培先生在中国香港辞世，周峻 50 岁生日还差 2 天。蔡先生辞世之际，没有自己的房产，连欠下的医药费和棺木，都是商务印书馆王云五代筹。1941 年，日军轰炸香港，周峻冒着生命危险抢救蔡先生手迹遗作，自

---

① 赵恺：《北大校长蔡元培》，载《教师博览》2002 年第 6 期。

己的金银首饰全然不顾。蔡先生去世后，周峻终日素衣素服，没有再嫁，而是按照蔡元培希望的生活方式，精心照顾与培养孩子。

五、思考与启示

听完这些故事，大家应该能与我一样，理解毛泽东等人对蔡先生的高度评价，不愧人世楷模，让我等望尘莫及，敬仰不已。2014 年我刚来绍兴工作之际，陪一位教育界前辈拜谒蔡元培故居，我特意问了导游关于蔡氏家族的情况。因为在我看来，一个人要拥有如此好的品性并且在事业上取得如此大的成绩，需要几代人的努力，贵族往往不是一代人成就的。但是，从导游那里以及后来我个人的有限查阅，发现蔡元培家庭对他的外显帮助，没有我最初想象中的那么大。蔡元培的父辈，以经商为业，但在蔡元培 11 岁之际，父亲病故，家道衰落。他的两个姐姐，因为无钱治病而先后离世。蔡元培 18 岁之际，母亲病故。这样的家庭，为何能够走出一位如此完美的人物呢？在人的成长上，真的教养不如天性吗？蔡元培的成长故事，否定了我近年概括与坚守的一个观点吗？即"家庭不仅成为孩子成长的起跑线，而且属于孩子发展的天花板"。认真梳理，我发现蔡元培先生的成长，固然有其天赋因素，但同样与家庭环境密不可分，并不否定我推崇的那个观点。在此我从以下三点略作分析，也希望我们多从这里引领孩子成长。

其一，母亲的德性至关重要。父亲去世之后，年幼的蔡元培与母亲相依为命，其秉性、爱好与习惯均深受母亲影响。在此，我不想过多地介绍他的母亲周氏，只简要说说她的教子方法。例如，周氏不会打骂孩子，而是以理服人，肯定成绩，指出不足，但如果蔡元培做了缺德之事且屡教不改，便会在没有旁人的时候狠狠地抽打，既不伤孩子面子，也达到教训目的。又如，在深夜写不出文章的时候，周氏便会催促孩子睡觉，第二天早点起来再做功课，以致养成蔡元培"晚睡不如早起"的生活习惯。再说，周氏经常告诫孩子并且以身作则率先垂范，"说话一定要谨慎，当讲则讲，不该讲的话，一句也不能多说。"蔡元培先生在回忆中指出，他的母亲要比父亲对他的影响大得多。他在其著作《中国人的修养》中指出："决定孩子一生的不是学习成绩，而是健全的人格修养。"我想，蔡元培先生高尚的人格修养，在很大程度上源于母亲的影响。不过，在场的朋友要知道，我只是从蔡先生的家庭实际角度讲述，并不意味着在孩子的培养过程中，父亲没有母亲那么重要。事实上，父亲同样不能缺位，父母共同努力正向引导，更有利于培养人格完美的孩子。

其二，身边的榜样激发力量。榜样的力量是无穷的，不仅能给我们指引方向，而且带给我们前进的动力。在一个家庭，一个孩子有出息，其他孩子往往会向他看齐；在一个地方，一个人在从事某项业务并且取得成功，就会带动周边一群人进行相应的工作。浙江的经商文化，其实是环境的力量。蔡元培在学业上一路凯歌，与其家族中的榜样人物分不开。这个人物，就是蔡元培的六叔蔡铭恩（1856—？）。蔡铭恩博览群书，博古通今，工于制艺，善诗缀文，性喜藏书，治学严谨，[①] 虽然比蔡元培晚了4年（即1894年，六叔约38岁之际）才中举人，但六叔的精神影响、学业指导与方向引领极为重要。比蔡元培约大12岁的六叔，是蔡元培的启蒙老师，[②] 在蔡元培父亲去世之后，六叔更是倾注了大量心血，为蔡元培的科举人生给予了重要指引，提供了巨大帮助。正如蔡元培在自传中所言，碰到重要考试，都是母亲半夜烧饭，六叔送我进考场，第一次离乡去杭州乡试时，六叔全程陪同。[③] 当然，蔡元培儿时的榜样人物，也许不只六叔，还有更多优秀的精神偶像。但是，凭我个人的成长感受而言，身边的榜样人物要比遥远的精神偶像产生更加强大与持久的影响。

其三，高人的指点不容忽略。在蔡先生那个年代，母亲往往不识字，无法在学业上予以指导。但是，仅仅依靠母亲的德性，哪怕身边还有榜样人物的方向指引，如果没有高人指导，在竞争如此激烈的科举时期，要在25岁之际考上进士是相当困难的。正如有文指出的，如果说鲁迅成为伟人，与幼时三味书屋寿镜吾先生和日本藤野先生的教育是分不开的话，那么蔡先生成为学界泰斗、人世楷模也与当年的良师严师是密切相关的。[④] 六叔不仅是蔡元培的榜样人物，也是蔡元培的第一任教师。除此以外，王子庄先生对蔡元培的学业影响甚大。据蔡先生回忆，

---

① 钱茂竹：《蔡元培在绍兴若干史迹考释》，载《绍兴文理学院学报》2000年2期。

② 详见徐嘉恩《蔡元培的启蒙老师蔡铭恩》，载《绍兴师专学报》1992年第4期。

③ 参阅《蔡元培选集（下卷）》，浙江教育出版社1993年版，第1358页。

④ 钱茂竹：《蔡元培在绍兴若干史迹考释》，载《绍兴文理学院学报》2000年2期。

那时蔡元培读《三国志演义》，王先生见了，忙说："看不得看不得，因为演义里边真伪参半，不看为妙。"当蔡元培读《战国策》时，王先生看见了，又说："看不得，因为考秀才时，用字都要出于经书，若把《战国策》一类书中的词句用进去，一定不为考官所取。"[1] 不过，王先生自己却博览群书。王先生只让蔡元培读四书五经，用我们今天的话来说就是应试教育。这种教育方式在当前肯定不合适，但在那个时期具有高效率。只要养成了好习惯，知识面的拓展，在以后有大把时间。1896年清明时节，刚荣升翰林编修的蔡元培回到家乡，拜谒王先生的墓地，并且写下《展先师王子庄先生墓记》，寄托了自己对王先生的感谢与怀念之情。可以说，蔡元培先生辉煌而又高尚的一生，既离不开伟大母亲的德性熏陶，也离不开六叔与王先生的帮助、指点与鞭策。当一个人养成了良好的品性以及习惯，后面的事情就能够顺理成章，所谓的成功只差时运罢了。

最后我想说的是，缅怀蔡元培先生的最好方式，就是将他的高贵品质内化为我们自身的个人素质，在实践中做一个有理想、有节制、有仁爱、有气节的人，并且把这种高贵品质一代一代地传承下去。

---

[1]　参阅《蔡元培选集（下卷）》，浙江教育出版社1993年版，第1338页。

幸福人生的引路者

——杨德广教授指引我前行的十大品质 ①

今年是杨校长从教 55 周年暨 80 华诞，在此我首先祝贺杨校长，桃李芬芳，福如东海。

今天，我为什么会站在这儿呢？这得从我与杨校长的结缘开始。几年前，我听杨校长的报告，其中两点特别吸引我。一是他提出"大学校长既要找市长，也要找市场"，他在论文中也明确提出，"中国要建设创业型大学"，我们的观点完全一致。志同道合、志趣相投，极具吸引力。二是他卖房筹钱捐资办学的事迹。在我看来，能够把自己大笔钱财捐赠出去的人，无论从哪个角度评判，他的境界都要高人一等。有人说，卖房捐款做慈善，沽名钓誉。那么，我想问："你是否可以做到，按相应比例，把你的钱财捐赠出去？"有了这两点，足够吸引我亲近他、了解他。很巧，那个时期我正在有针对性地阅读一批教育著述，准备出版一本《教育思想研读 I——20 部教育著述》。于是，我特意在网上购买了杨校长的著作《从农民儿子到大学校长——我的教育人生》（上海交通大学出版社 2009 年版），厚厚的一本，近 500 页，认认真真地读了一遍。读后让我对杨校长更加崇拜，随后写了读书报告《忘我精神与经营理念：中国大学校长的稀缺元素——读〈从农民儿子到大学校长〉》，该文这次也收入志敏教授与张校长主编的《杨德广八十评

---

① 2020 年 11 月 8 日，为参加杨德广教授从教 55 周年暨高等教育行动研究高峰论坛而提前准备的讲话稿。但是，由于每人汇报时间只有 10 分钟，在当天作报告时我只是遵循其大体框架。例如，开篇我首先提了三点：一是祝贺，这既是杨校长的节日，也是我国高教界乃至整个教育界的盛事，祝愿杨校长身体棒棒，快乐多多，开开心心做自己热爱的事业；二是感谢，作为小学校里的小人物，杨校长邀请我前来，这是我莫大的荣幸，谢谢校长的抬爱；三是摘帽，在这次会务组的资料汇编中，会务组利用手中权力（笑），在我的作者简介后面戴上了"作家"的帽子，至于何故，我也不知道，其解释权归会务组，如果这涉及侵权或者有所冒犯（笑），概由会务组志敏教授负责（笑）。

述评论》（上海交通大学出版社 2020 年版）一书中。自从阅读《从农民儿子到大学校长》后，我与杨校长的接触便多了起来，甚至成为年岁与身份差别较大却思想相近、交情甚密的忘年交。今天如此重要的场合，如此富有意义的时刻，只要我有机会在这儿，那么我也一定会在这儿。自从结识杨校长以来，他给我带来许多宝贵的财富。在此，我把我从他身上吸收的宝贵品质，拿出来与大家共享。粗略统计，杨校长至少有以下十大品质，深深地吸引我、启发我并且指引我不断前行。

第一个，乐于慈善，仁爱天下。杨校长被誉为"慈善校长""慈善之星""中华慈善楷模"，这已为我们所熟悉。杨校长在他的"八十感言"[①] 写道："我的三个优势：健康，惜时，心态。"至于杨校长健康长寿的秘密，他在报告中曾经说过，那就是"做慈善"。确实，在自己省吃俭用的前提下，能把自己多余的钱捐赠出去，确实非一般人所为。仅凭这一点，杨校长就是一位"大德"之人。[②]

第二，两袖清风，无欲则刚。看杨校长写的那几本书，或者我写的那篇读后感，我们能感受杨校长"改革家"形象。不顾流言蜚语，不畏艰难险阻，不惧强权恶霸，只要看准了，就会勇往直前，马上行动，坚持到底。正如杨校长的座右铭所言："既要知道，更要做到。"官员最怕什么？举报！但是，杨校长不怕。他在书中写到，他被举报多次，被调查多次，但从来没有退缩过。杨校长为何这么铁骨铮铮宁折不弯呢？我想，除了他高远的理想信念等因素外，还有一个重要原因在于，他"行得端，走得正"，没有私心，两袖清风。有一个成语叫"坦荡无私"，其实，我觉得这个成语应该倒过来，"无私"才能"坦荡"。在中国，行政职务至正厅级，能做到这个份上，绝对是一位"好官"。

第三，夙兴夜寐，学政双馨。当大学校长要不要做研究，答案毫无疑问是肯定的。

---

① 详见杨德广《杨德广八十自述自选》，上海大学出版社 2020 年版。下同。

② 2020 年 11 月 10 日补注：杨校长致答谢词时说到，有人质疑他把钱捐赠出去，是因为父子关系不和，他把在场的儿子杨颉叫出来对证，体现父慈子爱。确实，时任上海交通大学某二级学院党委书记的杨颉教授，在最后的讲话中提到了杨校长对子女的关爱，而且是一种满满正能量的关爱。例如，鼓励小时候的杨颉将压岁钱捐出去；杨颉赴海外留学时只给单程机票以激励子女自强自立；教育孩子不要盯别人的缺点而是要多看别人的优点；杨校长从未打过乃至骂过杨颉；杨颉自小成绩不佳，父亲难过但仍以鼓励为主，使得儿子幡然醒悟，启动了"开挂"的人生，努力奋斗三个月，实现成绩从年级最后一名到达班级第三名。

但是，这种研究，应该基于岗位开展研究，也就是我们今天讨论的行动研究。可见，中国的大学校长，应该是政治家与教育家的合一。中国的大学校长数不胜数，在其岗位上做教育研究的校长同样不少。但是，能够像杨校长这样，既把一所大学办得有声有色，又把学术做得有滋有味，学术行政交相辉映，这样的大学校长不多。杨校长，中国高校领导行动研究的典范。刘海峰教授贺杨校长"当校长励精图治，为人师厚德广学"，体现了杨校长行政与学术两手抓两不误，而且相互促进相得益彰。据统计，杨校长发表论文超过600篇，出版个人专著10部，主编著作和教材35部。[①] 杨校长的个人著述，文笔流畅，言简意赅，颇接地气，而且无人捉刀，自己动手，率性而作，从实践中来，到实践中去，确实是"当之无愧的教育名家"。大道理就在这些平凡的故事中，就在这些朴素的语言中。这样的一位大学校长，戴上"教育家"的帽子，一点也不会受到质疑。杨校长这顶桂冠，源于什么品质呢？在我看来，主要源于勤奋与惜时，这是几十年夙兴夜寐的结果。这在杨校长书中，已经充分体现。杨校长的21条"八十感言"，约一半涉及勤奋与惜时。例如，"世上最宝贵的东西是'时间'，世上最重要的一个字是'今'"；"笨鸟先飞能入林"；"天才是99%的汗水+1%的灵感"；"我的六字方针：工作，学习，研究"；等等。

第四，善抓要点，有勇有谋。每个人都有关于成功的定义，我对成功所下的定义为"成功＝目标＋勤奋＋效率"。没有目标，那是原地打转；有目标而不勤奋，那是做白日梦；有了目标与勤奋，没有效率，就像龟兔赛跑中的乌龟，最终还是赢不了。我们不追求功利意义上的成功，社会关于成功的看法却是"比较"。在学习与工作中，影响效率的因素很多，但是，能否抓住要点，则是提高效率的关键，也是体现个人思维品质的关键。无论在行政工作中还是学术研究上，杨校长都善于抓牛鼻子。对此，熟悉他或者读过这些书的人，可以举出许多实例来。例如，他当初抓学校的绿化，让学校面貌焕然一新，就是一个事半功倍的举措；提出面向社会与市场办学，这就是未来大学的发展方向；等等。杨校长不仅抓得住要点，而且看准了马上行动。"我生活节奏比较快，讲究效率，喜欢雷厉风行，看准了

---

① 详见罗志敏、张兴《杨德广八十评述评论》，上海大学出版社2020年版，第28页。

就干，干错了就改。错了，我承担责任。反对拖拉，反对议而不决。"①我曾将领导干部分成六种类型：一是沉睡型；二是赖床型；三是偏轨型；四是蹒跚型；五是稳步型；六是健跑型。（详见拙著《大学理性——一位大学中层干部的教育随笔》，湘潭大学出版社2013年版，第29—30页）杨校长属于健跑型，往往有大手笔，形成大改革与大发展。正因为我对杨校长有这种判断，所以当初在构思杨校长从教五十五周年暨八十华诞贺词时，马上有句话闪现在我的脑海，那便是贺词的初稿：选择了乐善好施，就选择了仁爱天下；选择了思行合一，就选择了智勇双全。这句话，随后收入了我的个人哲言。

第五，率直真实，不遮不掩。我在2013年出版了《成长的代价——一位大学教授的生活手记》，收录了我过去若干年的一些生活随笔，其中有些是关于卑微的出身、失败的故事乃至拙劣的表现。有一位同事看了之后，不无关切地对我说："你干吗要把这些告诉别人呢？稍有点身份的人都不会透露以前的不幸与挫折。"后来我看杨校长的《从农民儿子到大学校长》，同样毫无遮掩、大大方方地说出自己的苦难与屈辱。例如，在生活极度贫困的条件下，母亲准备掐死妹妹，"妹妹生命力很强，翻了几次白眼没有死掉，母亲也不忍心再掐下去了，……"②又如，"家里卫生条件很差，牲口就拴养在房屋内，粪便四溢，蚊蝇乱飞，记得我五六岁时，全家人都生了疥疮，……"③等等。这种率直是一种境界，是一种"活明白""活透彻"的表现。试想，在今天还有多少厅级以上干部把自己过去"丢人现眼"的东西晒出来？在我看来，人之所以高贵，不在于出身与地位，不在于业绩与作为，而在于灵魂。（周国平先生曾写过一篇文章，题目就是《人的高贵在于灵魂》）正如法国思想家帕斯卡的名言"人是一支有思想的芦苇"，本身脆弱得如同一根小草，但因为有了思想便与众不同。从生理角度而言，人与人都差不多，都要"生老病离死，吃喝拉撒睡"；从身份角度而言，一个人的卑微往往不是他个人的努力不够或者品德不够，还同时与出身、机遇等许多因素相关。因此，评价一个人是否高贵，我看重的还是他的灵魂，这是他的综合品质，本报告谈的正是杨校长

---

① 杨德广《从农民儿子到大学校长：我的教育人生》，上海交通大学出版社2009年版，第64—65页。
② 详见杨德广《从农民儿子到大学校长：我的教育人生》，上海交通大学出版社2009年版，第7页。
③ 详见杨德广《从农民儿子到大学校长：我的教育人生》，上海交通大学出版社2009年版，第8页。

的十大品质。杨校长这种率直真实的性情，我就认为属于高贵品质之一。

第六，生活简朴，粗茶淡饭。我有一个小小的观察，不知是否具有普遍性。那就是：那些衣着朴素、吃穿简单的人，往往平易近人，容易让人接近；那些锦衣玉食、对吃穿极为讲究的人，往往性情高傲，不容易让人接近。杨校长生活简朴，对吃穿要求甚低。正如苏格拉底所言："在这个世界上，除了阳光、空气、水和笑容，我们还需要什么呢？"对此，在杨校长的书中以及现实生活中，都可以体现出来。例如，杨校长十多年来吃剩饭剩菜，"吃不完放在冰箱里，第二天、第三天热了再吃。"[1] 又如，"到目前为止，没有在飞机场吃过一顿饭，没有在火车上吃过饭，因为感到太贵了，舍不得，一想起那些山区农村的贫困学生就更舍不得吃。……"[2] 省吃俭用做慈善，如果有人认为这是作秀，那你们也试试？

第七，关爱学生，面向未来。一个大学校长要面对的事情很多，尤其在中国这种管理体制下，重点关注学生成长可能影响短期业绩。但是，杨校长对学生的关爱落在实处。例如，他坚持去学生食堂吃饭，一则了解学生伙食，二则了解学校教学与管理问题，[3] 三是指点人生经验。又如，当杨校长还在高教局工作时，一位学生因不满毕业分配跑来办公室理论，激动之余一拳把杨校长打翻在地，哗啦响声惊动了隔壁的同事，杨校长对过来的同事说，是他自己不小心摔倒了。[4] 在那个年代，一句话可以断送学生前途。杨校长的"八十感言"——"顾全大局，委曲求全，忍辱负重"，在这里已经体现。大学是为学生而设，没有学生就无大学。从长远看，决定大学声誉，还得看学生。可见，关爱学生，就是面向未来。但是，在行政化、功利化与数字化的办学环境下，要让大学校长重视短期不显业绩的学生成长，完全依赖校长个人的理念与品性。在我看来，作为一位校长，心中装有学生，既是正确理念的体现，也是高尚品性的反映。正因如此，我在撰写杨校长从教五十五周年暨八十华诞贺词时，是将"良师益友"放在最后一行。如下，从"校

---

① 详见杨德广《杨德广八十自述自选》，上海大学出版社 2020 年版，第 194 页。
② 详见杨德广《杨德广八十自述自选》，上海大学出版社 2020 年版，第 142 页。
③ 详见杨德广《从农民儿子到大学校长：我的教育人生》，上海交通大学出版社 2009 年版，第 143—144 页。
④ 详见杨德广《从农民儿子到大学校长：我的教育人生》，上海交通大学出版社 2009 年版，第 365 页。

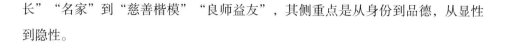

长""名家"到"慈善楷模""良师益友",其侧重点是从身份到品德,从显性到隐性。

杨德广教授从教五十五周年暨八十华诞

浩然正气的平民校长

当之无愧的教育名家

德厚流光的慈善楷模

春风化雨的良师益友

晚生后学付八军敬贺

二○二○.四

第八,平易近人,让人亲近。前面提到,在生活上崇尚简单的人往往平易近人。在此,我还得特别将这条单独拿出来,以体现"平和"的重要性。我在《理想的人生——人生编号论》(中国言实出版社 2013 年版)一书中提出,幸福人生有九个关键词,其中最后一个就是平和,这是幸福的阀门。在我近千条个人哲思中,就有一些针对"平和"。例如,"平凡的人中不乏平和者,但不平和的人难以成为伟大的人物;平和不是伟大人物的成功秘诀,但平和却是伟大人物的普遍特征。"(摘自拙著《理想的大学——教育学术信札》浙江工商大学出版社 2015 年)"平和是伟大人物与幸福人生的座右铭。"(摘自拙著《成长的代价——一位大学教授的生活手记》个人哲思 70 条)近年我与杨校长交往,他给我的印象就是性格随和、没有架子、没有官腔。我曾提出,平和有三种境界:一是性格上的平和,二是智慧上的平和,三是性格上的平和(这与第一层"性格上的平和"有本质区别)。职场上的一些成熟人士,往往处在智慧上的平和。但是,像潘懋元先生、顾明远先生、杨校长等,已经到达第三重境界的平和。

第九,强身健体,志在千里。热爱体育运动,或许不被认为一种品质。但是,在杨校长这里,我认为这是一大品质,体现了他的坚毅意志与远大志向。杨校长坚持锻炼身体,利用一切空闲锻炼身体,是为了他那每天 16 个小时的繁重工作、学习与研究。例如,他给学生讲课时提到,有时候也想睡个懒觉,但一想到"要健康地为祖国工作 50 年"，马上从被窝里爬起来，奔向操场；① 在读书时，"一年四季坚持用冷水洗澡，下雪天自来水冻了，我就用雪擦脸，有意识地锻炼自己的意志和身体素质。"② 在高教局当领导时，上下班不要小车接送，每天来回骑 40 多分钟自行车，到上海师大任校长后，仍然坚持骑自行车，以致教师送给他"骑自行车校长""平民校长"雅号。在杨校长看来，"骑车既可以节省时间、节省费用，更是为了锻炼身体，锻炼灵敏性。"③ 在家里，杨校长还发明了"抓两头带中间"的家里夜间健身法：看中央一台新闻联播时，站着看，有时站在按摩器上看，一面搓脚底穴位，一面做全身运动；睡前梳头，由前往后梳数十次，刺激大脑皮层，触击头上穴位。④ 杨校长健身，不是为了颐养天年，而是志在千里。正如他总结指出的："成功得益于健康，健康得益于锻炼。"⑤

第十，忠于爱情，男人楷模。在看了杨校长写的"给仙逝妻子的一封信"⑥ 之后，我马上给杨校长回了一条短信："杨校长，您越来越成为我的榜样。尤其看了您写给师母的那封信，一位修炼得极为完美的巨人种植在我的心中。"这封信还是大家自己去看好，我在此转述一定少了许多味道。自古至今，任何时期，成功的男人数不胜数，但要能够同时将兴趣与事业结合在一起、爱情与婚姻结合一起的男人，并不太多。我曾总结指出："人生的四大选择：选对父母，成功一半；选对职业，成就一生；选对婚姻，幸福一生；选对心态，快乐一辈子。"（摘自拙著《大学理性——一位大学中层干部的教育随笔》，湘潭大学出版社 2013 年版）除了"父母"交由命运帮我们选择，其他三大选择的主体是我们自己。从可以自我选择的三大选择来看，杨校长都选对了。正如杨校长所言，出身贫寒，童年苦难，

---

① 详见杨德广《从农民儿子到大学校长：我的教育人生》，上海交通大学出版社 2009 年版，第 369 页。

② 同上，第 369—370 页。

③ 同上，第 370 页。

④ 同上，第 370 页。

⑤ 详见杨德广《从农民儿子到大学校长：我的教育人生》，上海交通大学出版社 2009 年版，第 368—371 页。

⑥ 详见杨德广《杨德广八十自述自选》，上海大学出版社 2020 年版，第 190—194 页。

给了他励志前行的动力。① 从这一点来看，人生的四大选择，杨校长全选对了。这既是智慧，更是品性。

以上十大品质，只是我个人目前的观测。如果把今年出版的"自述自选""评述评论"全部读完，我相信会有更多的发现。我曾经总结过一句话："真正在文字中寻找意义的人，大都握着正义的利剑。"（摘自拙著《中外文学评析——20部经典与畅销》浙江工商大学出版社 2017 年版）如果我们这里有更多在文字中寻找意义的人，那么希望我们一道宣传杨校长，向社会推介杨校长。要知道，能够毫无保留地把自己交给社会来解剖，是一个活得透彻、活得明白的人，更是一个经得起岁月风沙洗礼的人。最后，我还有一个希望，那就是祝愿杨校长身体棒棒，在您 90 岁、100 岁之际，我们还能来这儿，参加杨校长从教六十五周年、七十五周年庆典。

---

① 详见杨德广《杨德广八十自述自选》，上海大学出版社 2020 年版，第 3—5 页。

"政治学"在什么时候是最重要的学科？

——读《探寻中国治理之谜：俞可平教授访谈录》

俞可平（1959—，浙江诸暨人）先生的名字如雷贯耳，不只因为他是我国著名政治学家，且在 2015 年辞去前中共中央编译局副局长职位，全职来到北京大学担任该校政府管理学院院长、中国政治学研究中心主任等职，而且他是绍兴文理学院的校友（后来还知道我们同为厦门大学校友），在我校设立"明华人才奖学金"，专门奖励在人文社科方面取得优秀成绩的学生，以培养"明日中华之优秀人才"。因此，当看到题为《探寻中国治理之谜：俞可平教授访谈录》[①] 的推送文章之后，我便迫不及待地研读起来。越读越觉得该文"言我心声"，说了我曾想到却未曾细究的重大话题。于是，在一口气读完之后，第二天我又逐字逐句研读了一遍。有所感有所得，应该有所记有所存，这是我阅读的习惯。依然遵照以前撰写随笔的惯例，我将自己的心得体会记录如下。

一、最好的教育要能够指引学生走向自我教育

俞老师先后在绍兴师专、厦门大学与北京大学分别接受三个层次的高等教育，每个阶段都给他留下了深刻印象。绍兴师专当初的教育模式，可能还是中学教育的延续，注重知识的传承与记诵，体现灌输式与填鸭式特征，但是，该校政史系系主任因为赏识俞老师文章写得好，努力说服教务处，帮助连专科都没有毕业的俞老师开办本科同等学力证明，让其顺利考入厦门大学攻读硕士研究生，这是蔡元培先生"不拘一格降人才"的本土呈现，也是俞老师对母校感怀至今的重要事例之一。作为正在这片土地工作与生活的我来说，感觉当前如此有担当的同事并

---

① 该文载《公共管理与政策评论》2021 年第 1 期，第 21—29 页。该文属于该刊专栏"经历即知识：杰出学人访谈为何重要"系列文章之一。

不多见，植入我脑海的还是"绍兴师爷"这种"玲珑剔透"的整体形象。但是，俞老师在绍兴师专年代发生的这则故事，让研究高等教育的我再次获悉一个重要案例：只有真正关爱学生的大学才能赢得未来。

我无法也不宜从文中断定俞老师在绍兴师专的课堂上收获甚多或者甚少，但可以肯定他更愿意接受那时研究生阶段的自由教育或者说自我教育。"回顾我从绍兴师专到北大的经历，最主要的变化是学习、研究的氛围有点像从计划经济走向市场经济。师专像中学，每次上课老师会带领大家回顾上一堂课的知识，并且提问考核；到了北大，就像从计划经济过渡到了市场经济，学习的动力也从外部转向了内部。……我在读博士的时候基本没有上过课，更没有发文章的要求，但我觉得自己的研究动力反而更强劲。……我博士阶段的学习和研究任务，基本上都是自学完成的。……学习要靠自己，外部的推力并不长久，只有转换成自己的动力，才能学得进去，并真正促使自己去做事。"[1] 让学生自己想进步，明确行动的方向，没有任何一门课程比这个重要。我开设的通识课程《大学生成长专题》，就希望达成这个目标。俞老师这句话，更加坚定了我的信念，要把这门课打造成为大学生最重要的课程之一。

思维活跃、创造力强的人，往往爱好也较多。如果再加上勤奋努力，方向明确，那就无往不胜，必定能在至少一个领域崭露头角。如果再加上身体棒棒，精力充沛，那一定能在至少一个领域达到顶尖。如果要用一个公式表示，那么就是：自我教育 + 天生聪颖 + 勤奋努力 + 目标明确 + 健康长寿 = 名满天下。如果调整一下顺序，这个在学术领域的成功公式可表述为：天生聪颖 + 目标明确 + 勤奋努力 + 自我教育 + 健康长寿 = 名满天下。至于为什么如此调整，无须我解释也能看出来。这个公式不完全适合商业、政治等其他领域，因为那里的不确定性因素更多，其他品质或许更为重要。事实上，我从这篇文章读出来的成功定义，与我在《大学生成长专题》课程教材《理想的人生——人生编号论》一书倡导的"成功的三个关键词""幸福的九个关键词"等道理是一致的。那么，俞老师在访谈中没有

---

① 详见俞可平《探寻中国治理之谜：俞可平教授访谈录》，《公共管理与政策评论》2021 年第 1 期，第 22—23 页。以下摘自本文的引用，只标识页码不再加注出处。

论及成功的具体要素，我为什么有信心归纳出这么一个公式（也许不会那么完整，但抓住了关键点）？主要取决于以下几句让我印象深刻的话："从小就是孩子王。上大学之前我的兴趣一直是自然科学，……初中就可以自己制造土火药和土火枪，还试图制作'永久磁电'。"[P22] 这是思维活跃、创造力强的表现。"我有很多爱好，飙车、游泳、射击、爬山、打球、下棋，我都很喜欢，有些还玩得挺不错。例如，爬山跟得上我的恐怕不多，即使年轻人也很少跟得上我；游泳最后的 35 米我还保持着一口气潜泳的习惯。"[P24] 这是兴趣广泛、多才多艺的表现。还有他在硕士期间，将一本英文著作上下两卷 60 多万字全部翻译出来，那时没有电脑，靠手写，[P22] 这是俞老师勤奋好学的表现。俞老师更喜欢研究生阶段的自由教育，还认为在高等教育三个阶段的跨学科学习对他终身受益，"每个学科一定都有其存在的合理性，它们开阔你的视野，丰富你的方法。"[P23] 体现了俞老师已经形成了学习的自觉性与主动性。"天生睡觉少、精力旺盛、身体好，做学问时间充足。"[P28] 包括他常和学生讲的这句话："在 45 岁之前都不要提什么困难，因为即使一切归零，亦可以从头再来，怕什么呢？"[P23] 这是精神饱满、目标明确的表现。

二、人文社会科学研究的中间路线与两端路线

"做学术要走两端，做行政回到中间。"这是我在某次会议上感觉听到的最重要的一句话。我之所以认可这句话，是因为我可以从本学科领域找到许多古今中外案例与人物来证实。但是，俞老师主张做学术"要有自己的立场，不能走极端""不左不右，走人间正道"[P28] 同样在理。那么，为什么会有如此大相径庭的判断呢？从俞老师自我介绍的情况分析，他也不像一位走中庸之道或者折中路线的学者。例如，他说："我崇尚大道直行，耿直不阿，讲话不拐弯，官场和商界都不太适合，做学问比较适合。对我来说学术就是自由。做学问可以挑战自己的智商，其他的事情都有限制。"[P24] 在做现实研究时，他也没有放弃自己的学术志趣与学术理想。"和地方政府合作是可以的，但是我们必须有一支力量做基础研究，这就是学术引领和学术责任感。"[P29]

稍作思考，我能发现，两种声音两种立场都有其合理性，就看用在什么学术

场合以及学科领域或者针对什么身份的学者。在基于学术良知与社会责任的前提下，为了能够实现学术目标而采取不同的学术表达方式，这是学者的智慧也是智慧的学者之体现。例如，俞老师认为："主流观点要转化成主流话语，否则理论与实践就是两张皮。纯粹的学术话语学术圈外的人听不懂。'善治''治理'容易成为主流话语，而'良治''治道'就不容易进入主流话语体系。"[P28] 要让学术观点变成政策建议，转化为现实生产力，就需要以政府乐于接受的话语来表达，如果像海瑞上交《治安疏》那样向政府提建议，恐怕没有多少官员看得下去。同时，俞老师本人曾是中共中央编译局领导，"中国到目前为止的决策机制还是以内部决策为主，外部听证咨询为辅。内参调研比外面的倡导要重要得多，也是主要的决策依据。"[P27] 从而，像俞老师这种身份的学者不可能追求异举以鸣高。正因为俞老师不偏不倚，不左不右，采取语气平和、积极正向的学术话语，提出的许多政治主张，例如"治理""善治""增量民主""政府创新""动态稳定""协商民主"等，都能被政府采纳。"讲政治改革比较敏感，而治理改革是工具理性，反对的人不多。21 世纪初，治理理论在学术界已经成为热点，党的十八届三中全会把推进国家治理体系和治理能力现代化当作全面深化改革的总目标后，治理问题进一步成为全社会的热点。"[P25]

三、国家治理是中国政治体制改革的学术表达

西方认为中国只有经济改革而没有政治改革，其实我国官方话语中的改革常有政治改革，中国的政治改革从推进到深化等就从未停止过。例如，从以阶级斗争为纲到党的十一届三中全会后的以经济建设为中心，就属于我国政治体制改革的历史节点之一。中西对我国的政治改革的判断为什么会有这种差异呢？主要源于各自对政治的理解不同。"西方对政治的理解是多党政治、国家领导人普选和三权分立；作为政治学者去思考，我觉得我们的政治变化其实是治理的变化，是国家治理在变，央地关系的改变，政府从管控型走向服务型，国家从人治走向法治，政治信息从封闭变得公开，开始强调民主执政、依法执政和科学执政。"[P25] 也许正是基于该种思考逻辑，俞老师提出"治理""善治"等中国特色的政治概念，实现了学术性与政治性的合一。"要以学术的语言概括中国的治理特色，国际才

会接受，才会认可中国治理的不同。"[P26]

我不研究政治学，但我对中国乃至世界政治特别感兴趣。这就像许多人不研究我所从事的高等教育学科一样，但他们同样对中国乃至世界的高等教育感兴趣，甚至比我还在行。因此，我特别关注俞老师提到的中国五大国家治理特色问题。

第一是多元治理，但党是主导；第二是增量改革的路径依赖，例如"老人老办法，新人新办法"；第三是以点带面，例如采用试点的方式，用学术语言来说就是政策试错；第四是样板引领；第五是法治德治并存。[P27] 一流的科学家出题目，二流的科学家做题目。具有学术敏感性的人文社科学者，可以从这里找到研究的思想火花。

我们研究任何一位学者，不能从其个别观点推测其整体思想。俞老师在人文社会科学的众多领域都有过深入研究与重要观点，我自然不能也不敢对俞老师的理想政治作出个人判断。但是，仅仅通读此文，我还是能够感受到俞老师的政治体制改革观或者说国家治理观。

四、科学研究的原动力与中国治理的"谜底"

兴趣与功用都可以成为科学研究的原动力，而且哪个更为重要或者更起作用，或者哪一个会更多地带来另一个，恐怕我会做出与许多学者不同的解答。但是，兴趣与功用，都可以统合到"解谜"一词中来。例如，俞老师说："改革开放前，我在生产队干活，每年种两季水稻一季麦子，起早摸黑还是非常贫穷；改革开放以后，突然大家就变得富裕，国家也变得强大了，对我来说，这是一个非常大的谜。我想去研究、探索背后的原因，为什么同样一批中国人，在同样的土地上，突然发生了这么大的变化？"[P24] 如果我们来研究为什么发生这么大的变化，"解谜"就是其学术工作的精解表达。然而，我们既可能是基于兴趣来探个究竟，也可能是从功用角度来做这项研究。所以，俞老师说他治学的动机就是解谜，为科学研究原动力提供了一个更具涵盖力的概念。

俞老师研究中国治理问题，也就是解与政治、管理等问题相关的各种谜。他提到的几个谜，我都特别感兴趣。例如，第一个谜是"亚里士多德之问"；第二个谜是中国人为什么要把理想放在过去，而不是放在未来？古人"言必称三皇五帝"，即使欲改革也要"托古改制"；第三个谜是中国人为何如此崇拜权力和官位？……俞老师说他找到了权力崇拜的谜底："中国传统社会的本质属性并非封建主义，而是官本主义，权力是衡量社会价值的基本尺度"；第四个谜是为什么我们特别强调小我服从大我，小家服从大家，个人利益服从公共利益？……"中国传统的株连制度、保甲制度、荫庇制度和丁忧制度，都在塑造并强化着家国同构和忠孝一体的制度与价值规范，并从实质上打破了私人与公共、家庭与国家、社会与政治的边界。"[P24—25]沿着俞老师的思考，我想到了许多。不过，在此我主要是为了学习并记下俞老师带给我的启发，把我所学所获用自己的逻辑串联起来。

五、中国治理的伟大成就与未来社会变革方向

中国社会近年取得的伟大成绩有目共睹，正如俞老师所言，最主要的治理业绩便是解决了贫穷。国家GDP在国际上的排名，老百姓感受不到。但是，自己家乡的面貌发生翻天覆地的变化，身边熟悉的人不少都变得特别有钱，这些都让我实实在在地感受到中国富了，中国人民的日子要比过去好多了。俞老师指出："原来我担心的生态问题、廉洁问题也开始得到有效解决。"[P26]"开始"一词用得非常妙，因为这些问题确实在往好的方向发展，但还不能说已经解决或者在可预见的将来能够解决。例如廉洁的含义，东汉著名学者王逸在《楚辞·章句》中注释即为"不受曰廉，不污曰洁"，也就是说，不接受他人馈赠的钱财礼物，不让自己清白的人格受到玷污。在中国这样的熟人社会，要做到廉洁还真不容易。老百姓打官司，每前进一步，"都要付出血的代价"；平民教授发一篇学术论文，主编们心里会掂量："我凭什么要给他发文章。"

中国尚未得到解决的问题，俞老师列了三个，实际上相当于三个重大课题。"一是社会公正，比如贫富差别、城乡差别和区域差别这'三大差别'。二是核心价值观的落地方案。核心价值观很好，十二个核心价值中有六个是政治价值。……要是没有民主、没有自由、没有公正，哪还有社会主义？三是文化转型没有完成。现在传统文化、西方文化和马克思主义社会主义文化三种文化共存，我希望尽快融成一种新的文化，不要相互对立，要相互融合，把好的留下来形成一种新的中

华民族的先进文化。"[P26] 应该说，能够落实社会主义核心价值观，中国就成世界第一强国了。这个强，既包括经济、科技与军事等硬实力，也包括环境卫生、幸福指数与教育满意度。确实，实现了"富强、民主、文明、和谐"的国家目标，"自由、平等、公正、法治"的社会目标，"爱国、敬业、诚信、友善"的个人准则，在中国治理问题上还有哪些不能解决呢？"我希望中国成为全世界最向往的地方，不要让我们的精英移民到外国，而是要外国精英移民到中国。"[P28] 到那个时候，俞老师的这个希望就可以变成现实，这个希望也是检验社会主义核心价值观实现状况的试金石。

近日读到日本前文部大臣永井道雄的一句话，他说，"日本经济之所以能够迅速发展，可以举出多种原因，……实际上，最主要的是因为民族国家所教育出来的一亿日本人没有流向国外，而留在日本列岛，并对国家经济的恢复和发展作出了贡献。"[1] 刚开始我还不太相信，因为在我的印象中，美国的日本人还是蛮多的。于是，我查阅资料，虽然发现美籍日本人不多与美国限制日本移民有关，但在政策解禁后日本移民美国的确实不多。相比中国、韩国，移往美国的日本人确实少了许多。这么一个岛国，地震频繁，资源有限，竞争如此激烈，他们还是热爱自己的国土，这恐怕不只是因为国民物质待遇的问题。

六、什么学科最重要要看什么年代或所处何处

在俞老师的文章中读到，"毛主席说历史重要，哲学重要，政治更重要，所以我大学读了历史专业，在绍兴师专（现绍兴文理学院）念政史系，硕士报考了厦门大学的哲学系，博士到北京大学攻读政治学。"[P22] 确实，学生时代选择学科专业，往往就是一个外来信息，导致自己一个果断选择。例如，我在高中时期选择文科，最主要的因素就是有些老师说，我们所在的高中以文科为特色与强项。如果让我重新选择专业，我一定会选择理工而不是文科。因为在我看来，文科更多的是一种阅历。如果用我以前概括的话表达，那就是：阅读加阅历是人文社科学者成长的双翼。我不知道假如俞老师可以回到学生年代重新选择专业，他会选

---

① 详见永井道雄《近代化与教育》，王振宇译，吉林人民出版社 1984 年，第 160 页。

择什么专业。但是我敢肯定，他能在政治学领域做出如此成就，在其他学科领域一定可以做出同样的成就，甚至还可以做得更好，例如成为院士（文科不设院士，从某个角度看有其合理性）、诺贝尔奖获得者等。至于对社会、政治、人生等的看法，在他的几篇随笔中都可以把观点表达出来，一点也不会影响他对这些问题的真知灼见与入木三分。

俞老师指出："亚里士多德创立了物理学、生物学、经济学、伦理学、政治学等很多学科，但他很明确地断定，政治学是'主要学科''最高学科'。同一批人在同一个地方，有时野蛮有时文明，有时专制有时民主，有时保守有时开放，原因就在于'产生和规范权力的政治制度'。为了寻找理想的政治制度，他晚年带领1000多个学生考察了158个古希腊城邦并撰写了政体考察报告，很可惜因为时代久远只留下《雅典政制》这本残破不全的著作。他追求的是人类最理想的政治制度，我认为这个谜底我解开了。在2020年第1期《北京大学学报》上发表了关于亚里士多德政治学的最新研究成果，我认为他的理想政治不是君主制或贵族制，而是民主共和制。对这一观点，我欢迎学者们来应战。"[P24] 亚里士多德是古希腊百科全式的人物，是西方思想文明的集大成果。看了俞老师的这些介绍，更让我确信或者说让我坚信，亚里士多德是古希腊时期最大的智者，如果不是因为文明累加而产生"一代更比一代强"的必然规律，时至今日恐怕也没有几人能超过他。

毫无疑问，"政治的进步是人类最重要、最深刻的进步。"[P29] 但是，政治学在今天还是最重要的学科吗？毫无疑问，中国特别需要政治学，因为社会主义核心价值观尚未全部落实好，还需要政治学研究者寻找各方满意的中国治理路径。但是，政治学者的政策建议能够在多大程度上产生实际效果？社会主义核心价值观在中国很好地落实以后，政治学还是最重要的学科吗？从这个意义上说，在西方某些发达的资本主义国家，政治学属于显学吗？事实上，是不是最重要的学科，各方都可找到充足理由，关键就看你从哪个角度来分析。在此，我只提出问题，不回答问题。

最后，我以《礼记·学记》的古训结束这篇读后感。这句古训是："大德不官，大道不器，大信不约，大时不齐。"在我看来，这句古训可如此断句——大德不官，大道不器；大信不约，大时不齐。释义有多种，略有差别。俞老师的解释很好："道义之人不一定要做官，做任何事都可以弘扬正义；追求人类的远大目标，不需要拘泥于某种形式；真正的信任，不需要事先做出具体的约定；真正的守时，不需要精确到分秒。"[P29] 俞老师不认识我，我也与俞老师没有任何接触，从而我无法判断俞老师的"大信""大约"。但是，研读此文，我可以做出结论：俞老师是一位大德大道之人，值得我敬仰与学习。

（2021 年 2 月 9 日）

竺可桢：浙大"校魂"①

——关于绍兴人竺可桢的访谈实录

一、近年来，绍兴有什么纪念竺可桢的活动吗？有没有竺可桢的纪念馆、故居？清明或者诞辰、去世的纪念日会不会举办一些活动？

2020 年，绍兴建立了一座总投资约 2.2 亿元国内展陈面积最大的气象博物馆开馆，这是对中国近代气象学奠基人竺先生诞辰 130 周年的献礼。早在 1998 年，在绍兴市气象局大楼的一楼，就建了一个竺可桢纪念馆。在这个纪念馆里，不仅陈列了竺可桢先生的生平事迹，还有他亲属捐赠的一些实物资料，如今这些珍贵的资料已移至气象博物馆南馆五楼的竺可桢纪念馆。在新馆中，还增加了许多场景式的呈现，较为完整系统地展示了竺可桢的一生。尤其突出介绍的，还有竺可桢 72 岁加入中国共产党的红色履历。

位于绍兴市上虞区东关街道的浙江省文保单位——竺可桢故居，更是绍兴市爱国主义教育基地，无论平日还是纪念日，均有浙大师生、企事业单位及中小学师生于此开展党建活动。通过组织开展"春泥计划"和"学最美人、做最美事"等系列教育活动，积极组织广大青少年到故居参观学习，以生动形象的图片和直观的建筑场景，让广大中小学生在参观故居后受益匪浅，爱国热情倍增。自 2013 年开始，竺可桢故居又与街道老龄委建立了共建关系，让退休老干部开展结对共建活动。

---

① 2021 年 3 月 31 日，《光明日报》记者杜羽联系我，就以上四个问题，希望我能接受采访。不过，最后报道出来时，只是选择了几句话。详见杜羽《遗泽流天下，精神被后生——清明追思教育先贤》，《光明日报》2021 年 4 月 3 日 1 版。

二、竺可桢对家乡的感情

热爱家乡应该是一种本能，越是做出成就的人，对故乡的关切一般愈烈。只不过，不同的人，或许表现形式不尽一致。我来绍兴工作七年，较少听别人谈及竺先生，也较少主动关注这方面的动态。但是，从我对竺先生人物故事的了解来看，他对家乡一定寄予深厚的感情。例如，他当初并不想来浙江大学担任校长，当面拒绝蒋介石的邀请，但当他认识到这是振兴家乡的教育事业之际，他接受了这个"苦差使"。又如，中华人民共和国成立后，竺先生选择留在大陆，担任中国科学院副院长，继续为中国科学事业贡献智慧与力量。另外，竺可桢先生对痛失幼子与夫人的悲痛，对他们永远的怀念，都表明他是一位有情有义有爱的人。

三、竺可桢对教育事业的主要贡献是什么。

从社会实践层面而言，我觉得主要体现在两大方面：

一是作为科学家在我国气象领域所作的重大贡献，是中国近代地理学和气象学的奠基人。竺可桢先生早年在美国留学 8 年，先主修农学后改为与农学相关的气象学。1918 年学成回国后，主要从事气象学的教育与研究工作。那个时候，中国的气象事业几乎为零，连天气预报都得由外国人发布，中国内地仅有的上海测候所，还被外国人控制，而美国已有测候所 200 多座。1928 年，在蔡元培的支持下，担任中央研究院气象研究所所长，建立南京气象台。1930 年，气象研究所正式绘制东亚天气图，宣布由外国人来发布中国领土和海域之天气预报的历史结束了。据统计，从 1916 年发表第一篇学术论文《中国之雨量及风暴说》开始，到 1972 年发表《中国近五千年来气候变迁的初步研究》作为结束，他在与气象学及其相关领域发表各类文章 232 篇，还是我国 20 世纪早期重要的科普工作者。

二是作为教育家在浙江大学改造、崛起与凝聚方面所作的重大贡献，我试将竺可桢先生称为浙江大学的"校魂"。1936 年，在振兴家乡教育事业的精神感召下，在保证办学经费与大学自治的前提下，他接受了蒋介石的任命。据统计，担任浙江大学校长 13 年，请辞校长 40 次，比蔡元培请辞北大校长的次数还要多。对于想干事业却难以施展抱负的理想主义者而言，辞职是无奈却能保护自己的选择。但是，在其位谋其政，这是一种责任与担当。在竺校长广纳贤才、强化科研等系列改革下，浙江大学在短短数年内从一所"全中国最破"的地方大学，一跃成为国际知名大学。据统计，从 1940 年西迁至贵州湄潭办学的七年，浙江大学在国内外发表的论文超过当时所有的中国大学。在西迁过程中，学校规模、教授人数、图书设备、在校学生等均数倍增长。1944 年英国驻华科学考察团团长李约瑟博士，评价浙江大学是"中国最好的四所大学之一"，"东方剑桥"之美誉也就逐渐传播开来。1952 年浙江大学同样进行了院校调整，1998 年四校合并组建新的浙江大学，重回"中国最好的大学之列"。苏步青与谈家桢等著名科学家，均把竺可桢与蔡元培并列为中国近代教育史上最伟大的大学校长。如果没有竺可桢校长，同根同源的四校要实现完美融合，或许要曲折得多、复杂得多。这也是我将竺先生称为浙大"校魂"的重要原因所在。

四、竺可桢的教育思想形成于抗战时期，对今天的高等教育有何启示？

确实，竺先生的办学思想，主要在抗战时期形成。1936 年他受命浙大校长，1937 年日本全面侵华，当年"淞沪会战"之后，浙大开始辗转多地办学，谱写了一部伟大的"文军长征"史，直到 1946 年才回到杭州。然而，在极端艰苦的办学条件下，西迁的浙江大学反而日益壮大起来，从一所"破败"的地方大学一跃成为与西南联大齐名的国内一流大学。浙江大学在抗战时期崛起的秘密是什么？这就像北大的整饬与崛起离不开蔡元培一样，浙大在西迁过程中的崛起同样离不开竺校长，这个时期也正是他教育思想的形成与应用期。从其教育思想对当前我国高等教育的启示看，我觉得以下三点特别值得我们学习。

一是坚持与践行"教授就是大学"的理念。竺可桢当浙大校长之后最重要的工作之一，便是积极延揽与积聚人才，例如物理学家胡刚复、国学大师马一浮等，都可以上演为现代版"三顾茅庐"的惜才故事。与蔡元培一样，竺校长同样倡导教授治校，下放学术权力，倡导民主办学。办大学的逻辑其实并不复杂，概括一点就是抓师资。正如我一贯强调指出的："作为一所大学的领导，你能吸纳并稳定一批优秀教师，你就能办好这所大学。你想办一所什么样的大学，你就要选择并培育好什么样的教师；你能不能办好这所大学，就看你能否稳定并充分利用这些教师。"

二是实现学术研究与社会服务齐头并进。竺校长身先示范，重视科学研究，在同时期其学术业绩超越国内任何一所大学。《科学前哨》记载1943—1946年中英科学合作馆交由西方期刊发表中国科研论文位居前五名的机构及篇数，浙江大学以22篇排名第一，远超以12篇排名第二的西南联大。与此同时，竺可桢重视大学服务社会的职能，推动科研成果转移转化。例如，当前遵义普遍种植的胜利油菜、湄江红茶和蚕桑和马铃薯等，都是当年浙大师生帮助引入、研究和试验成功的；遵义如今广泛开采利用的锰矿资源，也是当年浙大师生实地勘测确认的。我们鼓励一批大学及教授与社会保持一定的距离，但是，倡导学术应用的创业型大学发展模式，必定是未来高等教育变革的重要走向。

三是确立"不怕牺牲"的自力更生精神。1938年底，竺可桢将"求是"定为浙大校训。从字面解读，我们容易把握"求是"的科学精神，亦即"学问只问是非，不计利害"。事实上，"求是"精神在竺先生这里，还有更深层的含义，体现"艰苦奋斗，不怕牺牲"，那是对艰苦卓绝办学精神的经验概括。没有竺可桢这种"舍我其谁"的担当与使命，浙大就不可能在逆境下实现飞跃。这种办学精神，在我看来就是创业型大学的自力更生精神。当前国内占绝大多数的地方院校，还在等待政府的指令或者救济，永远不可能在内卷化的竞争环境下实现赶超。地方院校唯有发挥浙大当年"不怕牺牲"的自力更生精神，转变知识生产模式，服务社会经济发展，实现从传统院校向应用型大学再到创业型大学的转变，才有可能像浙大当年赶超国内一流大学那样成为老百姓心目中的一流大学。

无边界的学术，无边界的人才

——聆听邬大光教授的学术报告

上个月初，我校召开 2017 年教学工作会议，邬老师应邀前来做了一个报告，题目是《国际视野中的我国大学本科教育》。随后，在北京召开的"2017 年中国高等教育学会学术年会暨高等教育国际论坛"上，邬老师将这个主题在 20 分钟左右向大家做了汇报。由于各种事务缠身，我一直没有抽出时间，帮邬老师整理出一篇观点独特、结构完整、文笔流畅的文章，只是将邬老师在绍兴的报告录音梳理了一下。近日再读从录音中整理出来的文字材料，我发现很难从中以邬老师名义理出一篇文章，因为对不少观点需要展开论述，而这种论述容易误解邬老师的本意。于是，我决定，与其以邬老师名义写一个报道，不如以我的口吻写个"听后感"。哪怕说得不对，也是我的理解问题。而且，我可以根据自己的学术兴趣，有针对性地进行阐述。

一、我们离世界一流大学的差距在哪里

在过去的两年时间内，邬老师与多位外国大学校长或者外国著名教育学者参加了北京大学、中国科技大学、南开大学、南京大学、武汉大学、厦门大学等 6 所"985 工程"大学的审核评估。邬老师说，在这些外国专家的眼里，中国大学的硬件已经达到世界一流了，但是中国的人才培养尤其是本科教育还存在很大的差距。那么，这些差距具体体现在哪些方面呢？反复琢磨邬老师的讲话，结合自己的观察，我觉得至少有以下几大差距：

一是办学理念的差距。国务院原副总理刘延东曾指出："实现中国梦，基础在教育，关键在人才。"世界一流大学，应该培养世界一流的人才。既然是世界一流人才，就应该属于具有国际视野、能够治理世界的人才。邬老师介绍，芝加

哥大学现任副校长在评估北京大学时提出了一个问题："再过 20 年最多 30 年，中国将成为世界第一大经济体，那么，现在的北京大学能够培养那个时候在国际舞台上治理世界的人才吗？"这个问题，既道出了中国大学离世界一流大学的差距，也反映了中国大学培养世界一流人才的紧迫性。因为"我们今天培养的人才——无论是北大、清华还是厦大——都不具备治理世界的能力。"在邬老师看来，这种差距首先是理念上的差距。因为他作为厦门大学分管本科教学工作的校领导，以为厦门大学能够培养出县长、市长、厅长之类的人才就属于高水平的本科教育了，根本没有考虑过为二三十年以后培养治理世界的人才。前几天，我在微信上看到中央党校罗建波教授的一篇文章，题目是《莫当"世界领袖"，解决国内问题才是重点》。在我看来，罗教授这篇文章的标题，应该改为"不要急于充当世界领袖，首先解决国内重大问题"，这样既符合全文的基本精神，也体现命题的科学价值。试想：当一个最为强大的个体还在明哲保身，这样的人称得上一流人才吗？我很欣赏电影《蜘蛛侠》里的那句台词：能力越大，责任越大。中国也有一句老话：贫者独善其身，富者兼济天下。事实上，这种责任，这种兼济，也是在维护自己的权益。美国扮演世界警察的角色，既是履行大国的责任，也是维护自身的权益。在报告过程中，邬老师巧妙地转到了绍兴的经济结构与绍兴这所地方大学的关系问题。绍兴经济水平在整个浙江省排在第四位，仅次于杭州、宁波与温州。但是，绍兴的高等教育无论在数量上还是质量上，都与绍兴经济发展水平不相匹配。同时，绍兴经济正处在转型期，未来十年二十年后的产业结构必定会有重大调整。那么，绍兴地区这所唯一的全日制公办普通本科院校，有没有培养引领绍兴经济转型的人才呢？

二是制度创新的差距。世界一流大学，应该成为世界各国大学学习与追随的对象。那么，兄弟大学从世界一流大学学习与追随什么呢？显然，要有看得见用得着的管理制度。19 世纪初，柏林大学创建了教学与科研相统一的制度，引领了世界高等教育的变革，也奠定了柏林大学世界一流的地位。20 世纪中期，麻省理工学院开创了大学与企业联合的模式，该模式在美国学者埃兹科维茨看来"正在取代哈佛模式成为学术界的榜样"，从而也奠定了 MIT 世界一流的地位。中国大学校长或者高等教育研究者赴世界一流大学，均能感受到这些高校在人才培养上有比国内高校更好的做法，而且这些做法不少属于这些高校的原创。反之，国外一流大学校长或者国外高等教育研究者来我国的"985 工程"大学，他们能够发现我们在人才培养上的"亮点"做法吗？对这个问题，邬老师给予了回答："厦门大学的人才培养有很多亮点，但都是跟着别人学的，没有一个属于自己的原创。"一个还跟着别人学习制度创新的大学，能够成为世界一流大学吗？当德国的大学在世界上最有影响力的时候，美国等其他各国都在跟随德国，学习德国大学的相关制度；当美国大学在世界上最有影响力的时候，世界上其他国家都在跟随美国，学习美国大学的相关制度。只有当世界上不少国家跟随中国大学、学习中国大学制度的时候，中国大学才能在高等教育舞台上成为让世人瞩目的世界一流。让人恐惧的是，我们不但仍在追随其他国家大学的制度，而且还没有把别国大学制度的精髓学到家。邬老师介绍："世界上的大学就三种体系，即以英国为代表的欧洲体系，以美国为代表的北美体系和以苏联为代表的计划体系。"在我看来，我国大学制度的现状应该是"苏联的底子 + 美国的面子"。既然"底子"仍然是苏联的，那么我们的许多教育制度就会体现邬老师所说的惯性，例如学科的惯性、专业的惯性、教学的惯性等。然而，苏联的教育制度与美国的教育制度是不一样的，甚至在许多方面是水火不相容的。当我们强行将两者糅合在一起的时候，自然就会出现前文提到的系列问题：既没有学到他国先进教育制度的精髓，也没有体现自身的教育制度创新，更没有通过制度创新提升人才培养质量。对此，邬老师以学分制为例做了很好的分析，不妨将录音整理出来这段话放在这里。邬老师说："学分制来源于欧洲和北美，但我们今天大学的人才培养体制是苏联的，两者一直不能很好地结合。今天的中国大学都在使用学分制，但没有一家将它用到位。因为大学内部的管理体制，包括专业、课程的设置以及学年、学籍的设置都是学习苏联的，当美国的学分制移植到苏联模式上时，就成了学年学分制，没有任何真正学分制的本质。学分制的本质是学生有选课的自由，有选专业的自由。现在中国的大学没有一所能做到这一点。所以，北美的学分制与苏联的教学体制根本不匹配。"

三是课堂教学的差距。大学的基本使命是培养人才，课堂教学是大学培养人才的主要途径。如果我们将课堂教学从一所大学中抽离出来，这所大学也就所剩无几了，甚至不会被人们称为大学。正如瞿振元先生于 2017 年 5 月 12 在"推进教育现代化　建设高等教育强国"高峰论坛上所言："高等教育改革，改到深处便是课堂教学。"一流大学与三流大学的差距，从理论上讲，最终落脚在课堂教学的差距。一所课堂教学水平低、课堂教学效果差的大学，无论如何也撑不起一流大学的脊梁。在我看来，中国大学与世界一流大学的差距，除了理念与制度外，主要就是课堂教学的差距。中国大学的课堂教学，仍然是满堂灌的注入式教学模式；而在西方国家的大学课堂，许多年以前就找不到这种教学模式。现如今，世界一流大学的教授们普遍拥有充分的教学自主权，他们会根据学习内容与教育对象，从有利于学生"学"而不是教师"教"的角度出发，在课堂上灵活应用讲授法、研讨法、练习法、实验法等各种教学方法。在报告中，邬老师分享了加利福尼亚大学洛杉矶分校一位副校长关于大学课堂教学五重境界的说法："第一重境界，silence。上课时，教室里很安静，学生不吱声。不过，他们要么在认真听讲，要么在玩手机。第二重境界，answer。老师上课提出问题，学生们会回答对或不对，是或不是。第三重境界，dialogue。老师与学生之间，会有一定的对话。第四重境界，critical。学生会对老师提出质疑。第五重境界，quarrel。学生与老师互相反驳，甚至和老师吵起来。"按照这五重境界来划分，邬老师认为中国大学课堂教学大部分处在第二重境界上。我倒认为，中国大学五成以上的本科课堂教学应该还处在第一重境界，四成左右处在第二重境界，一成左右处在第三重境界。第四、五重境界的本科课堂教学，犹如雨夜里的星辰，难得一见。而且，"985 工程"大学没有比地方本科院校表现更好，这种划分同样适合国内顶尖大学。国内那些天天嚷着已经或者即将成为世界一流的大学，连课堂教学还以第一、二重境界作为基本状态，你叫大家如何相信你步入世界一流行列呢？

二、中国大学评价标准不少背离世界一流大学

自 20 世纪 90 年代以来，我国高等教育取得了巨大的成就。在我看来，最大的成就就是高等教育规模的扩张。在这里，没有之一。再过三十年，当社会上的老人以这批扩招背景下的新生代为主体，在保持现有的高等教育发展速度与社会经济发展速度的前提下，中国的国民素质在整体上会大大地提升，完全可能成为

世界上真正的发达国家。但是，在高等教育快速发展的过程中，我们确实存在许多问题。最大的问题在于：我们仍然是政府办学，而不是校长办学，也就是前文邬老师所说的"惯性"——管理体制惯性。在这里，也没有之一。许多人或许会说，哪个国家不是政府办学？是的，一切都掌握在政府的手上，所有政治意义上的国家都不例外。只不过，本文所讲的政府办学，是指政府与大学的关系职责不分，政府管得太多，大学校长自主办学的空间非常有限，学校各项活动都在围着政府转，围着政府的"工程""计划""标准"转。最可怕的是，某些校长与学者在批评政府通过各种"工程""计划"把大学管得过死时，他们却没有看到政府一些细微的评价指标正在影响到中国一流大学的建设，而且这些或许才是各种"工程""计划"与重大评估的支撑点。走遍外国名校以及具有敏锐思想的邬老师看到了这些问题，我能从他那天马行空式的漫谈中最少悟出三点：

（一）越追求专业对口率，就会离世界一流大学越远

中国追求专业对口率，这是一个事实。例如，招聘一位物理学博士，中国大学普遍希望对方在本科生、硕士生、博士生三个阶段都是物理学专业毕业的，更有甚者，某大学在招聘一位教育学博士时，明文提出要在本硕博三个阶段都学教育学。又如，现在某些省份的教育行政部门在统计区域内高校毕业生就业情况，并且以此作为评价各校人才培养质量甚至划拨经费的重要标准，其中就有对毕业生专业对口率的指标要求。追求专业对口率，在国内许多校长甚至教育研究者看来，似乎是天经地义的。但是，邬老师告诉我们："越好的大学，专业对口率越低；经济越发达的地区，大学专业对口率越低。"邬老师还举了厦门大学的例子，以此来说明这个问题。"厦门大学每年招收5000名本科生，在每年毕业的5000名本科生中，大致有三分之一的人出国，三分之一在国内读硕士，还有三分之一毕业后参加工作。2012年，厦大本科毕业生的专业对口率是62.8%，2016年，专业对口率只有48.7%。也就是说，在过去5年当中，厦大本科毕业生的专业对口率下降了14个百分点。"邬老师的这个发现与结论，我完全同意。至于理由，限于篇幅，我不想过多地论述。在此我只想说，这个结论值得我们每一位教育管理者与教育研究者思考。如果我在此说"要淡化专业"，必定会因误解我的本意而遭到许多人的反对。为此，我不妨说：大学的专业建设，一方面要培养高级专业人才，

这也是潘懋元先生反复强调的，专业性是高等教育永恒的基本特性；另一方面，我们要为这些专业人才主动或者被迫从事其他工作做好准备，即迎接专业不对口的挑战。

（二）越追求毕业率与就业率，就会离世界一流大学越远

中国大学有毕业率与就业率的要求，这也是一个事实。在不少高校，毕业率与就业率过低的专业，教育行政部门会给其亮黄牌，限制专业招生甚至取消专业设置。这一点，比专业对口率的要求还要严格，规定还要明确。由于毕业率与就业率成为政府评价人才培养质量的底线甚至红线，导致许多奇怪的事情在中国大学诞生。只不过，大家司空见惯，见怪不怪了。例如，某大学生毕业前夕，院学术委员会发现其有 7 门课程重修，多门课程"低分飘过"，而且没有修满 8 个自选学分，达不到本科毕业的最低要求。为了保证该学院惯有的高毕业率，学院领导主动联系专任教师，动员学术委员会成员，让他在短期内达标并正常毕业。又如，曾有一位大学毕业生对我说："老师，我现在就是不想就业，可为什么学校硬让我签就业协议啊！不签就领不到毕业证。这不是逼着我去造假吗？"我们千万不要以为这是小问题，小问题正是大问题的局部化或者说表面化。这个小问题深究下去，我们可以牵出更多的大问题。在此，我只想引用邬老师说的一段话，来结束我在这个问题上的讨论。"今天中国所有的大学报给教育厅的毕业率与就业率都高达 90% 以上，如果世界大学的排名按照毕业率与就业率来排，世界前 2000 名大学都是中国大学。告诉你们一个事实，美国有将近 4000 所大学，4 年的本科生毕业率不超过 50%，6 年的本科生毕业率不超过 80%，整个欧洲 28 个国家的本科生毕业率平均值是 70%。因此，一所学校的毕业率与就业率越高，只能说明这个学校的质量保障水平越低。"

（三）越将教师捆绑在单一学科，就会离世界一流大学越远

去年在汕头大学开会时，我听邬老师提到这样一个让我非常感兴趣的现象：厦门大学的农学学科在 ESI 学科排名中进入全球前 1%，可该校没有一个农学研究的专门机构，也没有一位农业专业的教授。这次邬老师又提到另一种现象："北大囊括了中国一半的高考状元，中国科大招揽了中国高二的优秀生源，两所学校到底哪所的人才培养更加厉害？中国科大说：中国科大没有商学院和经济学

科，但是在美国华尔街，中国科大培养出来的学生居多；中国科大没有医学院，但是在美国医学院担任教授的学生比北大多。"邬老师还指出："对过去125年中诺贝尔奖获得者的统计显示，2016年底获得诺贝尔奖的人中，跨学科背景达到60%，比过去100年的比例还要高。"这三种现象，其实都指向一个结论：跨学科研究越来越明显，也越来越重要。（"跨学科在中国的概念就是跨学科。事实上，西方语境下，跨学科包括交叉学科、跨学科、多学科、超学科等多个层面。"——邬老师语）反观我们今天的大学评价指标体系以及人才评价指标体系，越来越局限在某个单一的学科。例如，无论在评价某所大学的某个学科时，还是在评价某个人才的学术业绩时，在题目上稍有偏离既定学科的研究成果，都很难算作这个学科或者这位教师的科研成果。世界本来就是统一的，我们面对的任何事情，其实都是不分学科的。可以说，当前我国政府主导的学术评价体制，是与世界科学技术综合化趋势不相吻合的。邬老师从其他角度，对这个问题进行了较多的论述，比对专业对口率、毕业率与就业率的论述更全面、更深入、更有激情。他说："我们今天所面对的是变化的社会，经济结构都是跨学科的，但是我们的人才培养、教学计划、课程方案反映不出来，因此我们培养的学生是很难有创造力的。……现在有多少老师从进入学校工作开始就一直在上一门课？有多少老师从教书开始就被捆绑在某一个专业里？实际上，今天不是学生不适应这种社会需求，是老师不适应这种社会需求，是管理者不适应这种社会需求。今天有相当一部分老师从进入大学起，就被绑在某个课程上，被绑在某个专业上，被绑在某个学科上。一个大学，当老师被紧紧地绑在一门课程、一门专业或一门学科上时，这个学校的水平，这个学科的水平，这个专业的水平，包括这个老师的水平，一定是低的。……在厦大，越好的学科，老师被绑的比例越低；越差的学科，老师被绑的比例越高。"

三、中国大学如何走向世界一流大学

把问题分析清晰了，再寻找解决的路径，就不是最困难的了。正如爱因斯坦所言："提出一个问题，往往比解决一个问题更重要。"不过，邬老师的报告中还有许多精华，我想设置这个部分来盛下这些精华。从前面的分析来看，我国离世界一流大学的差距，主要体现在人才培养质量上。进一步具体分析，至少体现

在三个方面：培养理念、教育制度、课堂教学。而且，中国政府指引大学发展的不少评价指标，正在背离世界一流大学的发展趋势，出台这些错误指标体系的内在原因还是在于前面所说的制度尤其是理念问题，那就是我国大学对人才培养的综合程度不重视、国际视野不重视、发展后劲不重视。分析到这里，我突然发现，前面说了这么多，其实都是从不同角度论述这样一个问题，这个问题在报告开头就被邬老师提出来了，亦即外国专家对中国一流大学存在问题的评价，他们认为中国一流大学存在"基础不够厚、口径不够宽、跨学科程度低、国际化程度低"四个方面的主要问题。这四个方面具有各自的内涵，但更多地体现出共通的一面。因此，我倒认为可以不提四个方面的问题，实质上就是一个问题，亦即"通识教育不够"。"通识教育"在我国使用得太普遍了，以致我们失去了对这个概念的敏感性，于是，在融通邬老师整个报告的基本精神之后，我创设了一个新的名词——无边界学术。学术本来就是没有边界的，不分学科的，不分国别的，不分基础与应用的，……世界一流大学本科人才培养，普遍奉行"无边界学术"的原则，而我国却仍然在"有边界学术"的方针下开展教学育人与科学研究工作。显然，我国要建设世界一流大学，站在第一方阵的高校就要高举"无边界学术"的大旗，打破学科与专业壁垒，走出狭隘的专业教育模式，培养复合型人才，造就一批厚基础、宽口径、跨学科、国际化的"无边界人才"。正如清华大学前副校长、教育部前副部长周远清所说："如果不很好地把人文教育和科学教育融合起来，中国教育的发展、社会的发展都要受到很大影响，特别是人才的培养。世界上很多教育家或教育专家都说过类似的一句话，就是，科学的成果到了一定程度，如果想要再提高一个水平，往往是一个人文的过程。我非常同意。"周部长这里强调的人文过程，就是"无边界学术"原则下培养"无边界人才"的过程。

那么，从整个国家层面以及一所大学层面，到底如何贯彻"无边界学术"的原则，在本科阶段培养"无边界人才"，建设世界一流大学呢？对这个宏大的问题，一个思维素质再高概括能力再强的人，也无法在此三言两语将之说清楚。我本不济，更加不敢挑战这个难题。但是，从梳理邬老师报告给我的启发出发，我认为中国建设世界一流大学，应该培养在世界舞台上扮演重要角色的"无边界人才"。邬老师说，在各种世界性的组织中，具有话语权的中国代表普遍缺失。"以世界卫生组织为例。该组织约有7000名雇员，总部约1000人，但中国雇员只有40人左右。在总部雇员当中，没有一个中国人当过司长，只有两个处长。现在，中国一年交给世界卫生组织2500万美金，从2018年开始就要交5000万美金了。但是，我们交的钱和能派的人数完全是代表性缺失。中国在所有的世界组织中都是这种状态。中国选不出这么高水平的人在世界组织任职。中国在国际组织中的代表名额和印度人都不能比，以至和非洲国家都不能比。"邬老师援引的这个例子，正是强调中国建设世界一流大学的前进方向，也从另一个角度很好地印证了邬老师在报告中那些振聋发聩的话——"中国成为世界强国的时候，我们的人才要具有管理世界的能力。""我们的高等教育要有国际影响力的话，就必须培养出有国际影响力的人才。"

中国建设世界一流大学，不只是"985工程"大学的事情，应该是国内所有大学的努力方向。只不过，不同的院校需要找到自己的优势与特色，寻找到适合自己的发展之路。这也许正是国家不再实施"211工程""985工程"等重点大学建设，而是实行世界一流大学和一流学科建设即"双一流"的原因所在。这意味着，地方院校也可以走向世界舞台，地方院校的教师也可以在国际上发出自己的声音，地方院校的学生同样可以成为具有国际视野、管理世界的人才。作为地方院校的一名教师，尤其从事高等教育学这种软科学研究，我有时感到很无奈，所有的学科研究似乎只是为了学术业绩，最终兑现物质待遇。这样的学术追求，能够走向世界一流吗？而且，这条路上竞争激烈，其中的辛酸与屈辱只有自己知道。功利是一把双刃剑，既能推动社会的发展，也影响到社会的和谐。如果各行各业的个体都安分地做好自己的工作，力争从工作中寻找快乐，从把工作本身做得更好展开较量，那么，这个世界就变得美好了，工作也一定会比现在做得更好。但是，那是不太现实的。在目前中国的教育世界里，"双一流"建设、院士评选、长江学者计划、国家重大课题等，让所有的人都变得躁动起来，让大部分人变得不满起来。幸好，在"游戏"的路上，我只讲耕耘不问收获，既不比较也不计较，像钟摆似的按照自己的步调缓缓前行。不过，邬老师的一句话，让我再次反思自己的研究。邬老师说："你们做的这些研究，只能评评奖，没有什么用。"这些问题，在我脑海中不知转过多少回了，所以我能马上回复邬老师，而且只用了一句话："屁股决定脑袋。"我只是一个专任教师，我的研究就是为了成就这样的一位专任教师。如果哪一天不按这种标准评价我了，我也就不会这样做了。不过，听了邬老师的报告后，我会好好思考个人的高等教育研究之路，同时更加坚持自己的十年发展规划，高举"无边界学术"大旗，努力成为"无边界人才"。

最后需要说明的是，邬老师在我校这所地方院校作报告时，他不是从一流大学的角度论述的，甚至我们根本感受不到邬老师在谈世界一流大学。但是，当我从"无边界学术"的角度①把邬老师的报告消化后，我却无意识地写出了一篇关于一流大学的随笔了。这，不得不让我佩服邬老师的灵活变通与博学多识。

（2017 年 8 月 6 日）

---

① 两个含义：一是指邬老师的报告，在我看来，中心内容还是强调我们要在学科建设、专业建设以及课程建设等各个方面奉行"无边界学术"的原则，亦即重视通识教育，培养跨学科人才；二是指我在理解邬老师的每一句话每一个字时，从不设定任何学科边界，而是力争抓住精神实质，准确全面地理解邬老师的观点。当然，如开篇所言，写得不当，只是我的理解不当。

我心中的孔子

——百岁潘懋元先生点滴随录 ①

人的事业发展，路上得遇贵人；

人的精神成长，心中要有榜样。

若要问我心中的榜样，

先生必是其中之一。

若再进一步问我目前最敬仰的三位熟悉之人，

先生不仅是其中之一，而且排在第一。

先生不是完人，却是我心中最完美的人。

近三年来，亦即离开厦门大学十一年后，

在读到或者讲到孔子的故事时，我的脑海里会浮现先生的影子；

在我联系或者想起先生之际，孔子的形象亦闪现在我的脑海中。

两千多年前的孔子离我太遥远，我没法理解为何那么多弟子追随他、侍奉他、保卫他，

尤其子路的"结缨而死"、弟子们的"守孝三年"、子贡的"守陵六年"，

但是，忆起先生的点点滴滴，再看看尘世间社会百态，

我豁然开朗，理解孔子为什么被弟子们如此疯狂地崇拜。

这是一种无形的人格魅力，绝非世俗的功利索求。

正是这种共同的魅力，成就了先生，

让我敬仰不已，

不带一丝杂质。

---

① 2020 年 3 月，在潘懋元先生百岁寿辰之际，厦门大学教育研究院开展"我与潘先生的故事"征文启事，本文系响应该征文启事而作。

先生的魅力，就像一座大山，在于其沉稳；

巍然屹立，稳如泰山。

初入厦门大学，那是在 2003 年，

先生给我们开启了他那富有创造性的"三段式"教学。

每"一段"一周左右的时间，

83 岁高龄的先生正襟危坐不紧不慢娓娓而谈。

几天下来，

平均 30 岁左右的我们已经东倒西歪哈欠连天，

而先生无论在语言上还是身体上，

都让我觉得那是一尊活佛，

要比我从未见过的孔子，

更能带给我安全、信任与力量。

随后三年的朝夕相处十四年的心灵守望，

我看到或者想到的先生，

都是步履从容神色自若，

给我一种"任凭风浪起，稳坐钓鱼台"的持重感。

先生的魅力，更似一片大海，在于其博爱；

海纳百川，有容乃大。

无论早先的高教所还是现在的教育研究院，

在那里读书的学生，都是先生的学生。

选择先生作为导师的学生，

如果你认为只有你是先生的入门弟子，而其他学生属于先生的私淑弟子，

那么你就大错别错了。

在先生这里，

凡是进入这个研究机构的学生，

都是先生的学生，

我看不到先生有太多偏心。

事实上，

不管你是谁，

只要向先生请教，

你能感受先生的和蔼可亲、耐心细致乃至亦师亦友，

真正体会孔子所言"三人行，必有我师焉"。

2017 年 7 月，北京，

我去先生下榻的酒店看望先生，

先生对我说："近年你出了很多成果，有许多东西写得很好，如果当初留在北京，……"

2018 年 4 月，我将一本刚刚完成的书稿寄给先生，

希望先生能为该书留下一句话评语，

5 月 5 日收到教学秘书转发过来的简信，

其中先生提到："深感文章功力甚深，鞭辟入里，以静制动。"

没有大爱的老师，会关注我这位小平台上的小人物？能给我这位离开母校十多年并且较少联系的学生如此热切而又鼓励的回复？

"我的名字永远排在教师的行列里"，

先生以实际行动践行了他的座右铭。

探秘先生的大师之路，

我至今最精简的答案只有一个字，

那就是"爱"——对待事业的热爱，尤其对待学生的关爱。

正因为这种爱，

我们才能看到，

2004 年，先生带领博士生们赴西安调研，

某天晚上的学术沙龙，独自去市区逛街的某位女博士仍未返回，

沙龙结束之后的晚上十点之际，

先生不忘打电话到该博士生宿舍，

通过其室友了解该位同学的返回情况；

2005 年，先生带领博士生们赴北京调研，

为了能够与同学们促膝交谈，

他竟然与年轻力壮的学生乘着老式绿皮火车从厦门去北京，

那一次，先生病倒了。

正因为这种爱，

我们才能听到，

作为本学科的主要开创者与奠基者，

在与我们晚辈的不少交流场合，

能够听到先生诚挚的双重勉励之语，

"你们比我都进步了，我的学习落后了。"

事实上，

孔子的"学而不厌，诲人不倦"等千古名句，

正是先生秉持的学习精神。

2018 年，教育研究院 40 周年庆典，

98 岁高龄的先生站着脱稿讲了半个多小时，

思维缜密，掷地有声，

还提出一个我们未曾思考的超前课题——要对智能"机器人"进行思想品德
教育。

先生的魅力，就像一块钻石，在于其坚毅；

壁立千仞，无欲则刚。

作为"弘大学之道、扬理性之光"的一代大师，

先生的学术魅力首先在于其思想之精深与立场之坚定。

在撰写博士学位论文之际，

我花费大量篇幅转了一个大弯，以探讨高等教育的特有属性，

最后还是转回到了先生早先的界定，那就是"高"与"专"。

博士毕业前夕，我陪先生赴宁波，

几天的陪伴、聆听与探讨，

既印证我以前多个方面对先生的感觉，也加深我对先生坚毅品性的判断。

要知道，

先生的思想大门守护着两个威严、健硕、灵敏的钢铁战士，

任何观点的进出都要接受其检视，

稍有超越或者将要超越者，

都会受到思想护卫者温和而又坚定的"劝勉"。

更重要的是，

无论书面还是口头的"劝勉"，

都是深入浅出，言简意赅，入耳入心。

述而不作的孔子，

当时与弟子的思想交流，

想必也是如此的"劝勉"，甚至是那时的大白话。

再看当前许多晦涩的学术语言，

沉下心来深究一番，只不过表达一个浅显的常识，

有时甚至反常识，偏离正确的轨道，

让我再次体会这个真理——大道至简。

深邃的思想，大众的理论，

使得先生就像一面高高飘扬的正义旗帜，

引领我们不偏不倚始终如一地勇往直前。

先生客厅里那个四字横幅——高山仰止，

在读书之际并没有真正理解，

直到不惑之年以后，

我才真正领会字画赠送者的深意。

是的，

真正让我成熟起来，

是从 40 岁才开始的。

先生的魅力，还像娃娃的脸，在于其柔软；

童心未泯，少小无猜。

大自然创造了人类，

不只是让我们改造社会，

也要让我们去享受生活。

会自我享受且同时让他人享受的人，

其实正是营造美好并改造社会的人。

在我的大脑深处，

镌刻这样一幕：

那是我在湘潭大学念本科时的一个场景。

一位类似于日本重量级相扑选手的艺人，

闭着眼睛左右摇晃如痴如醉地打着架子鼓，

随后蹒跚来到舞池，跟随大家尽情跳舞。

那种有节有度却又旁若无人的享受，

让我觉得他是世界上最幸福的人，

甚是羡慕。

我知道，

孔子的"乐而不淫，哀而不伤""智者乐，仁者寿"，

此乃人生的另一重境界，

我一直在修炼，

但至今无法参透。

先生，早已悟透。

记得还是那次陪先生赴宁波，

在酒店旁边的一处公园游憩，

我们差点登上湖中的情侣小艇。

还有许多，

在我那篇《人生的最高境界——陪潘懋元先生赴宁波》已有描绘。

工作的时候像大人，休闲的时候像小孩；

以成人心态做工作，以幼儿心态做游戏。

在我的图画世界中，

"柔软"是其最恰当的形象表达；

在我的文字世界中，

这是悟道的智慧结晶与最大成果。

先生的魅力，

就像那夏夜湛蓝天穹里闪烁的星星，

忽闪忽闪地向我眨着眼睛，

不仅数不胜数，而且越数越多。

在这段连写一篇随笔都觉得奢侈的时期，

我暂且记下浩瀚星空中最大最亮的几颗。

这种粗浅的率性记录，

不仅仅是为先生而鼓舞与欢呼，

更是为我自己找到榜样与方向。

我以后还要把先生介绍给我的二宝，

让他感受到，

在爸爸的生命历程中，

也有这样的一位孔子，

并从中汲取精神力量，

学会做人，学会感恩，学会做事，学会享受，

活出自然生命之长度，

活出社会生命之宽度，

更要活出精神生命之高度。

2020 年 3 月 15 日初稿

2020 年 3 月 24 日修改

3 月 24 日补注：在教育学学科领域，无论评价文章还是人物，凭我的理性、

阅历与智慧，我认为我是一个称职的评价者了。例如，先生在我这里崇高无上，已经剔除了个人情感因素，以下三件事可以体现出来：第一，我进入厦门大学攻读博士学位，交了学费，但毕业派遣证上则是公费，至今我也没弄清楚怎么回事。原因或许是福建省教育厅那边，将没有委托单位的自费生，在名义上统一改为公费生。第二，在读书期间，我发的文章在我们那一届应该最多也是层次最高，但是，我却没有获得各种奖学金。评完奖后的一次每周一学术例会，先生在会上说："以后不参加学术沙龙，科研成果再多也不能获学金。"十有八九，正是针对我。这也是我多次强调"先生首先是人师，然后才是经师"的原因所在。只不过，先生作为人师，他不会直接说你应该如何做，而是让你自己醒悟过来，你应该如何做。时至今日，我更加理解，这种理念是对的，我至今感叹，社会应该如此，一个冷酷的竞争要比一个温暖的共进更可怕。但是，我们也要能够识别，带着伪善面具的人，更容易与人套近乎，利用先生之后再也不关心的学生，大有人在。为此，我还总结一句话："在危险时刻为国家、集体或者个人挺身而出甚至不惜牺牲生命，很有可能不是那种鞍前马后、甜言蜜语的人，而是那种独来独往、略显冷峻的人。"最后，我最佩服潘先生的地方在于：八十岁之际达到厉害的峰值，一百岁还能在大会上发表演讲。

第六部分　自我呈现

一日为师，终身为友[①]

——在绍兴文理学院 2019 届毕业典礼上的讲话稿

亲爱的同学们：

你们好！今天，是你们的节日！作为学校的一名老师，我与在座的各位老师、领导、来宾以及你们的家长，为你们祝贺！祝贺你们顺利毕业，祝贺你们再启新程。

然而，这种节日，不同于我们的传统佳节；这种庆典，不同于我们的凯歌大宴。在这个炎热如火抑或奔放如潮的仲夏六月，在这个充满期待却又顿生伤感的毕业季节，你们每位同学一定五味杂陈，百感交集。

知你心者，老师也！18 年前的这个时候，老师也像你们这样，怀揣着一堆证书文凭，告别一个生活与学习 6 年的地方，在享受胜利的喜悦之余，那种怅然若失感油然而生。

以后，这种单纯而又浪漫的同窗之情还有吗？还会有人像老师那样循循善诱、谆谆教诲吗？听说那个在大一第二学期只给我打 60 分、让我没有评上奖学金的任课教师调离学校了，是真的吗？那位可爱的小师妹，会不会被天天围着她转的那位小崽仔追到手呢？

亲爱的同学们，来而不往非礼也，你们也把秘密告诉老师、告诉同学吧！

有你尊敬且给过你重要帮助的老师，临走前送张卡片说声感谢，这应该是你们成熟走向社会的开始，也可以成为你们学会感恩的标志。

一个人最难也是最高的修炼便是德行，这是老师本科毕业 17 岁之后才悟出的真理。今天缺乏社会阅历的你们对这些听起来耳朵起茧的句子，是不会有太多想法与刺激的，从而老师只能建议你们从力所能及的感恩开始！

[①]　2019 年 6 月 13 日，本人受邀在绍兴文理学院 2019 届本专科以及研究生毕业典礼上代表教师讲话。由于本人不习惯于念稿子，而且该稿件不适合脱稿讲，从而在实际讲话过程中有较大变化。

有你情趣相投、情真意切的同学，临走前把茶言欢说声珍重，情到深处无妨大哭一场，这将是你们人生中刻骨铭心的一幕，值得你们永远珍藏于心田。

一个人最好的朋友不少是在学校或者军营里结识的，这就是我们所说的学友、战友。心怀大志，豪情万丈，朝夕相处，推心置腹，这样的阶段在我们的一生中以后很难出现了，从而在拎起行囊的那一刻一定要播下你们友谊的种子。

以教师的身份站在这个台上，也许是我给你们的最后一课。不过，在这个最后的课堂上，我要把你们背诵的"一日为师，终身为父"，改为我期望的"一日为师，终生为友"。[①] 你们即将天各一方，从在校生变成校友，我们怎么能不是朋友呢？

作为朋友的我，想给扬帆起航的你们送点什么。很遗憾，我没法准备 3963 份礼品送给你们每一位。但是，我有一份礼物，可以送给你们 3963 位 [②] 中的每一位。这份礼物是：一句赠言、一份祝愿、一个期盼。

赠言很简单，那就是带着我们的校训——修德求真，大胆地往前走。

祝愿很真诚，那就是祝愿 3963 位朋友都能拥有健康的身体、美满的家庭、成功的事业，过上幸福的一生。

期盼很恳切，那就是这里永远是你们的家，当你们累了、哭了、伤了，欢迎你们回家。青春不再，母校还在，老师还在，朋友还在。

朋友们，转身就是告别，眨眼就有泪水。娇女子，泪眼婆娑更倾城；好男儿，热泪盈眶胜似血。这次我们可以哭着告别，希望下次我们笑着相聚！

谢谢大家！

---

① "一日为师，终身为友"这句话，原以为我是原创作者。后来，与一位同事聊天，他说这句话正确，但也听别人提过。这个时候，我才下意识去查阅资料，发现早在 1998 年，就有陈赫在《老年人》杂志上发表了一篇文章，题目就是《一日为师，终身为友》。

② 其中本专科毕业生 3875 人、研究生 88 人，合计 3963 人。

付八军：人文社科的耕耘者①

"我真的没有什么值得报道与宣传的，这不是我的客套话，而是发自我内心深处的判断。如果要说我有许多可与大家分享的知识财富，那就是我失败的教训，绝不是也没有成功的经验。而且，与理工科一样，人文社科研究的社会贡献，真的不在于论文著作与课题奖项，也不体现在人才帽子上，而是对社会产生的实际影响。"这是我与校宣传部严许瑛老师第一次见面时说的一段话。

一、人文社科学者的成长之路

严许瑛：那您能否谈谈，人文社科学者成长的一般规律吗？相对于理工类学者而言，人文社科学者的成长之路，有没有什么特殊之处呢？

付八军：与理工类学者一样，人文社科学者的成长也没有捷径。中国古语"宝剑锋从磨砺出，梅花香自苦寒来"，适用于一切学者的成长之路。由于人的天赋是既定的，而且绝大部分人的天赋是差不多的，再加上我们无法选择出身，短期内难以改变所处环境，从而个人成长唯一的途径只有两个字——勤奋。在我看来，学习上的方法、技巧等，都是个人在"勤奋"的过程中悟出来的，别人是很难教会的。正因为这样，你就可以看到，在我们学校，那些学问做得好的学者，不管是哪一个学科的学者，他们都有一个共同的品质，也就是"勤奋"。除了学者们成长的共性之外，人文社科学者的成长当然也有其特殊性。我认为，人文社科学者的成长路径，特别依赖"两阅"。一是阅读，广泛而又深入地阅读，获得人类社会的智慧财富，这是间接经验。近3年时间内，我有针对性地阅读了20部小说，写了20篇读后感，结集成《中国文学评析——20部经典与畅销》，已于2017年出版；

---

① 绍兴文理学院宣传部策划的系列优秀教师报道之一，于2019年1月2日在校网报道时删减较多，本文为完整稿。（本文图片及作者名片略）

随后又有针对性地阅读了 20 部教育著述，写了 20 篇读后感，结集成《教育思想研读 I——20 部教育著述》，于 2019 年出版。阅读这些著作，能让我们知道，优秀的著作或者优秀的学者，优秀在哪里，到了什么程度。二是阅历，丰富而又不平坦的阅历，感悟成长道路上的点点滴滴，这是直接经验。阅读与阅历，可以称之为人文社科学者成长的双翼。如果说，第一个"阅"仍然可以归之于"勤奋"，那么第二个"阅"，就超出"勤奋"范畴了。从某个角度而言，第二个"阅"，相当于一个熔炉。你看，孙悟空从太上老君的熔炉里跳出来，练就了火眼金睛；许多古圣先贤从社会大熔炉里走出来，成就了一代又一代的伟人与领袖。人文社科之所以要以阅历作为基础，是因为其以人文社会现象及其规律作为研究对象，这与以自然现象及其规律作为研究对象的理工学科不一样。对人文社科学者而言，离开了对人性、社会的理解，读书再多也只能纸上谈兵。

严许瑛：那这样优秀的人文社科学者，应该是什么样子呢？能不能说，就像您这样？

付八军：我非常有自知之明，不只是平台与身份不够，而且学识积累与个人修养都不够，离这样优秀的人文社科学者相距甚远。但是，在我这里，有许多榜样人物，给我指引了方向。例如，在我的脑海中，轮廓最清晰的，便是已经 99 岁的厦门大学潘懋元教授。12 年前，我在中国教育报刊社当记者的时候，原计划报道一系列高教领域的知名人士，其中第一个报道出来的便是潘先生。潘先生是我国高等教育学科的主要创始人，其理论贡献自不必言说。但是，先生让我情不自禁地去宣传他，不是他在学科专业领域的成就，而是他有一种亲和力与吸引力，让我乐意接近他，也能快乐地接近他。我在研读孔子教育思想的时候，常常惊叹弟子们对孔子近于痴狂的崇拜与追随。例如，弟子们不顾饥寒交迫，甚至冒着生命危险，跟随、侍奉与保卫孔子周游列国；连一向刚直鲁莽的子路，在一次作战中，帽子的系带被砍断，由于深受"君子死，不免冠"的影响，他伸手正衣冠，以致"结缨而死"；孔子辞世后，弟子们如丧考妣，皆在坟周服丧三年，子贡在此又独自守墓三年。在与先生接触多了之后，我能理解孔子的弟子们，这就是大师思想与人格交融产生的巨大魅力。毫无疑问，知识是相通的。理工领域的大师们，也能达到这种境界。但是，对人文社科而言，更应该从这里体现出来。如果说，这样的要求太高了，许多优秀的人文社科学者皆难达到，那么，那些业绩丰硕、值得我们学习的人文社科学者，与他一接触，你就能感受到，他是谦逊的、平和的，而又是睿智的、坚定的。

二、中国高等教育的发展之道

严许瑛：您是研究高等教育的，能否谈谈中国高等教育的改革与发展？

付八军：这个话题太大了，不是我这个平台与身份能够作答的，应该由教育部领导或者潘先生等学科领军人物来回答。不过，作为一位高等教育研究专业人员，也可以从某个角度谈谈自己零碎的想法。毫无疑问，改革开放 40 多年来，中国高等教育取得了巨大的成绩。但是，这个成绩与中国经济改革取得的成绩相比是不相匹配的，与中国在全球综合实力提升的成绩相比是不相匹配的。要知道，世界范围内的高教中心与经济中心往往是合一的。从纵向发展来看，每次经济中心的转移，会带来高教中心的转移；从横向比较来看，全球最好的大学，往往集中在经济最发达的国家或者地区。中国 GDP 近来已经达到全球第二，我们也能在不少大学排行榜上看到，中国已有大学进入世界百强。但是，我们一定要看到，这并不是我们的大学真的提升这么快，而是国家经济实力与综合国力抬升的结果。中国的大学，离我们理想的大学，相距甚远。我在我最近出版的《创业型大学本土化的中国模式研究》一书序言中有一段话，从三个角度很好地体现了我感受到的高等教育危机感与体制改革紧迫感。这段话就是：

试想，大量大学教师缺乏教学热情且大学生找不到学习乐趣，课堂上死气沉沉，"低头族"群体日趋庞大，通过这种教学渠道达成的人才培养质量会高吗？大量"高大上"的应用性科研成果被极高成本地供奉着却不能走下神龛服务苍生，而且还让多方力量趋之若鹜乐此不疲，这样的科学研究能称之繁荣与强大吗？大量的中国家庭将不同年龄段的孩子送到国外读书，而作为全球第二大经济体的中国却未能成为世界上重要的教育服务贸易出口国，这样的教育质量能与我们的国际地位相提并论吗？

所以，对中国大学的改革与发展，我们一定不要盲目乐观，可以说任重道远。

严许瑛：那您个人认为，中国高等教育该怎么改革与发展呢？

付八军：我还是想绕开这个宏大的问题，因为这不是我三言两语能够说清楚的，也不适合我在这个场合来回答。我想结合我近年研究的创业型大学，从侧面来回应您的这个宏大问题。学界对创业型大学存在严重误解，以为创业型大学就是商业化的大学，仅仅是为了筹措办学经费。实际上，创业型大学代表的是一种精神、气质与追求，要求大学必须具有自力更生的意识与能力。大学怎样才能具有这种自力更生的意识与能力呢？依靠谁，就要服务谁。能够自力更生的大学，首先要依靠前来读书的学习者以及接受我们科研产品的企业等，没有他们的肯定、支持与赞美，这所大学也就可以关门了。只有他们满意了，我们才能从他们那里获得源源不断的办学资源。显然，让他们满意的，就是我们提供的高等教育服务产品，主要体现人才培养与应用性成果两个方面。也许有人会说，我们办大学依靠政府，当然要服务政府。应该说，这个观点非常正确，但不是一个国家办大学的逻辑。这是因为政府代表全体人民的总体利益，区别于个人、企业等具有机会选择性的利益主体，国家对于教育的支持与规范是天经地义的。在美国，不管公立大学还是私立大学，都能获得政府的资助。也就是说，政府要从立法的角度明确其对教育的责任，而且要从激励大学真正有效服务社会来体现政府的高明。依上所见，按照创业型大学的理论预设，大学应该面向社会办学，而政府的角色则是推动大学面向社会办学。从目前来看，我们的办学逻辑是存在问题的。但是，真理终究会胜利的，而且我们也要相信党与政府。从 20 世纪 80 年代以来，政府对于高等教育发展的正确逻辑是越来越有清晰认识，社会的发展与教育的变革也倒逼着政府与大学趋向正确的办学逻辑。例如，虽然目前大学围着政府转而不是市场转的基本特征没有改变，但已经改变了政治挂帅式的大学管理模式，转而以资源驱动作为治理策略。地方高校在向政府争取资源的角逐中明显处于劣势，为了弯道超车，同时紧跟时代潮流，瞄准变革趋势，必然有一些优秀的地方高校率先觉醒起来，在尽可能争取政府资源的同时，积极向社会与市场靠拢，取得社会各界的信赖、支持再而资助。这样，这些地方高校也就向创业型大学迈进了。中国地方高校向创业型大学转型，第一个发展阶段便是建成名副其实的应用型大学，要能为社会提供真正用得上、受欢迎的应用型人才以及有实用、信得过的应用性成果。当大学真正成为社会不可或缺的大学，社会也就会不遗余力为大学提供办学资源。

当社会能够"养好"大学，大学也就具有依法独立自主办学的资本与能力，政府对大学的资助便属于锦上添花了。可见，对创业型大学最恰当的解读，就是要让大学面向高等教育服务的直接消费者，提高高等教育服务的质量与声誉，让这些消费者满心欢喜地支持这些大学的存在与发展，由此获得大学的办学自主权与可持续发展。说了这么多，其实我发现今天早上看到的一句话，正是针对创业型大学的最好注脚。这句话是现年92岁的华中师范大学前校长、我国著名的历史学家章开沅先生说的。他说："教育改革，千头万绪。当务之急，则是两个回归：一是回归大学主体，一是回归教育本性。"试想，如果一所大学能够从社会获得充足的办学资源，它还用得着如此"乞讨式"地围着政府转吗？这不就回归了大学主体，拥有了办学自主权吗？该大学不正是凭借人才培养的实效与应用性成果的实用，赢得社会各界的支持并获得充足的办学资源吗？这不正是大学回归教育本性的体现吗？在我看来，这种办学逻辑，迟早会成为一种常识。当大学都觉醒了，我们都知道这个办学逻辑，创业型大学这个概念也就可以退出历史舞台了。对此，许多学者不赞成这个概念会消失。我则认为，这个概念迟早会消亡，或者被其他更具时代性的概念所取代。这是因为，创业型大学只是唤起人们认识到大学必须具有自力更生意识与能力的一个预设概念，当几乎所有的大学都认识到这条办学逻辑，这个概念也就完成了历史使命，可以退出历史舞台。创业型大学研究在美国之所以处于渐弱型前沿，就是这个道理。"师范教育"概念在美国的诞生、发展乃至最后的销声匿迹，也是同样的运行轨迹。

三、我校人文社科的振兴之途

严许瑛：作为一位高等教育研究者，您对我校的改革与发展有什么建议？

付八军：每位大学教师的问题，也是一所大学的问题；每所大学的问题，也是整个教育的问题；我们教育存在的问题，也是整个社会的问题。所以，您的这个问题，其实也很难作答的。从地方高校的改革与发展看，地方性与应用性，是我们应该好好抓住的两个关键词。事实上，抓好这两个关键词，不是什么大理论，也不是新观点，已经成为中国地方高校改革与发展的普遍共识，属于一种常识了。但是，如何落实这两个关键词，许多地方高校还在摸索中。在我们学校要体现地方性，地方特色的学科专业就是一张名片，例如书法、纺织乃至教师教育专业等。这张名片的知名度与美誉度，在很大程度上决定了"绍兴大学""地方性"的打造程度。对"应用型"建设状况的检验，要问问当地政府、企业、百姓乃至社会其他各界。例如，绍兴是黄酒的故乡，如果我们酿酒专业的毕业生，很难进入当地的黄酒企业，我们就得好好琢磨，问题出在哪里。从供给侧结构性改革的理论而言，我们首先要研究我们教育服务的供给端，亦即我们自己。另外，据第三方调研机构反映，我校人文社科对学校名次提升的贡献度不及理工科。无论从教师人数，还是学科专业数量，人文社科在我校都占有半壁江山，显然我们要想办法把这块短板补上。

严许瑛：作为一位人文社会科学者，您对我校人文社科的振兴有什么建议呢？

付八军：最近浙江的多所高校，再次提出要振兴人文社科。确实，任何一所受人瞩目的现代大学，都会重视人文社科。没有人文社科的大学，也不能称之为一所现代意义上的大学。可以想象，假如我校只有土木、化学、数理等几个理工学科，这会成为一所什么样的大学呢？麻省理工学院的几次飞跃，也是该校从工到理工再到文理工的变迁过程。但是，重视大学的人文社科，并不一定都要把它们变成一个一个的实体专业。某些基础性、通识性的人文社科，可以向研究院所迈进，以向全校提供普适性课程为主，而不是大力发展本科专业。如果条件允许，这些人文社科可向研究院所发展，培养少量研究生，以实现学科文化知识的传承与创新。如果这些研究院所的人文社科学者，能够走出书斋，走向大众，以深入浅出的表达方式，传播正能量，且深受社会各界欢迎，那么这将是这些人文社科学者证明自己的最好方式，也是他们服务学校的又一重要途径。应用性、可读性、精准性，我认为应该成为新文科的学术表达范式。当然，要说对我校人文社科振兴有什么具体的建议，我刚看到学校公布的年度重点学术工作量奖励公示，正好有一条建议。在我来校工作的这几年，每年都是这种情况：理工科的论文赋分在30分以上的，每年都有几十篇，而人文社科论文赋文15分的找不到几篇，甚至10分以上的论文加起来，都没有理工科赋分40分以上的论文多。这种现象是非常不正常的，也是我们对不同学科区别化对待的产物。我建议，既然要对论文进行奖励，就要像课题、专著等一样尽量等同对待，可以借鉴温州医科大学、临沂大学等兄弟院校的经验，将所有学科的论文业绩按相应的难易程度无差异对待。要知道，人文社科学者发一篇在我校相当于 5 分的论文，可能有一百个人在竞争；而理工科学者发一篇在我校相当于 15 分以上的论文，竞争人数还不一定有这么多。从国家课题竞争的激烈程度，我们也能看得出两类学科的难易程度。如果我校人文社科的短板补上去了，我校的综合实力会更上一个台阶。

不做严师，不做匠师，不做盲师

——我院付八军教授访谈录①

1. 我们了解到您是教育学博士，主要从事高等教育、教师教育研究，能简要跟我们分享一下您的求学经历吗？您走上教育研究的道路，是什么契机或是什么样信念支撑着您呢？

付八军：每位稍有一点成绩的人，对自己的求学经历以及职业定向，都有很多的故事可以讲。但是，我在思考，我的故事对你们有没有意义。如果没有意义的话，那么滔滔不绝，讲得越多，反而负面作用越大。因此，我想从对你们的帮助而言，谈这么两点或者说两个阶段，告诉你们一个道理：20来岁尚可尝试，而立之年务必定向。

第一个阶段，年轻时不懂事，跟着感觉走，受环境影响特别大。从小学到初中二年级，我在学习上并不勤奋，父母亲也没有任何要求，让我自由自在地活了13年。随后家庭变故，让我一夜懂事，开始积极上进。在初中毕业之际，我在年级名列前茅。不过，中考考到年级第四名，进入高中后一年内非常消极。但是，在高二，我又开始努力学习，很快再度在年级名列前茅，最后考入湘潭大学。那个时候，没有985，没有211，湘潭大学就是全国重点大学。其实，我的理科很好，尤其数学，从小学到高中，哪怕以前那么贪玩，数学还是我的强项。可是，受环境影响，我在高中时却选了文科。在大学阶段的前期，我也没有好好学习。快到

---

① 本访谈录系本校教师教育学院组织学生于2021年10月21日采访完成，十多个问题出自他们，具体内容由我负责。正式报道时，他们又作了较大的修改（详见报道版），改变了该种一问一答的实录方式，从"弱冠择梦，而立定向"、"不惧风雨，迎难而上"、"坚持三不，砥砺前行"、"时代向上，后浪向前"四个方面进行报道。但是，这个版本，原汁原味，更有嚼劲。

大学三年级之际，我才认真起来，过了英语六级、国家计算机二级，随后准备考研，大四我还当了班长。毕业之际，我是班上唯一一位读研的同学。由于本科读的旅游管理专业，挂靠在历史系下面，主要课程是历史学知识，从而在考研时，就选择了本校的专门史专业，只不过以教育思想史作为研究方向。所有这些，都是外在影响的结果，跟着感受走，没有明确且高远目标。由此你们也可以知道，我就像一只随风飘荡的风筝，不知不觉地闯入了教育研究这个领域。

第二个阶段，进入硕士生阶段，我在学习上开始觉醒，有了自己的追求与方向。例如，刚读研究生，我就响应湖南省教委、省科委、省社科联、团省委等八个单位联合举办的征文活动，独立撰写了《矛盾的普遍性与特殊性的原理的运用——试探振兴湖南的战略研究》一文。让我甚为惊喜的是，如此宏大主题的论文获得了二等奖。要知道，参赛对象层次最低的便是我们这些在读的硕士研究生，论文通过层层筛选，最后只有15篇获得一等奖，28篇获得二等奖，其他为三等奖与优秀论文奖。又如，尽管我硕士研究生提前一年毕业，与师兄师姐们一起拍毕业照，但我对穿硕士服装没有多大兴趣，因为我相信我一定要穿博士服照相，在离开母校前我还特意去学院复印了我的成绩单，以便下次报考博士研究生时不再跑一趟。哦，在此还值得提及，在我硕士毕业之际，厦门大学高教所的博士研究生招生，那时还不招应届毕业的硕士研究生，必须要有工作经验，于是我报考了北京师范大学等高校的博士生。记得在北京师范大学笔试后的面试环节，劳教授微笑着亲切地对我说："小付，你还有一年毕业，那你还有一次机会。"听到这句话，我就知道那次考博没有希望了，尽管我强调指出："提前考博，前提是提前毕业。哪怕没有考上，也要提前毕业。"正因为我一直想读博士，所以在2001年硕士毕业分派到湖南省教科院工作没多久，我就于2003年考上了厦门大学高教所的博士生，随后全脱产去那里读了三年书。从此，我就拥有了管理学学士、历史学硕士与教育学博士三个不同学位的学习体验，这也决定了我的学术道路不得不在教育研究领域走下去。

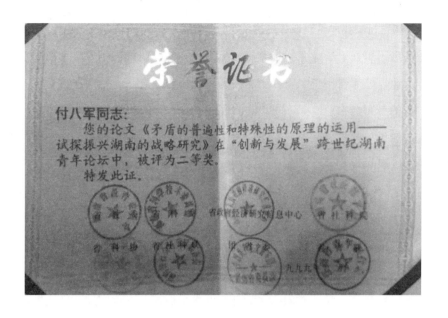

2. 您曾在中国教育报刊社从事过新闻工作，请简要分享一下您的工作经历。

付八军：对我们的就业问题，我觉得主要考虑三个因素：平台、待遇与区域。当三者甚至其间两者不能同时兼得时，哪一个因素作为第一考虑因素，这确实因人因环境而已。2006 年博士毕业之际，我应聘到中国教育报刊社工作，当一名编辑与记者。毫无疑问，平台与区域相当不错。但是，刚入职薪水很低，加上家庭条件不好，生存压力很大，我在那工作两个月就离开了。现在想起来，那是非常短视的。如果让我重新选择，且处在那个年龄，我肯定不会为了待遇而牺牲区域与平台。在工作经历上，我的挫折很多，磨难很多，这在我 2013 年出版的随笔录中有一些零碎记述。退休以后若有时间与精力，我会再好好梳理。我觉得，这里给他人带来的启发，要比我的教育学术成果更有价值。

3. 您在学术界获得了很多成就，您认为做学术最重要的是什么？

付八军：做学术无须太聪明，我觉得智商一般的人，做到三点，定能取得不错的成绩。一是选准方向，选择值得做的研究领域长期耕耘，不要随意变换个人的主攻方向；二是勤奋，学术业绩的显现有妙招，但从个人内力的打造而言，学术之路没有捷径，一位学者有没有努力，努力到了什么程度，外行人或许看不出来，

但行内人能够看出来；三是选好平台，多年前我就总结出一个公式：学术声誉 = 学术能力 × 学术平台。

4. 这么多年来，您的学术生涯有遇到过瓶颈吗？最后您又是如何解决的？

付八军：由于自到高校工作之后，我一直在地方院校工作，没有博士点甚至没有硕士点，这对于做研究的影响是很大的。人生就是这样，自一出生就有一根无形的线牵着你，哪怕在你完全觉醒后，这根线的牵引力还是非常大。对于家庭条件不好的我而言，这根线在很大程度上是制约因素，而不是正向的引导力量。所以，在学术或者人生路上遇到各种瓶颈，我从来不抱怨、不气馁，甚至认为这都是人生中最好的安排，让我品尝多多收获多多。只有自己体验过的，才能最有深切感受。各种艰难险阻，只要思想转弯，一切迎刃而解。

5. 您一定有自己独特的教育理念和教育风格吧，能简单分享一下吗？

付八军：教育理念和教育风格，这是教师的品性。时至今日，我没有总结过自己的教育理念和教育风格，也许还谈不上形成了某一种教育风格。但是，作为教师，我至少有三个不做：一是不做严师，"严师出高徒""严而不厉"都是我认可的教育准则，但我还是不想对这个"严"字过多限定。之所以不做严师，可以列出一堆理由，例如最好的教育就是自我教育、最有理智与智慧的时候一定最温和、脾气不好最终还是智慧与修炼不够，等等。二是不做匠师，基础知识与基本技能的传承需要匠师，人才的成长与心性的养成也需要匠师，但我更喜欢给学习者动力、原理与想象，尤其希望他们知道理论、概念乃至故事背后的东西。三是不做盲师，我突然想出的"盲师"这个概念，是指那些戴着有色眼镜看学生的老师，尤其是那些听到其他人的负面评论就武断否定某个学生的老师。学生确实有好坏之分，这点我们不能否定。但是，这个学生是好还是不好，无论学问或者品德，我都要自己来判断，不会被其他老师、同学或者他人牵着鼻子走。

6. 以您和学生相处的经验出发，现在的学生和以前的学生有什么大的差异？

付八军：不同区域、不同学校、不同学科专业的学生，都有很大的差异。再要从时间角度纵向比较，我还没有认真思考过，一下子也理不出头绪。不过，随着物质文化的丰富，现在的学生个性各异，远没有我们那个年代的"整齐统一"。例如，前两年我给人文学院两个平行班80位学生上课，让每位学生课后给我发2首自己最喜欢听的歌曲。收齐后我发现，160首歌曲里，居然只有2首歌同名，而且这么多歌曲没有一首是我熟悉的。稍闲下来之际，我都听了一遍，还发现没有几首是我喜欢的。想想当初我们读大学，大家就唱那几首歌。如此多样化的选择，必然带来多样化的成长。

7. 有人说："好的教育是培养终身运动者、责任担当者、问题解决者和优雅生活者"。对此，您怎么看？

付八军：这句话我听到过，但不知原创者是谁。毫无疑问，他说得非常正确，从四个不同角度指出了教育的功用与追求。这让我想到了1996年联合国教科文组织推出的《教育——财富蕴藏其中》一书，该书提出了21世纪教育的四大支柱：学会求知（learning to know）、学会做事（learning to do）、学会共处（learning to live together）、学会做人（learning to be）。从某个角度而言，他这句话比四大支柱，更加具体，要求更高。

8. 您向往什么样的生活状态呢？您平时在生活中是个什么样的人，有哪些爱好呀？

付八军：每个人向往的生活，在不同年龄段，往往会有所不同。而且，越是向往的生活，往往也是他难以实现的生活。就我现在向往的生活状态而言，我就是希望能让我从繁重的家庭事务中解放出来，做那些我特别想干的事情，写那些我特别想写的东西，能与志趣相投者自由聊聊天。正因为我的时间被家务占去太多，以至于我除了家务与工作之外，几乎没有什么爱好了，或者说把我喜欢的听音乐、看历史剧，尤其是下国际象棋等爱好全部挤掉了。

9. 如果用三个词来形容自己的教育事业，您会想到什么？为什么？

付八军：你们这个题目，对我而言太难了，因为我还没有取得巨大成功，总把自己当成小平台上的小人物。如果硬要我来回答，我只想借用孙中山先生的一句话，以此来形容自己的教育事业，那就是"革命尚未成功，同志仍须努力"。

10. 您对现在的大学生有哪些期许？

付八军：我给大学生开设过一门通识课《大学生成长专题》，再过几年，我会好好地打造这门课程。该课程从"认识自己"这个理论部分开始，然后再展开论述成人之道、成才之道与幸福之道三个实践主题，通过 12 个专题的讲授，使学生更好地明确人生的意义与努力的方向，确定正确的价值观与幸福观，不仅引导大学生尽快适应大学生活，圆满完成学业，而且指引他们顺利走向社会，谋取成功，获得幸福。应该说，我对大学生的期许都在其中。如果硬要我在此有所回答，那么我只想说，定好你们的长远目标以及短期目标，珍惜每一天时光，努力奋斗，同时学会反思，不断反思，活用反思，就如你们刚才引用所说的，稍转换一下即为"做一位终身学习者、责任担当者、问题解决者和优雅生活者"。

关于打造创业型大学中国学派的设想 ①

近几年我没做行政，利用闲暇广泛阅读，对国内知名高教学者的观点，有过认真分析与梳理。例如，对创业型大学的认可，国内当前较有名气的前辈，主要有您、宣勇、龚放、杨德广等。（建华过去强烈反对创业型大学，近来大力推崇创业型大学，不过，他的视角还有些不同。）自2018年以来，我有一个梦想，把您、宣书记与龚教授（杨校长年龄较大，暂且不打扰他）联合起来，打造创业型大学的中国学派。您代表政府官员，宣书记代表高校领导，龚教授代表知名学者，我代表创业型大学研究的新生力量，四人一起合作，共同推动创业型大学中国学派的孕育与创立。在此，将该倡议的理由、做法及展望简要汇报如下。

一、打造创业型大学中国学派的理由

第一，中国确实需要创业型大学。中国的大学改革，已经进入深水区，若再不转变知识生产模式，不面向社会与市场办学，不从消费者、顾客立场提高教学育人的满意度，还以论文、课题奖项等传统学术业绩作为行动指南，而不是以成果转化与应用作为第一追求从而间接或者自然呈现传统学术业绩，中国的大学很难实现真正的崛起。依我管见，创业型大学，就是一个最好的抓手。

第二，国人对创业型大学误解太深（宣书记语）。创业型大学，不是商品化大学。若用一个关键词概括创业型大学的灵魂，即"自力更生"。具体而言，就是以其人才培养与科研成果的质量、声誉赢得社会各界的支持、资助，最后实现大学的相对自主，间接扩大高校办学自主权。事实上，如果中国的一些大学像美国的MIT、斯坦福、哈佛一样，能够获得社会的广泛赞助，能够依靠科

---

① 2019年4月24日，该文以信件的形式发给国家教育发展研究中心副主任马陆亭教授，同时发至宣勇书记与龚放教授。宣勇书记认为，邹晓东、徐辉等，都属于创业型大学的支持派，都可以争取进来。

研成果从政府与企业等获得大量资助，能够积累富可敌国的财富并不断扩大办学基金，大学对政府的依赖就会明显减弱。对政府以及传统路径依赖久的学者或者大学，就像《肖申克的救赎》演绎的道理一样，最后不知道大学的真正需要与最大价值。

第三，创业型大学理念是教育价值取向的试金石。我觉得，能否认可创业型大学，体现他最基本的教育价值取向。那些特别反感创业型大学的学者，往往还停留在计划经济时代，停留在封闭的象牙塔世界里，在许多问题上往往比较保守、不够开放。反而，凡是坚持创业型大学立场的学者，他们往往思维活跃、接受新事物、倡导学以致用、重视理论与实践的结合、较多地从实践而不是本本出发……在高等教育学科建设上，支持创业型大学的学者，往往都赞成以问题作为高教研究的主轴，在"学科"与"领域"的争议上，倾向于把高等教育研究作为一个"领域"来对待，尤其反对打造壁垒森严的学科篱笆，对那些以阻止外来学者加入研究阵营为目的概念体系打造很不以为然。如果马主任不信，回忆一下与宣书记、龚老师的学术探讨，再来比较一下与其他某些学者的学术商榷，您或许会有新的发现与感触。

第四，中国需要建设学术流派。我们学习的教育思想史，好像大都是西方的。至于其原因，固然与西方文化的主导地位有关，但也与西方许多教育思潮、教育理念大都成为流派有关。改革开放尤其最近二十年以来，中国学术成果很多，但体现流派的少见，国际影响力缺乏。从教育研究领域而言，很重要的原因之一在于，教育研究大都在赶热点，围着政策文件转，隔几年或者每年都在翻新。事实上，不是翻新，而是翻饼，重复在炒，过几年换个名称再炒。我们可以看到，许多学者没有自己确定的观点与坚守，看不出他明确的立场与判断，仅仅围着一些热点与时政在转，或者写了一些不知所云的东西。没有学派意识，缺乏学术流派，就是重要因素之一。打造教育研究的学术流派，不是为了打造而打造，而是推动学术深度而又有价值的争鸣，最后加快中国教育改革与发展的步伐。

二、打造创业型大学中国学派的路径

您与宣书记、龚老师事务较多，而且还要承接大量其他的研究主题，从而对创业型大学主题不可能投入较多的时间与精力。鉴于这种现实，我目前想到这么几条合作路径：

第一，推出笔谈专题文章，显现创业型大学中国学派的身影。确定一个主题，有几位大咖同台，发表一组笔谈文章，这样往往能够产生较大学术影响。有那么几次，国内学术圈就知道某个学术流派正在孕育。从学术的角度而言，自然会形成对立的学术流派。不同学术流派的争鸣，只会让真理越辩越明，也容易让政府看到并抓住政策的理论支点。我想，如果可能，我们每人各写一篇三千字左右的文章，形成第一次笔谈，于今年底或者 2020 年首期推出。如果你们有意愿，只要你们个人理出框架与基本观点，我可以帮你们形成初稿。

第二，合作发表创业型大学论文，共同发出创业型大学中国学派的声音。对于万字以上的长篇大作，可以采取合作的方式。目前，我与龚老师、宣书记都合作发表过创业型大学的论文。① 例如，近期在《高等教育研究》发表的《创业型大学建设的中国道路》一文，其题目与框架主要体现宣书记的智慧，而且如果不是宣书记的推送，该文很难在该刊发表。因为张院长个人不赞成创业型大学，如此拔高的论调更加不被张院相中。或许有人认为，我尝试打造我们四人小组，是为了借助你们三位知名前辈的力量。应该说，借势的因素自然存在。但是，这绝不是最重要的。最重要的因素在于，我坚持认为创业型大学这个主题太重要了，可以成为中国高等教育体制改革的破冰之旅。自 2014 年离开浙江农林大学后，我一直还在研究这个话题，越研究越发现其对中国教育之价值与意义。对此，在《创业型大学本土化的中国模式》一书中，有详尽的论述。② 同时，我认为做研究，如果认定某个主题真的很重要、很迫切甚至很关键，就应该全力以赴地去做。就像

---

① 我们合作的尚未发表的文章《大学嬗变中的不变》，虽然全文难以找到"创业型大学"字眼，但贯彻的正是创业型大学的办学理念。该文属于传统概念的综合创新，以简约的结论为高等教育改革指引方向。就像北大郑也夫说过的一句："人的追求，不外乎三种状态：舒服、刺激与牛 ×。"仔细品味与反思，我发现我们真的很难找到这三种状态之外的追求。我们追求的社会意义，要么在牛 B 中，要么在高雅的舒服中。本文的四大要素，有着与此同样的定位。正因为我特别认可该文，所以我将该文先授。总之，我认为该文一百年也不会过时，不能就在一般 C 刊上发表了，要尽可能将该文推送出去。

② 由于中国社会科学出版社书库的火灾，至今还没有给我寄出那约定的一百本书，只寄来几本样书。待收到那套书后，我将给各位寄过去……

马云当初创办互联网一样，周围的人基本上不赞成，但他就是认为这件事情很有意义，以后一定会成为现实，从而不顾一切地钻了进去。我现在对创业型大学的理解，就是这种状态。

第三，适时再次举办相应的小而精的学术研讨会。这需要实践平台，在绍兴这几年，估计难以实现。下次见面，我与马主任私下聊聊。对此，我的导师邬大光教授知道，我向他汇报过，也按他的指示行事。但是，我们可以联系某些期刊，这样的影响力反而更大一些。到时，我会试图做些努力。

三、打造创业型大学中国学派的展望

当前中国的学术舞台星光灿烂，学术大奖五彩缤纷，山河学者纵横驰骋。但是，若干年之后，我认为无论学术成果还是学者本人，真正能留下来的不会太多。尤其在教育研究领域，许多成果都是应一时之需，或者为政策作注脚，根本没法站在实践前面，起着指向与引领作用。那么，什么样的成果能够留下来，在几十年上百年之后，依然熠熠生辉呢？我认为，至少需要这么几个要素或者条件：

第一，观点经得起时空检验，且具有冲破世俗阻力的曲折经历。人文社会科学研究，观点最为重要。对一位阅历丰富、思想深邃、学术卓越的人文社科学者而言，他判断某篇文章或者论著是否优秀，不是看其复杂的数据、模型或者文字表达，而主要是看其观点是否正确，或者自圆其说，站得住脚，能够说服自己。人文社科成果最后沉淀下来的，也无非是一些精炼而又正确的观点。不过，今天正确而又大众的观点非常常见，就像不少工作汇报一样没有超前性、创新性与独特性，从而很难给人们留下深刻的印象，也不会给后世留下一个传奇的故事。只有那些经历磨难，在围啄中生存并最后被证明属于真理的学术见解，才可能被后世津津乐道。这就犹如洪堡"教学与科研相统一"的办学理念一样，也像马云提出"互联网将改变世界"一样，这些观点在当时都被视为异端，但在世俗围啄中破茧而出、浴火重生之后就会作为经典永远流传。创业型大学的办学理念于中国而言，就是这样的一种观点。我喜欢我曾总结的这句话：创业型大学这个名字或许会变，但这种发展方向不会改变！

第二，学术著述要具有可读性与精约性，容易被识记与流传。当前的教育学

术著述，不少写得晦涩难懂，甚至属于故弄玄虚。在我看来，这样的著述一定不会传之于后世。真正对一个问题透悟了，他一定能用最精简的语言表达。越是似懂非懂，反而会写得云里雾里。我看不少年轻教师写的学术文章，绕来绕去，条理都不清晰，貌似学术色彩浓厚，看起来高深莫测，其实作者自己都是一知半解。与他们交流会发现，他们没有具有说服力的观点，这些文章也只是东拼西凑。近来我看过一些图表化、模型化较多的论文尤其某些管理学博士、教授撰写的教育论著，除了使用现代技术与科研软件进行文献统计、绘制各种图表等外，根本没有深入这些文献的内容与观点，更没有自己独特而又清晰的观点。我觉得，这些文章也是无法流传下去的。您、龚老师的文章，包括宣书记个人亲自撰写的论述，都具有可读性，这也正是我们共同发声、抱团合作的文风基础。尤其是创业型大学这样的主题，一定不能在文字上让大家迷惑，务必要以深入浅出、通俗易懂的语言，来让大家认识这是中国大学走出困局的重要方向。

第三，一个人的声音太弱小，只有强强合作才能产生影响。多年前我就发现，学术上的独断比行政上的独断，更加隐蔽，更加不可控制。行政上因专断而犯的过错，可以依规依章查办；但学术上因专断而犯的过错，在许多情况下无所查处。对于创业型大学这个主题而言，当前国内学界就有许多"闻之色变"的反对者。他们根本不听解释，固执地坚持象牙塔理想，或者迷恋现有的学术声誉抑或学术规则。在这样的学术环境下，谋求创业型大学本土化的理论与实践，就更需要强强合作，共同发声。同时，在创业型大学的具体路径等许多方面，尽管我们可能会有不同观点，也必定会有不同观点，但在核心理论与价值判断上是一致的，这正是我们形成创业型大学中国流派的前提与基础。"道不同，不相为谋。"例如，碰到那些价值取向不一样的人，我们花费再大的努力，都无法取得共同的意见。近几年，我发现在观点乃至性情上，我与您、龚老师有许多相似之处。我们都是性情中的学人，有仁义、有担当、有使命感，尽管您官至厅级，仍然不改这种至善、至诚、至真本色。宣书记首先是一个官员（校党委书记），然后才是知名学者。幸运的是，我们在"创业型大学中国实践"这个观点上是一致的。

依上所见，创业型大学理念要在中国高教史上留下历史印记，必须形成强大的创业型大学中国流派，从当前来看，您、宣勇、龚放与我，就是创业型大学中国流派的创立者、坚守者与推动者；而且，只要我们一起努力，这个流派一定能够形成并对实践产生积极影响，在中国乃至世界的高等教育里程碑上留下浓墨重彩的一笔。追求意义，创造价值，这是学术的最高境界！至于结果如何，其实不必在乎，顺其自然就好。

学术灯塔，照我跋涉

——我与《江苏高教》的故事 [①]

孟夏时节，万物竞茂。眺窗远望，那欣欣向荣的翠绿景象，犹如《江苏高教》呈现的画卷，生机勃勃却又百花争艳。作为刊物的老读者与老作者，值此创刊 35 周年之际，油然而生一股子冲劲，要写我们之间的故事，成了义不容辞的责任。

一、追念"青椒"年代的惊喜

2006 年博士毕业，迫于生活压力，我从首都退守老区，开启我在地方院校的"青椒"篇章。那个时候，学校对文科期刊没有过多层级，每个学科除了一本权威，主要分 C 刊与省级两个层次，发一篇 C 刊就心满意足。于是，哪个 C 刊最有可能录用，我便将新作投给哪家。从 2007 至 2010 年破格晋升教授，我在《江苏高教》发表 3 篇文章，成为那 4 年间我发文最多的 C 刊。每次收到录用通知，都让我喜从天降。如果夸张一点，就像吴敬梓笔下的范进中举。自结识这份刊物，我那时似乎相信：刊物级别与论文质量一一对应，只要你写得足够好就能被录中。确实，编辑相中的 3 篇文章，至今没有过时，甚至不乏新见。例如，2007 年第 4 期发表《高校课程群建设：热潮还是趋势》，当前依然存在"课程捆绑：强扭的瓜不甜"，未能实现 1+1+1 > 3 的效果；2009 年第 3 期发表《高校班主任角色的定位与转换》，当前依然属于"班主任管生活，辅导员管思想，专任教师管教学"，未能实现班主任从生活管家向学业导师转变；2010 年第 4 期发表《关于高校"双肩挑"工作模式的审思与探寻》，当前依然存在"双肩挑"人员履职不到位、行政权力泛化等问题，未能针对管理岗位的聘任制、考评制与保障制来完善该工作模式。写到

[①] 2020 年 6 月 12 日，为响应《江苏高教》创刊 35 周年面向作者与读者的征稿启事而作。征稿要求：主题围绕"我与《江苏高教》的故事"，文题自拟，以记叙文章为主，一般不超过 2000 字。

这里，我一边感念《江苏高教》带给我的惊喜，一边忧思研究者与刊物的委屈。教育研究不能为教育实践指引方向，似乎不是研究者的问题意识缺乏，也不是理论刊物的政策引领不力。

《江苏高教》点燃我"青椒"年代的学术激情

二、感恩"中椒"时期的勉励

学术职业的幸福指数，与心态、平台、身份、家庭、能力等相关，与年龄无关。既然青年教师被称"青椒"，那么中年教师便可称"中椒"。根据 WHO 的某种界定，44 岁以下都属"青椒"。不过，从创造活力的衰变而言，我认为人文社科学者，35 岁以下为"青椒"，处在上升阶段；36—55 岁为"中椒"，处在平稳阶段；56 岁以后为"老椒"，处在下降阶段。当然，不能拿特殊性否定规律的普遍性。2011 年调来浙江，我继续干了 3 年行政，2014 年才以专任教师身份涌入"中椒"行列。在什么岗位，做什么研究。"青椒"年代，我跟随张泰城校长，以学校作为实践平台，捕获大量实践命题，研究一批鲜活却又零碎的问题。"中椒"时期，成为专任教师的我，以学科作为精神家园，力争瞄准真问题抓住一个"牛鼻子"，那就是我近年主要关注的创业型大学研究。在攻坚克难的前行路上，一个人越往高处走，就会感到越艰难。尤其地处学术平台洼地，我再努力也难以推动小众研究变成大众研究，将边缘性问题转为研究热点与学术前沿。在顿觉"高处不胜寒"之际，《江苏高教》给我带来好消息。《创业型大学本土化的理论误解——兼议创业型大学的学术资本转化》一文，原是针对某篇商榷论文而作，转投至《江苏高教》之后发在该刊 2018 年第 11 期，尤其特感意外的是，该文不仅被《新华文摘》2019 年第 2 期观点摘编，而且被《高等教育》2019 年第 3 期全文转载。随后，姊妹篇文章《创业型大学本土化的实践误区》，由龚放教授与我合作在该刊 2019 年第 1 期发表，龚老师在"南京工业大学再度拨正航向"等内容上作了重要贡献。作为一位专职研究者，我不愿关注零碎的问题，不想追逐"坠地"的热点。例如，我从未写过"双一流"主题的文章——其实每篇文章都指向"双一流"。但是，一个人孤独前行，倍感寂寞甚至寒冷。在我茕茕孑立踽踽独行的"中椒"时期，感谢《江苏高教》的支持与鼓励。

《创业型大学本土化的理论误解——兼议创业型大学的学术资本转化》

（载《江苏高教》2018 年第 11 期）一文被《高等教育》2019 年

第 3 期全文转载，同时被《新华文摘》2019 年第 2 期观点摘编

三、展望"老椒"岁月的厚重

文章不是发出来就万事大吉，而是要若干年后还能重温。针对以问题为主的对策性研究，若在重温之际发现问题已经解决，那么不能不说"共和国的旗帜上也有我们学术的风采"；如果这些问题依旧如故，就像"青椒"时代的我在《江

苏高教》发表的那 3 篇文章，那么反而确证我们的先见之明。今年我在《江苏高教》第 6 期发表的《新建本科院校应用转型的回顾与展望》，就是一篇试图直接呈现"预见之作"的前瞻性论文。在该文编排过程中，从"破冰之旅"到"破冰之任"一个字的更改，再次让我感受到编辑的办刊精神与专业水准。时间是最好的证明，经历岁月洗礼，可以洗尽铅华。当我步入 55 乃至 60 岁之际，再在学术领域"开疆辟土"不太可能，更多是在应景之作基础上的扶持新人。无论什么样的主题与风格，在"老椒"岁月再回首《江苏高教》，力争每篇文章同样值得品味，串起来之后织成厚重的追忆。《江苏高教》办得很好，我提不出更多建议。不过，针对外在环境，我感慨深且切。刊物过度分级导致"以刊评文"，那是在强化"唯外在评价"，不利于学术发展与社会进步。爱因斯坦的骨灰撒在永远对人保密的地方，就是为了不让任何地方成为圣地。我们推行所谓"三高论文"，是否人为制造另一片圣地？国家破除"五唯"平稳着陆，C 刊不用再造有形的四级台阶，明天的《江苏高教》或许进入学者心中的最高台阶。个人的习惯要改变都困难，何况整个社会与评价体制。但是，我期待，在我"老椒"的岁月，或者庆祝《江苏高教》45 华诞之际，能写一篇厚重的感恩故事，既镌刻一番情谊，也梳理一段学史，更激励一批后人。

接下来我研究什么？ [①]

　　我的第二个国家课题"大学教师学术创业研究"已经完成，近日将结题的基础性工作准备完毕，便开始思考下一个国家（重点）课题研究什么。遵照近年规划，我会以创业型大学作为主题，继续深入研究下去。原因在于：其一，我在这个领域小有名气，业绩较为丰富，无论从影响力打造还是成果获奖等角度而言，都占有优势。其二，人到中年，在学术研究上再去开疆拓土，未免心有余而力不足，与其艰难攀登新的难以企及的学科高峰，不如守在现有学科领域精耕细作。其三，最为重要的是研究创业型大学太重要了，中国迫切需要这样的研究与实践。正如马云曾说的："做一件事情，你不要考虑你是否有条件，甚至不要考虑是否马上赚钱，而要考虑这个事情是否值得做，有没有价值，尤其是否代表未来发展方向。"我认为，创业型大学研究就是这样的一个方向。事实上，国内学者研究创业型大学，其实就是在研究高校办学自主权、自力更生能力提升、应用型大学建设、破除高校"五唯"、面向社会需要培养人才、现代大学治理能力、消费者认可的"双一流"、打造"金课"、科研成果转化、高等教育质量等一系列主题。我坚信，这个名字可能会消失，但这种发展方向不会改变。中国大学要发展，一定要往创业型大学方向转。西方之所以不再以创业型大学作为热点主题，就在于建设创业型大学在他们那里已经成为一种常识，不需要有人研究、呼吁与呐喊。因此，有一种强大的力量甚至责任感，驱使我继续研究创业型大学。

　　但是，继续深入下去也有许多说不出来的苦楚。对创业型大学的研究，由于没有形成学术共同体，只研究到什么是创业型大学、为什么要建设创业型大学等层面。如果再要细化与深入，就没有多少人理解了，更没有多少"大牛"愿意理

---

　　① 2021 年 1 月 5 日，对下一步研究计划开展思考，撰写了这篇文章。不过，我坚持"在什么岗位，做什么研究"的学术原则。如果工作岗位有变化，那么研究方向自然会有所调整。

解，加上容易被误解为"创收型大学"，从而也就难以发表。这就叫曲高和寡。就像我在《大学教师学术创业研究》书稿后记中所言：一个人地处学术平台洼地，再努力也难以推动小众研究转变成大众研究，将边缘性问题发展为研究热点与学术前沿。我甚至记下这样一句话："在攻坚克难的前行路上，一个人越往高处走，就会感到越艰难。这一点，在学术道路上也不例外。"与此同时，还有许多让我感兴趣的研究主题，不时向我招手，吸引我的精力与时间。应该说，近几年，我抵抗该种诱惑的定力还不错，很少为了一篇小文章去表达自己的一个观点。例如，至今我没有发过一篇以"双一流"为题的学术论文。当然，我认为我的每一篇教育论文，都与"双一流"有关或者指向"双一流"。不过，定力不错不等于不受影响。这就像一位已婚的健康男子，在面对多位貌美如花的姑娘抛来媚眼之际，尽管最终战胜自己做到坐怀不乱，但不等于他没有经历过思想斗争，不等于他从未有过蠢蠢欲动。这是人性的自然体现，不是品质的低劣与灵魂的丑陋。尤其当我浏览平常记录的"待研究专题"之际，许多好的主题真像那些美女的眼睛一样，眨巴眨巴地让你短时间内不知所措。

最后，我还是战胜了自己，准备继续研究创业型大学，或者说将主攻方向投入到创业型大学。直到学界开始接受，社会开始重视，政府开始关注，我再转战其他相关领域。事实上，那个时候，或许到了我计划中的新阶段，那就是50岁以后向潘先生学习，在人才培养上花更多的时间，同时，开始撰写自己构思好的若干部小说。我有一个判断，如果这辈子能在社会上产生广泛而又深远的影响，一定不是我在教育研究上的成就与业绩，而是在普及读物与小说创作上的贡献。我之所以现在没有投入这个工作，是因为近年我要养家糊口，需要应对岗位考核与职业晋升以便获取生存与发展的物质来源，与此同时，我从未把小说当作赚钱的行当，只是从个人兴趣与社会永恒价值角度去从事，只是从个人强烈渴望与大众普遍需要角度去从事，只是从个人生存意义与家族文化积淀角度去从事。就如我总结指出的："许多勤奋而又聪明的人只能低飞运行而不能高空飞翔，很大程度上在于家庭的修为与底蕴支撑不起子女事业发展的高度与速度""没有经历大风大浪的家族，没有提炼人生智慧的家族，后代腾飞缺乏无形的根基"。

如果近几年还要继续研究创业型大学，那么前几年积攒下来的"待研究主题"，就要像 2012 年撰写《给教育研究者一份特别的礼物——30 个未能完成的研究题目》[①] 一文一样，在一篇文章中把这些积累梳理出来。当然，当前还没有以前那么自由与大方，能够花这么多时间撰写随笔。因此，我这次只是"挑肥拣瘦"且"不加修饰"，仅仅把这些题目汇总起来。除了已经撰写过的论文或者做的课题之外，例如"学以致用：应用型大学的灵魂""内部培养：应用型大学师资队伍建设的时代主题""应用型大学师资队伍建设的困境与出路""大学教师学术创业研究"等，我将在此简要梳理这些题目或者观点。如果哪天有时间，再来琢磨与研究。当然，与创业型大学主题直接相关的题目，将纳入下一轮创业型大学研究计划中，不在此罗列。

应用型大学系列论文："科研转向：应用型师资培养的关键""应用型大学教师的学术使命""高校应用转型的预测""从学与术的相关性看应用型大学建设""标准主义盛行下的中国大学发展困境""应用型大学 + 学术资本转化 = 创业型大学""学术创业：大学教师知识应用的增长点"。传统型院校向应用型大学转型，应该是中国高等教育变革的重要方向。从目前来看，这种转向在短期内不会有重大突破。最根本的原因在于，政府主导的高等教育管理体制，以量化业绩考评大学的模式短期内难以改变，高校缺乏面向社会办学的自主权，从而政府如何考评高校，高校便如何考评教师。若要推动传统型院校向应用型大学，必须推动教师从传统型转向应用型，而实现大学教师的科研转向则是关键。由此，以上所列系列题目，都是值得我们探讨的话题。

大学分类发展系列论文："大学只有一种类型""论大学的类型与层次""高校分层动力机制：市场机制抑或政府主导"。我一直想写一篇比较极端的论文，亦即强调大学只有一种类型。我这里所说的类型，当然不是指学科特色之类，而是指大学发展阶段。也就是说，当前中国学者或者政府眼里的大学类型，大多属于一种分层而不是分类。例如，高职高专、地方普通本科院校与研究型大学，三者之间常从类型角度进行论述，事实上这就是大学的一种分层。再比如，我们可以从体能型、技术型、思想型来分析摔跤这项运动，毫无技巧的摔跤是体能型，

---

① 详见拙著《大学理性———一位大学中层干部的教育随笔》,湘潭大学出版社 2013 年,第 9—23 页。

有技巧的可谓技术型，有了自己独创的诀窍则变成了思想型。试想，这三者能完全分开吗？当前的所谓分类发展，实质上是希望大家各安其分。如果从应用型与学术型角度而言，我认为那是一种选择，而不是类型之分。例如，顶尖研究型大学只关注原创性理论成果，我们可以将其定位于学术型。但是，一流的原创性理论成果要转化为一流的科学技术并应用于实践，这"一步之差"若不是这些院校的成果生产者在做，就会有其他人士在做，从而我们不能认为这所高校不做应用型成果，没有为应用型成果作出贡献。反之，那些科研成果转化做得很好的应用型大学，他们没有原创性的理论成果，拿什么开展成果转化？

一流学科建设论文："论一流学科建设与大学学术自由""论一级学科建设背景下的学科发展特色问题""双一流背景下的大学教师学术自由""论一流大学与学术自由"。在"双一流高校"建设的强激励政策之下，大学往往强调做有组织的科研，但这是否有违大学教师的学术自由？按照经典的大学理念，学术自由是大学的灵魂。另外，国家后来倡导一级学科建设，在学科目录上都不再出现二级学科，这是否会导致原来较有特色与优势的二级学科，在许多高校裁撤与消退？马陆亭教授在2018年4月22日《江苏高教》杂志社举办的高层论坛上提到，学科不是学校层面考虑的事情，而是二级学院自己谋划的事情。连学校都不用具体谋划，政府还有必要管这么细吗？

大学教师与职员发展研究论文："大学教师的使命与职责""教学革命：双一流建设的育人支点""大学教师职业伦理边界的确立""学术职业的伦理边界与风险防控""应用型大学教师的指标体系研究""智量的内涵与教师的使命研究""大学教师团队的局限性与适用性研究""大学教师学术兴趣与功利的平衡点研究""大学教师学术评价：历史脉络、国外经验与综合路径""人文社科研究的中国逻辑""高校双肩挑干部考核机制研究""大学校长的全职化"。有什么样的大学教师，就有什么样的大学。这是我一贯倡导的观点。大学教师有什么样的职责与使命，我一直想在完成"学术创业"的国家课题之后，好好地撰写一篇概括全面、观点鲜明、思想深刻的佳作。针对教师研究，可以探讨的主题实在太多了。例如，从教学角度而言，眭依凡老师的这句话很有启发："采用启发式，废止注入式，因材施教，教会学生学习的方法，以便自我开智展能。"（眭依凡：

《大学校长的教育理念与治校》，人民教育出版社，2006年，第202页。）2019年电子科技大学郑文锋老师因批驳"四大发明"而被处理，属于学术问题还是道理问题、政治问题？

曾列入计划的教育专著与研究课题：《应用型大学教师的学术使命与实现路径》《学科制度研究／学科制度与大学变革》《教育学学科门类改革研究》《综合院校的教师教育研究》。这些都是我有兴趣且有创新性观点的论题，如果以后时间允许，在申报相关课题的基础上可以选择性创作。事实上，这些专著都与我曾经计划申报的课题相一致。例如，我以前计划申报以下课题，但由于种种原因（主要是精力与时间不够）而没有付诸实践：高等学校学科制度研究（省部级重点课题）、应用型大学教师的学术使命与实现路径研究、大学教师的岗位职责研究（国家重点课题）、大学教师学术使命与岗位职责研究（国家重点课题）、大学教师教学评价循踪研究、大学学科制度从学科模式向创业模式转轨研究、高校从传统型到应用型再到创业型的历史嬗变与政策基点研究、从师范院校到综合院校的教师教育研究（省级教改课题）等。另外，还有一些平常想到的课题题目，都值得先在这里贮存起来。例如，基于试题引导下的教育学课程改革研究（省级教改课题）、大学教师在离岗创业的中国实践研究、大学教师学术创业的文化冲突与政策落地研究、大学教师学术创业政策的国别比较与中国路径研究、地方高校财务的学术立场与管理立场共促机制研究、高校属地管理研究（地方财政办学的趋势越来越明显）、学术论文引证文献的研究（有些人不引用期刊，或者很少引用别人的文章，例如建华；有些人故意避免引用别人的论文；有些人只关注层次较高的期刊；有些人极力逃避引用某个期刊的文章），等等。

曾列入计划的大众读物及其相关课题：《世界是谁的？》《幸福感哪去了？》《中国国民性改造》《生命的秘密》《科学研究的尽头》《人类社会的未来》《学术的尽头与生命的彼岸》。这些面向市场的大众读物，都是我在某种状态下突然产生的想法，无论哪一本，只要写得好，都具有永恒价值。同时，针对大众读物，我甚至考虑从此开展课题研究，想到了一些研究题目。例如，大学人生课程资源开发研究（省级教改课题，主要是进一步完善我的那本著作《理想的人生——人生编号论》）、学术文化的大众化取向研究／大学学术的文化市场研究、以故事情节完成大学改革的学理研究，等等。

其他零碎的论文题目或者观点："学术领域人才项目'同行推荐制'的探索""学术期刊专家审稿制度：实名制""师范专业的内涵、边界与走向——基于高校专业人才培养方案的思考""增强一流大学二级学院的办学活力——浙江大学'一院一制'的探索与实践""去师范专业：教师教育的强化还是弱化""教育研究中的经验、规律与常识""回归学术共同体：亟待纠偏的教育政策走向""从企事业单位财务部门的权力区别看高校财务过程监管"[①]"大学治理的表征——从真的假发票、假的真发票到真的真发票"（假的真发票：争当领导，拿公共经费或者资源谋个人学术人脉与资源）、"高校行政文化与学术文化的共谋"（无论学科教师还是高校职员，寄望利用行政平台谋自己的学术福利，这既是当前中国高校学术生态以及校本文化腐化堕落的重要表象，也是深层次的原因所在。但是，在现有管理体制以及薪酬制度下，我们难以寻找到破解该种现象的良策）、"高等教育研究的端口论／高等教育研究三端说"（张应强教授在《教育研究》2019论坛提出了高等教育研究的上端、中端与下端，认为在教育研究领域作为上端的原创性成果很难被大量引用与关注，因为中端与下端分别从亦可以从不同层次进行论述，以致上端的被忽略。）、"文献述评该如何做？"（学术史的梳理体现学术基本功，当前借用各种软件工具来分析文献已经成为研究的新动向，不少论文有方法没有观点，有观点没有归纳，有归纳不见思想）

平常积累的以上零碎选题，个人根本无法完成。待该文随同其他随笔变成专著之日，就可以算作献给有兴趣的朋友的又一份礼物。

---

① 在企业，财务部门权力非常大；在高校，财务部门就是具体执行各种部门的指令。这是为什么呢？事业单位与企业单位的区别所在？因为高校的学术性，使得财务等成为纯粹的执行机构？

附录 个人哲思129句

1. 一位真有水平的学者，只要投入行政工作，且得到合理支持，他一定能干成事业。

2. 在大学选拔领导干部，肯定要看学术业绩。试想，连对自己的学术业绩都不上心，还指望对公共服务有多大的付出？但是，我们一定要看到，有些人只对个人名利感兴趣，并不愿意为他人奉献，这些学术强人并不适合当领导。

3. 要让每个人都有发光的机会，要让各种名利见得阳光，要让各种政策出台之前拥有公正平等充分的讨论。解决了这些问题，中国特色社会主义就有可能大放光彩。

4. 在遵循等价交换原则的前提下，某种组织是否赚钱不应该成为社会的关注点，该组织能为社会与人们做些什么才是重点。

5. 招录博士研究生，前置专业没有所谓的"第一学历"重要（智力因素），"第一学历"没有真正的专家面试重要（非智力因素）。

6. 人文社科的核心是观点问题。有了观点，才会甄别与利用各种素材；没有观点，再好的素材都成垃圾。

7. 高校流动的学者往往都是精英，但精英的流动并不都是为了金钱。

8. 当有一天，绍兴大学教职工的收入是全省高校最高的，教职工的稳定性与归属感是全省高校最强的，校友推荐身边的人报考绍兴大学是全省高校最积极的，获得社会各界的捐赠收入是全省高校进步最快的，那么，我们就已经成为理想的绍兴大学了。

9. 教育领域的"破五唯"，实质是"唯外在评价"，解决的钥匙还在政府，因为解铃必需系铃人。但是，确立"三高期刊"等政策，又成为另一种"唯外在评价"。

10. 文科研究理想范式：大量深入地阅读，长期细致地体察，自由独立地写作，深入浅出地表达。

11. 人文社科学者的观点来源，基本途径是深入阅读、亲身实践、加强反思。

个人悟性的高低，既依赖基本途径，也最终决定学者层次。

12. 文学创作，能有多夸张就力争有多大夸张；科学研究，能有多客观就力争有多客观。

13. 教育学术研讨会，校长谈做法，学者谈思想，可以实现理论与实践的交流、交锋与交融。

14. 学习或者工作过的地方，都可以成为我们的家园。但是，一个人心中分量最重的家园，是那个引起他美好回忆的家园，绝不是那个带给他荣耀的家园。先生温文尔雅，那是我心中的孔子，既让我回味无穷，又让我享受"静"的力量。

15. 火车跑得快，全靠车头带。动车跑得更快，全靠每节车厢都能带。

16. 中国各省人文社科成果的异地评价，越送到学术重镇与文化中心，越易受到人情关系之影响。反而送到那些学术活跃度相对欠发达的地区，往往能够本着学术水平进行学术评价。

17. 用别人的模型装我们的数据，说着无关痛痒且近乎常识的话，只能证明我们熟悉这个工具。——评审论文感想之一

18. 题目高深，结构紧凑，文献丰富，内容深涩，认真研读，逻辑断裂，东拼西凑，观点平淡。——评审论文感想之二

19. 深入消化别人的思想，融合变成自己的观点，写出一气呵成的文章，点缀他人的只言片语，体现个人的广度阅读，此为我对文风的期望。——评审论文感想之三

20. 编辑看稿子，确实不容易，我在帮某些期刊审稿时，常发现有些文章写得一头雾水，看得我头大。不过他们还好，一言不合就可以"永不录用"。而我，作为有良知的审稿人，还得耐着性子找其优点与缺点。

21. 一个人在 40 岁之前，父母什么样，他（她）就是什么样。越年轻，其性格与修为，越与父母相似。

22. 博士毕业选择什么样的平台，就像你投胎选择什么样的家庭，基本上决定你可能拥有的学术地位。当然，这只是必要但不充分条件。

23. 在我 40 岁以后，每个人的基本信息输入我的脑袋，我能大体判断其此后一生的轨迹。回想自己年轻时期走过的路，就像一头闯入丛林的山羊，无人引领，

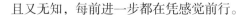

且又无知，每前进一步都在凭感觉前行。

24. 理论水平与实践能力，确实存在不对称性。例如，从事高等教育研究的一流学者，绝不意味他拥有一流的大学管理能力。但是，将理论与实践视为相互排斥的两种工作，则是经验主义或者官本位主义的表现。

25. 技术不仅改变课堂教学模式，而且改变大学实体形态，这样的一天迟早成为现实。当然，优秀的人文社科学者都是相似的，那就是以个人思想而不是技术工具论英雄！

26. 在危险时刻为国家、集体或者个人挺身而出甚至不惜牺牲生命，很有可能不是那种鞍前马后、甜言蜜语的人，而是那种独来独往、略显冷峻的人。

27. 在艺术界，社会底层可以走出大众喜欢的艺术家，例如朱之文、王二妮等。但是，在中国学术界，裁决权不在大众手里，学术影响力一定是学术平台与学术能力的综合作用。

28. 看一个人是否纯粹的豁达大度，只需要看两点：一是在生活上是否崇尚简单与简朴；二是在交际上多大程度的慷慨解囊。

29. 中华民族就像一艘大船，在惊涛骇浪中砥砺前行，每次危难总有人挺身而出，这是我们能够乘风破浪化险为夷的关键原因。他们，是这个民族的脊梁。——2020年4月党员活动一句话感悟

30. 选择了乐善好施，就选择了仁爱天下；选择了思行合一，就选择了智勇双全。——敬贺某位德高望前辈伞寿后来弃用的第一稿贺词

31. 批判同行学者的论文，你至少要把文章从第一个字到最后一个字认真读三遍，否则你的批判会暴露你的无知、狭隘或者仇视。

32. 无论今天还是明天，都不要以"帽"取人、以"奖"取人，而是要以作品本身取人、以实际贡献取人。好的制度与环境，推进并强化这个现象。不好的制度与环境，则反其道而行之。

33. 在建设社会主义现代化强国和实现中华民族伟大复兴中国梦的关键时期，作为一名高等教育研究者，要从"国之大计、党之大计"的政治视野来思考教育的历史责任，要从"教育强才能科技强，科技强才能国家强"的社会视野来思考教育的战略地位，要从"培养创造性人才与生产创新性成果"的学术视野来思考

教育的"核心技术"。——2020 年 5 月 31 日学习习近平总书记勉励全国广大科技工作者的讲话而作①

34. 凡是不从法律制度出发的道德建设，无异于在沙漠里用泡沫搭建城堡。

35. 包括随笔在内的人文读本写给谁看？真正悟道者，不要长篇累牍，需要春风涤荡；对半醒者，哪怕不灭真经，亦难幡然醒悟。因此，这些书是为自己而作，为知音而作，为永恒而作。

36. 人到中老年才能发现，一生事业不佳过得不好，源于人生规划不当。可是，这些道理讲给年轻人听，他们还是不以为然。看来，人就是这样，不吃一堑难长一智。

37. 任何一个观点，有其适用范围。例如，我们常说"响水不深，深水不响"，告诫我们要懂得谦虚，甚至学会低调。但是，能力越大责任越大，在重要关头，强者必须勇于担责，高调起来。这个时候，我们是否可以说"响水要深，深水要响"，或者说"浅水起不了惊涛骇浪，惊涛骇浪不起于浅水"。

38. 许多一心只想往高飞的人，在评判他人之际，往往基于身边熟人的一己之言，不会换位思考更不会亲自检验。这种"嫁接"过来的结论，一半是正确的，一半是错误的。

39. 指责孩子不如自己的父母，都是不称职的父母，因为孩子的一切都与父母有关。当你的孩子实现了阶层的跃升，你应该感谢孩子的奋进与努力。

40. 有的人一本正经，是因为他心里确实装有世界；有的人一本正经，是因为他确实只是坐井观天；有的人一本正经，是因为他在装神弄鬼。

41. 任何一种职业，都不要以他人崇拜作为源动力。因为如果他人崇拜你的权力，那么在你没有权力的时候崇拜就会灰飞烟灭；如果他人崇拜你的能力，那么在后来者居上的时候你会感到心灰意冷。这样的一天，迟早会到来。幸福与否，源自内心。真正悟透人生智慧的人，会基于个体本源性的正当感受稳步前行，而不把快乐与追求建立在他人的世界里。进一步说，享受亮光，但不要寄望"折光"。作为歌唱家，要以个人沉醉于听众快乐作为源动力；作为科学家，要以社会贡献与研究兴趣作为源动力；……作为一位平民教授，我要以帮助学生成长而不要求

---

① 2016 年 11 月，国务院批准同意将每年 5 月 30 日定为"全国科技工作者日"。

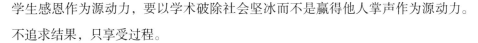

学生感恩作为源动力，要以学术破除社会坚冰而不是赢得他人掌声作为源动力。不追求结果，只享受过程。

42. 从横断面看，站在什么位置，决定你能做多大事业。平台低的人实现逆袭，这样的例子数不胜数，但是相应的比例不高。正因为不高，我们才把这些人当成英雄或者榜样。

43. 在正常情况下，撇开社会地位而言，人与人都差不多，无论智力还是品德。你看到某个人做了那样的蠢事，如果你处在他的位置，说不定比他做得还蠢；你感受某个人心狠手辣，如果你处在他的位置，说不定你比他还要狠。人呀，就像从天空中撒下的同类种子，没有本质的区别。要说人之所以千差万别，还在于各自因为无法选择的成长环境与可以选择的主观努力，最后让每个人站在不同轨道、不同台阶上。

44. 对人文社科研究成果的重要获奖作品而言，我们不应该过度关注其获得的学术荣誉，而应该在淡化过强物质刺激的前提下重点宣传其作品的内容本身，让同行可以向学界认可的作品学习。如果这些优秀名副其实，那么作者的美誉度也就自然提升。因此，凡是获得厅级以上一等奖的人文社科类研究成果，政府或者相关组织应该开辟网站将其文本全部展现。否则，这类评奖可以全部取消，纯粹是部分人的自娱自乐，更是部分人的利益寻租。事实上，不只是人文社科研究成果奖是这样，自然科学领域也应该是这样，各类人才工程更应该是这样。经过一段时间的宣传、争鸣与沉淀，再让这些浮出水面的学术之星获得学校高薪聘任。良好的学术生态环境，一定不是计件式的奖励制，更不是明码标价式的金元政策，而是需要相对稳定且体现能力与贡献的年薪制。

45. 活到一定年龄，你会发现以前许多方面不如你的人，站得比你高，影响比你大，这些人中各种情况都有。例如，你犯过的教训他没有，从而他比你有出息；他大胆创新敢于尝试勇于挑战，优柔寡断的你在这一点上比他差远了；……不过，其中有些人，无论他们有多大的权力与声誉，在你的心里永远都只是一个小孩子。——2019年8月13日

46. 作为一个文科生，我时常在思考：宇宙无边无际是一种怎样的体验？数不胜数的星球为何能在各自的轨道上有规律地运行？是否缘于这些星球的相互吸引

与彼此作用达成了某种平衡？宇宙中静止不动的星体到底有没有呢？如果都在运动是否意味着静止就是死亡？海洋面积占到70%的地球凭什么在旋转中没有甩出一滴水？如果归之为地球的引力那么该引力是如何来的呢？地球的核心即地核到底有没有神奇力量存在？每个人都有自己的意识与思维是否意味着灵魂的存在？个人永生在未来是否可以变为现实？……随着科技的进步，这些问题或许迎刃而解。就像若干年前我们无法想象无线视频交流、人类成功登上月球、探测器登陆火星、互联网改变世界等一样，今天这些无法解答的问题在明天也许会被人类认识甚至解决。思考个人的意义，从更长远的角度而言，无法绕开对这些问题的追问。

47. 人文社科领域顶着各种帽子的"大师"满天飞，许多"大师"沉下心来琢磨学术的时间其实很少。评价一位学者属不属于大师，首先看其有没有将学术工作当成自己的生活方式，在此基础上再来谈学术水平、科研业绩、人格修炼与社会贡献。例如，张楚廷、潘懋元、顾明远，等等，绝对称得上大师。

48. 在许多情况下我引用别人的文章，不是因为对方给了我新的观点，而是我拿他的观点支持我的观点。

49. 如果我懂音乐嗓子好，我不仅会将人生智慧谱写成歌词，也会将教育规律变成一首首绝唱。

50. 对待工作的态度，体现事业进取心；对待弱者的态度，体现人格完善度。

51. 自利不等于自私。自利属于一种本能，只有意识到侵犯他人的自利才属于自私。努力赚钱属于自利，侵占公物属于自私。

52. 在人文社科领域，不看文章仅看头衔，以为学者水平高。看看作者的代表作或者听听报告，高水平研究能区别高低。

53. 进入21世纪，我国学界有许多"大牛"，但是"大师"并不多见。人文社科领域的"大师"，普遍具备三大核心要素：在学术贡献上开拓创新、在身体素质上健康长寿、在为人处世上谦虚仁爱。九成以上的"大牛"没有达到第三点，从而缺少了心底里仰望与宣传的晚辈。

54. 许多勤奋而又聪明的人只能低飞运行而不能高空飞翔，很大程度上在于家庭的修为与底蕴支撑不起子女事业发展的高度与速度。

55. 没有经历大风大浪的家族，没有提炼人生智慧的家族，后代腾飞缺乏无形的根基。

56. 中国高等教育改革的三个关键问题：第一是高校办学自主权问题（包括多大程度上的自主权，例如招生权），政府牵着走的模式能否办出世界一流大学？[办学自决问题] 第二是高校坚持应用取向还是学科取向问题，面向社会需求培养人才与开展科研就不能推动基础研究发展吗？[办学定位问题] 第三个问题是什么样的教师是优秀的大学教师？[教师评价问题]

57. 中国的学术评审制度，让人局限于某一个狭小的专题，其实有百害而无一利。可是，在这种评审制度下，你涉及范围太广，优势不明显，又不利于脱颖而出。这就成为一个两难。其实，要解决不难，关键在于"学术的问题，让学者们自己决定"。但是，这种决定，如果功利捆绑过于直接与强大，一定不能变成政府组织下的专家匿名评审。人是利己的，这种评审带来的不公与危害，就等于匿名程度乘以学术奖励大小。

58. 值得弘扬的两种人生观：一种是"守住底线，做你自己"，我将之称为新个人本位；一种是"燃烧自己，照亮别人"，我将之称为新社会本位。尽管新社会本位在很大程度上融合新个人本位，但两者仍有较大区别，体现个人行为不同的出发点与落脚点。例如，一位遵纪守法的企业家，以利润作为主导目标，可以归为新个人本位；一位乐善好施的活动家，以奉献作为价值追求，可以归为新社会本位。对社会普通职业工作者而言，新社会本位的诞生是自然而成的，可遇而不可求；新个人本位的坚守则是社会规约的，可求而不可弃。

59. 一个在某个时期凸显辉煌业绩与创造能力的人，他的沉寂要么正在孕育要么走向消亡，一般不存在长期的消沉沮丧与无所事事。因此，对于这样的一批人，当较长时间看不到他的身影或者听不到他的声音之际，你不要认为他会消停下来，开始享受人生，而是要关注他近来在忙什么。

60. 许多学者例如"百家讲坛"授课教师面向大众的讲座，深入浅出，不乏创新见解，却有许多"学者"说这些只是浅显知识，不是学术话语。我真不知道，他们是否也能"浅显"一番？许多貌似"高大上"的学术论文，只是做了一个"技术性"工作，把浅显的问题的复杂化与晦涩化，甚至还没有悟透常识。诚然，任何一位学者的大众讲演，例如易中天、金灿荣、曾仕强等，我们都不要视为不容置疑，也不要苛求他人的"合你心意"。在许多时间，人文社会科学的观点表达，只是为我们提供一种视角。你对这种视角不以为然，也许你没有从作者的立场去思考，也许作者仅仅从他的单一立场去思考。诚然，没有批评的声音，也会死水一潭，难以不断完善。

61. 有哪位伟人在成长中没有犯过错误？有哪位名人的私生活经得起挖掘？如果有人在评价一位大人物时，仅仅盯着这些问题不放，说明评价者格局不够、阅历不足、智慧不够。

62. 陈寅恪教学风趣幽默，神采飞扬，肢体语言丰富，有人说他全身骨子里，甚至衣服里都藏着知识。他曾提出著名的"三不讲"："书上有的不讲，别人讲过的不讲，自己讲过的不讲。"我认为，"三不讲"是有适应范围的，真正重要的事情，有时就要反复讲、重复讲，正确的观点往往时讲时新；而且，以教学作为主业的大学教师，要做到三不讲是不太可能的，也是不符合教师职业特性的。

63. 在脑海里缺乏终极理想、广阔宇宙的人文社科学者，都成不了一流的大师乃至称不上优秀的学者。

64. 屈原、鲁迅等，他们都代表某一种精神，不要过多地从历史角度来研究，只能从精神意蕴层面去宣传。

65. 所有职业的永动力都是一样的，那就是爱，这在父母这个职业有更深、更显的诠释。

66. 科学研究不是搬木头，可以预测明天搬多少，也不是加班就可多搬。科研的不确定性特征，体现学术管理之特性，那就是自由与信任。受过训练的科研工作者，一旦视学术作为生活方式，就不需要过多管束了。

67. 大学是地方集聚高层次人才的重要阵地，要比单纯依靠产业吸引人才更有竞争力。不少区域由于产业升级不够，导致高水平大学反哺作用不够。

68. 许多我们没有认真思考过的问题，在别人提出观点后随即达成共识，那么这样的问题其实属于常识问题。

69. 某些勤奋工作却无事业追求的父母，把意义追求与幸福体验建立在孩子的卓越表现上。

70. 子女在不同年龄段的卓越表现，都能给父母带来满满的幸福，让他们把烦恼与劳累一扫而光。但是，这种情况可遇不可求，或者说可求不可强求。

71. 有多少军事天才是学校教出来的？有多少商业大神是老师教出来的？这些最具显示度与区分度的精英们，普遍是从实践中走出来的，是从个人反思中成长而来的。哪怕属于从他人那里学来的间接经验，也要在心灵世界转化为自己的"直接经验"，否则真的是"尽信书则不如无书"，在个人实践中没有一点实际用处。这其实告诉我们，高层次教育的精髓，在于培养批判性思维，然后实现螺旋式提升。——2020年9月20日，与读幼儿园中班的儿子对弈，我发现他的规则性很强，下棋时念叨老师教的口诀。这不是一种好的思维锻炼方式，在某种程度上限制大脑的开发。只有自己总结出来的规则才能具有生命力，别人教的规则需要个人体验才能活起来。

72. 工匠型教师与专家型教师的根本区别，其实就是看他们是在"教知识"，还是"教学知识"。

73. 做报告与写论文不一样，学术论文要往深里写，学术报告要往浅里说。希望有一天，学术文风会改变，在无视身份的前提下，一个优秀的报告就是一篇优秀的论文。

74. 人文社科研究之所以要"浅出"，是因为"深出"导致自我封闭，无法实现研究的社会价值，浪费人力、物力、财力、智力；是因为"深出"排斥大众甚至同行，无法吸收他人智慧，纯粹的自娱自乐、孤芳自赏；是因为"深出"增加阅读负担，成为研究的暗堡，影响人在其他方面的发展，毕竟人生有限学海无涯；……最根本的原因在于，只有真正悟透，才能深入浅出，可谓"大道至简"。

75. 那些比较好强的小朋友，普遍种植了勤奋的基因。

76. 向年长者学习人生智慧，向年少者学习新锐思想。

77. 每一个优秀孩子的背后，都是父母艰辛而又长期的付出。

78. 有些人讲道理时并非因为显摆而故作镇静，而是只有镇静下来才能理性思考与表达。

79. 评价古今中外历史上任何一位大学校长是不是好校长，可以参考他在主政时期引进与留住了多少优秀人才。

80. 国内谁能在高等教育研究上获得公认，谁就能承潘先生在中国高教学科之地位,高举中国高等教育研究之大旗。不过,从经典学科标准出发,无异于死路一条。

81. 不少人文社科研究,把简单的问题复杂化,把观点改头换面重复化,甚至把常识问题深涩化,除了圈里人的孤芳自赏,实在没有太大的意义。但是,社会没有这些精神食粮,年轻人的思维如何培养?人们的智慧如何释放?

82. 把佳作投给普通刊物的高产博士教授们,其实大都属于真正做研究的一批人。他们只是为了表达一个观点,而不是针对性发文章。

83. 凭借勤奋与能力创造学术业绩的优秀的平民学者,要比凭借平台与身份获取针对性学术业绩的帽子人才,在去除平台优势与身份效应的条件下作出更大的学术贡献。

84. 让我特别尊敬的人主要有三种:伟人、贵人与榜样。对伟人的尊敬,源于社会认可,变成一种认知;对贵人的尊敬,刻在心灵深处,变成一种亲情;对榜样的尊敬,乐于与人分享,变成一种指引。

85. 用最简洁的语言,写最想读的文字,把观点呈现出来,让逻辑清晰起来,这才是真正高手。

86. 一旦我沉下心来阅读,文字便进入我的脑海。但是,进来的不是平静而又呆滞的文字,而是凹凸不平甚至动静结合的图景。

87. 在看重名利的时代,反而谁也瞧不起谁,这在学术领域尤甚。

88. 学术共同体,不需要制定过于明确的标准,行里人交流,行里人评定。教育学术论文,可以散文化,也可模型化。从这一点而言,标准是学术研究的毒瘤。

89. 申报课题的时候,突出应用性;评价论著的时候,关注学理性。

90. 人物价值观研究的三重史料:说过的话(书面的与口头的),做过的事(个人大事记以及漫漫人生路),他人评说。前两者虽然客观,但在体现其价值观方面,"说的"比"做的"往往更接近本真,因为行动往往是多种因素博弈的结果。

91. 研究历史人物,既可以基于文献、为了文献的纯粹文献研究,也可以基于观点、为了观点的价值观念研究。不过,我倾向的研究范式还是从纷繁复杂的文献中理出历史人物的基本观点与价值取向,不会纠缠于琐碎而又无穷的浩瀚文献。由于每位研究者的阅历与思考力不一样,甚至研究角度不一样,从而形成公说公有理婆说婆有理的局面。应该说,这既是人文社会科学研究的疲软与无力之所在,

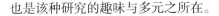

也是该种研究的趣味与多元之所在。

92.人与人本身的差别不大，所谓差别大多受其所处各种环境所致。因为，历史名人研究，我们不能神化，也不要矮化，而是将对方置于特定环境中来思考。但是，伟人之所以为伟人，一定有其过人之处，我们主要是应该抓住对今天最具启发性与指引性的亮点，让之成为一种符号、一个方向、一面旗帜。

93.把三种东西送给别人的成功人士，一定是了不起的伟大人物：一是把微笑与真诚送给别人；二是把时间舍得花在别人身上；三是舍得把金钱送给有需要的好人。

94.底层与贫困的出身，对一个人发展的制约，不只是金钱的限制，更是时间与精力的约束。

95.许多出生条件不好的人，在有行动自由的时候没有思想自由，在有思想自由的时候没有行动自由。这里所谓的思想自由，更多的是指把问题看透的能力。

96.在教育领域，目标是啥，大部分都知道。但是，最佳（科学、可行与快速）路径是啥，知道的人不多。如果一个人当了高校主要领导，没有任何实际的办学业绩，还在振振有词地空谈虚无的大学理念，那么，这个人就不值得我们关注。

97.在人文社会科学领域，真正体现智慧且流芳百世的文章，基本上是那些语言与思想俱佳的思辨文章。

98.我从不写自己看不懂的句子，不写自己看不懂的文章，也从不被自己看不懂或者看得很吃力的教育论文所迷惑。

99."中国式科研的本质、表现与根源"，这是一个很有价值的选题，但应该没有哪位学者敢去尝试。

100.在你最无所事事的时候，也是你最颓废、最沮丧的时候。只有在你对未来充满理想并且全力以赴地努力拼搏之际，才是你最神采奕奕、最心驰神往的时候。

101.把那些浅入深出的学术问题交给团队成员，自己开展深入浅出的著述与演讲，这是许多用人之智的大学领导实现名利双收之捷径。

102.对人文社科来说，那些不明确研究主题的大额经费资助，正是培养与造就大师的重要途径之一。

103.人文社会科学研究，需要"双阅"：大量且深入的阅读；丰富且反思的阅历。

104. 大学只有一种类型，其他都属于大学的不同发展层次。例如，教学型（以外聘兼职教师为主的大学除外），必定是低层次，没有高水平研究，哪有高水平教学？又如，研究型必定属于高层次，应用型大学到了一定的发展程度，同样也是研究型大学，例如台湾的科技大学等。创业型大学，也是一样的，所有的大学，都应该面向市场，在市场中生存与发展。国家资助，只是遮蔽了其市场属性，并没有否定其市场属性。

105. 教学育人是花，科学研究是果。作为一位父亲、教师，唯有在做好"研"的基础上，才能培养孩子、引导学生，到了一定时候，也只有在"育"有余力的条件下，才会做点学问，写点东西。

106. 评价一位在事业做出成就的人，我现在特别关注两个方面：一是家庭出身，二是子女发展。前者让我知道他是在什么环境"熏陶"出来的，从底层走出来真不容易，但过于顺利也容易跌大跟头；后者让我知道这个家庭是否可持续，如果连子女都没有培养好，那么再大的个人成功也无意义。当然，那种为人类作出巨大贡献且为万世瞩目与仰止的人，第二个方面对他不受约束。

107. 没有一定社会阅历，从事人文社科研究，并且做出重大成果，那就是个天大笑话。

108. 无论子女尚处少年抑或已经成年，凡是抱怨自己子女的父母，都不可能成为优秀的父母。要知道，无论孩子先天的缺陷还是后天的错误，无论性格上的软弱还是能力上的不济，都与原生家庭关系甚大，而且是根本性与源头性的问题。在个人的成长上，原生家庭既是土壤也是根脉！

109. 大学对于政府的单一而又严重的依赖，或者说政府对高校的完全掌控，实质上正是大学自身办学能力脆弱的表现。

110. 一个普通家庭的孩子在年轻时大把挥霍时间与精力，没有在不同阶段认真对待相应阶段的重大事项，那么他要过得一生顺畅并且有所作为是很困难的。

111. 选择离开，既是强者，也是弱者。所谓强者，是因为他有能力离开；所谓弱者，是因为他只有离开。

112. 在与他人交往的问题上，正如他有两只眼睛一样，一只看成功或者有可能成功的人，一只看那些吹牛拍马让他舒服的人，他不是杨戬，没有第三只眼睛

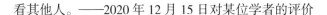

看其他人。——2020年12月15日对某位学者的评价

113.时至今日，我没有总结过自己的教育理念和教育风格，也许还谈不上形成了某一种教育。但是，作为教师，我至少有三个不做：一是不做严师，二是不做匠师，三是不做盲师。——2021年10月10日

114.你可以个性化，但要知道普遍性。只有在知道普遍性的基础上，你才可以个性化。

115.幼稚就会放肆，成熟才会克制。

116.你不同意中国共产党的伟大，不理解社会主义制度的优越，不认可一大批国家领袖的高尚，那只能说明你还不懂历史，不懂社会，不懂人性，还没有真正成熟起来。——2021年11月11日

117.看了北师大的学部院系构架，我更加坚信，中国不能没有高等教育学。而且，哪一天高等教育学成为显学，中国高等教育才可能真正回到章开沅教授所说的两个回归：回归大学主体，回归教育本性。当中国到了不再如此强烈需要高等教育学的时候，高等教育的两个回归就由梦想变为现实。——2021年11月11日

118.某些知名师范大学的教育学部，基层学术组织设置杂乱无章，完全达不到学科综合创新的目的。学部制的推行，宜从学校整体出发。例如，一所综合性大学可以设置六大学部：人文学科学部、社会科学学部、自然科学学部、生命科学学部、工程技术学部、信息技术学部。每位部长，可由副校长兼任；学科目录改革，亦要由此变革。——2021年11月6日

119.中国大学的改革创新，只能走自主创新之路，体现自下而上的变革路径。因此，二级学院要成为改革的主体。这就像大学不能等待政府的指令一样，二级学院不能等待大学的指令，需要勇立潮头，锐意进取，开拓创新，自强自立，继而推动中国大学的改革创新。——2021年11月6日

120.深入浅出与浅入深出都体现功底，只不过两者属于不同的功底。前者，类似于武松打虎体现出的硬功夫；后者，类似于京剧演员体现出的花架子。

121.一个人总把文章写得晦涩难读，要么是问题没有理解透彻，要么是文笔实在不敢恭维，要么是心性不够洒脱难以堪当大任。

122.讲得有道理的文章就是好文章，深入浅出的文章就是好文章，把一个大

家没想过的问题讲得豁然开朗的文章就是好文章。具备以上两条的文章就是优秀的文章，具备以上三条的文章称得上一流的美文。

123. 如果生命重新开始，如果成了名文科生，如果可以自己做主，那么我的理想状态是：写出最清新的文字，唱出最动人的歌曲，撒播最纯真的关爱，活出最洒脱的自我。——2021年9月17日

124. 看了湖北籍开国大将徐海东的故事，真让我感动，他像粟裕一样战无不胜、像关公一样坚毅无比、像焦裕禄一样大公无私、像王阳明一样虚怀若谷。——2021年9月24日

125. 科普工作相当重要，这是科学家实现成果转化的重要体现，亦是当前科学研究亟待特别重视的重要方向。例如，清道夫鱼作为入侵物种，鳗鱼作为水中高压线，大地懒作为史前巨兽，等等，这些都是科学家历尽千辛万苦发现的世界秘密，如果一直视为学术领域的研究问题而不转化为科普知识，变成科学家们的自娱自乐，那么这些学术探究既没有实现更大的社会效应，也没有实现科学文化知识的普及、累积以及由此产生的"知识享受"。

126. 各种艰难险阻，只要思想转弯，一切迎刃而解。

127. 前几天我冒出一句话："给我多大的舞台，做成多大的事业。"认真思考了一下，我又把这句话改为："我拥有了多大的舞台，就能干成多大的事业。"舞台，不是别人给你的，而是自己打造的。——2021年9月12日

128. 建华与我都属于比较高产的高教研究者，而且我们是同一师门的师兄弟关系。但是，我们在研究上有所不同。建华拿的是机枪，威力无边；我则是一位狙击手，直击目标。——2020年6月1日

129. 选择学习，就选择了进步；选择平台，才能选择未来。

后 记
教师成长的四个方向

2020 年，韩启德院士和袁明教授夫妇在我校捐资倡设"树人奖"，主要用于表彰长期潜心教学、在教书育人中取得卓越成绩、深受学生喜爱的一线优秀教师。2021 年，有 3 位教师荣获第一届"树人奖"。今年 3 月，在同事的鼓励下，我作为教师教育学院的代表被推荐到学校。经过考察、投票与几十位评委的评选等几个环节，我成功入选并且排名第一。前几天，校人事处让我作为获奖教师的代表，在接下来的颁奖典礼上发言。为此，我准备了一个讲话稿。在此，我就以这篇讲话稿，作为这本具有纪念意义著作的后记，并提出"关爱学生、热爱学习、勇于创新、善于育人"的努力方向。这是大学专任教师一辈子努力的四个方向。

尊敬的韩院士与袁教授、尊敬的各位领导，亲爱的老师与同学们：

大家好！我叫付八军，来自教师教育学院。今天，我校第二届"树人奖"颁奖典礼隆重召开。在此，我代表三位获奖教师，向韩院士与袁教授两位前辈表达崇高的敬意！向全校师生表示诚挚的感谢！向全体工作人员致以衷心的问候！

"树人奖"成为我校教师校内的最高荣誉，该荣誉既是对我来校八年工作的认可，也是对我以后践行立德树人的鞭策。我将沿着两位前辈的指引方向，从四点阐发"树人奖"的示范引领。

一是关爱学生。两位前辈题写的"师者风范"16 字中，"热爱学生"引人注目。师爱与父母的爱具有相通性。父母之所以任劳任怨培育孩子，缘于他们对子女无私的爱；教师成为学生的四个引路人，首先要有一颗关爱学生的心。

二是热爱学习。韩院士在《医学的温度》一书中，谈到做好教师的五点体会，第一条便是"要有渊博的学识"，这也是"师者风范"16字中所说的"读书好学"。大学的天空，就是学习的天空；选择了学习，就选择了进步。只有热爱学习的教师，才能培养热爱学习的学生。

三是勇于创新。两位前辈都在各自学科领域开拓创新。创新是教师成长的阶梯，是教学育人的活水源泉。发明或者发现，属于创新；梳理综合，属于创新；经验提升，亦属创新。这表明，无论学科研究还是课程教学，抑或做班主任与辅导员，大学教师都有机会创新。

四是善于育人。两位前辈设立的"卓越奖学金"与"树人奖"，就是他们激励师生的有效育人方式。成为对学生有帮助的教师，既要耐心育人，更要善于育人。无论从知情意行的哪个端点开始，无论属于什么风格与学科的教师，我们都要将育人的着眼点放在引导学生自我教育上。

以上四点，是我对两位前辈设立"树人奖"的解读。那么，我在这四点上做得如何？应该说，我除了勤奋努力与读书好学、关爱学生与热心助人外，后面两点做得还不够。正如现年93岁的于漪老师所说："一辈子做教师，一辈子学做教师。"以上四点，也是我一辈子努力的方向，在此拿出来与大家共勉。

最后，祝愿韩院士与袁教授身体健康，常回来与师生聊聊；祝愿两位前辈题写的"卓越·弘毅"48字寄语，助推学校不断自我超越。

2023 年 5 月 17 日